专家推荐：

《教师微型课题研究指南（第二版）》一书为一线中小学教师开启了教育科研的神秘大门，这是一本一线教师能够真正读得懂、学得会、用得上的课题研究指南。本书用大量来自一线的案例和我们教师自己的语言，让抽象难懂的课题研究理论知识变得易学易懂，其中"用什么方法研究微型课题"一讲让我印象最为深刻。

—— 海南省教育研究培训院科研部副主任　伍海云

《教师微型课题研究指南（第二版）》语言平实、通俗易懂，对微型课题研究的选题、研究方法、研究活动、研究成果表达等内容的分析与思考深入、细致而全面，案例的选用与解析兼顾各个学段和不同层面的教师，便于读者边做边学，是一本中小学教师教育科研的基础参考书，适合于中小学、幼儿园教师、教研员阅读。

—— 新疆教育科学研究院副研究员　孙　涛

翻开这本书之前，我在想，会不会和之前看的关于课题研究的书一样，高大上，理论文字解释理论知识呢？带着疑惑，我从前言开始阅读，故事引入，像看小说，作者用浅显易懂的语言鲜活地将深奥的研究表达出来了，我想到一些词语来诠释我读完这本书之后的感觉："手把手教你做课题""接地气的表达""课题研究就在我身边""课题研究源于我们的实践"……这本书真的站在了一线教师的位置书写了一线教师的需求，解决了一线教师的困惑。

—— 河南省项城市教体局教研室　胡新颖

《教师微型课题研究指南（第二版）》贴近一线教师最近发展区，从微型课题的生成、研究方案的制定、具体研究方法以及课题成果等方面给予了深入浅出的阐述和引领。它的系统化、制度化、组织化、科学化、规范化和不断创新化，使教育科研走下神坛，帮助一线教师对自身教育教学工作养成总结与反思的优良习惯，促使一线教师着眼自身的工作实际发现细节问题并寻求切实有效的解决方法，是教师成长的专业指引。

—— 云南省昭通市教研室　胡顺琪

如何让教师在日复一日的教育实践活动中，学会用研究的眼光、研究的态度、研究的方式来改善自己的实践，优化自己的行为，提升自己的工作效益呢？袁玥主任这本书用丰富的案例与精彩的阐释给予了最接地气的回答：以微型课题为抓手，建立教、学、研一体化的工作方式，在教学实践与教育研究之间架起一道桥梁，教师才能真正成为一个有教育智慧的教师，也才能真正实现自我专业化发展的飞跃。

—— 四川省绵阳市游仙区教师进修学校（游仙区教育研究室）科研室主任　何金芬

当看到《教师微型课题研究指南(第二版)》这本书时，我如获至宝，爱不释手。它就像黑夜中的灯塔，为我这艘远行的航船指明了前行的方向。读完这本书，我如释重负，因为我知道了什么样的教师才是有智慧的教师，怎样做才能成为一个有智慧的教者。

—— 四川省峨眉山市九里镇第一小学校　付红英

《教师微型课题研究指南（第二版）》一书在理论上厘清了一线教师开展教育研究的性质，使广大中小学教师参与研究的方向、价值与意义更清晰更具体。在实践上，这本书为一线教师提供了简便易行的研究方法、策略和路径，尤其是关于"研究课"的思考与探索，不仅有助于教师理解什么是"研究"，更有助于教师进入研究状态，真正做到在教中研，在研中教，使"研究"脚踏实地去仰望星空。

—— 南京师范大学教育科学学院副院长、教授、博士生导师　冯建军

《教师微型课题研究指南（第二版）》对教育研究基本问题的理解和认识有了新的突破，关于一线教师"反思""改进"和"提高"的研究性质，追求个人知识与实践行为的科学化、概念化和理性化的研究意义，教师既是研究者又是被研究对象的研究主体等都有清晰的论述。更可贵的是作者具有多年微型课题研究规划与管理经验，不仅带给读者不乏真知灼见的理性思考，而且还有丰富、可行、有用的实践经验。

—— 杭州师范大学教授、教育研究院院长　张　华

袁玥

——

著

教师微型课题研究指南

（第二版）

华东师范大学出版社

上海

图书在版编目(CIP)数据

教师微型课题研究指南/袁玥著.—2版.—上海:华东师
范大学出版社,2019

ISBN 978 - 7 - 5675 - 8866 - 0

Ⅰ.①教… Ⅱ.①袁… Ⅲ.①中小学-教学研究-指南

Ⅳ.①G632.0 - 62

中国版本图书馆 CIP 数据核字(2019)第 046662 号

教师微型课题研究指南(第二版)

著　　者	袁　玥	策划编辑	王冰如
审读编辑	张艺捷	责任校对	林文君
封面设计	刘怡霖		

出版发行　华东师范大学出版社

社　　　址　上海市中山北路 3663 号　邮编 200062

网　　　址　www. ecnupress. com. cn

电　　　话　021 - 60821666　行政传真 021 - 62572105

客服电话　021 - 62865537　门市(邮购)电话 021 - 62869887

地　　　址　上海市中山北路 3663 号华东师范大学校内先锋路口

网　　　店　http://hdsdcbs. tmall. com

印 刷 者	杭州日报报业集团盛元印务有限公司	印　张	19.5
开　　本	787 毫米 × 1092 毫米　1/16	字　数	344 千字
版　　次	2019 年 5 月第 2 版	印　次	2022 年 11 月第 10 次
书　　号	ISBN 978 - 7 - 5675 - 8866 - 0/G · 11874	定　价	58.00 元

出 版 人　王　焰

(如发现本版图书有印订质量问题,请寄回本社客服中心调换或电话 021 - 62865537 联系)

天下之难事必作于易，天下之大事必作于细。

——《韩非子·喻老》

第一版导论

2005 年前后,微型课题研究在基层学校流行起来,由于研究的问题切口小、操作简便、贴近教育教学实际,深受广大一线教师的喜爱。当前,很多地区在有计划、有组织地推广和普及微型课题研究,使微型课题研究由教师个体的自觉、自发行为转变为集体行为和组织行为。但人们对微型课题研究基本问题的认识还是模糊的,对某些问题还是有争议的。比如,什么是"微型课题",如何研究"微型课题","微型课题"是不是一种科学研究,它与一般的课题研究有何不同等,这些问题都需要进一步在实践中加以厘清。有的地区把"微型课题"叫做"小课题""个人课题"等。我认为,没有必要在微型课题研究的性质上做多少文章,关键是要不断丰富、拓展教育研究的方式,使一线教师的研究更规范、更科学、更有效。也不要为叫什么而争论,叫什么并不重要,重要的是如何为一线教师的教育研究打开一扇窗,帮助、引领他们参与研究、学会研究。

微型课题研究源于一线教师对自身教育教学工作的总结与反思,对教育实践困惑的追问。一般来说,基层教师的研究不是为了创新、发展教育科学理论,也不是为了建构什么新的教育教学模式,而是着眼于解决当前教育教学工作中的实际问题。也许这些问题很细小,并不引人注目,解决这些问题也不一定会有大成果、大进步,但恰恰是这些细节问题影响了我们的教育教学效率,影响了我们的专业成长,一线教师也正是通过研究,解决了一个个微而有型的问题,从而认识了教育,完善了工作,提升了自我。

教育是一项特殊的工作,教师的基本职责是通过知识传授和文化传承培养社会需要的人才,工作的过程充满了知识的产生、成型、发展的探究,充满了对活生生的教育对象的洞察。这就意味着教育的过程不是一个单纯的技术操作过程,教师不应该是一个技术操作工人。面对教育本身及教育所处情境的复杂多样性,教师要真正理解自己的教育行为,在为什么教、教什么、怎样教、教多少等问题上作出明智而审慎的分析与决断;教师要用研究的眼光、研究的态度、研究的方式来从事教学活动,建立一种教育、教学、研究、学习一体化的工作与生活方式。教师在教育教学过程中会面对很多真实的问题,分析、研究、解决这些问题的过程便是教师专业成长的过程。事实上,如果一位教师在工作中只顾埋头拉车,既不抬头看路,也不回头反顾,那么,他的工作将永远处于被动应付状态,他的教育生活也将毫无幸福和快乐可言。面对课程改革中已经出现的问题和正在出现的问题,面对教师专业成长的迫切需要,我们愈来愈感觉到,应当在教育教学实践与教育研究之间架起一道桥梁,无疑,微型课题研究就是沟通、连接教育研究与教育教学的"便桥"。微型课题研究的开展,有利于基层学校进一步减负增效,提高教育教学质量;有利于普及和推广教育研究;有利于促进教师的专业成长。

对一线教师来说,什么是研究? 研究就是动脑筋、想办法把工作做得更好、更有效,就是遇到问题和矛盾不简单处理,而是讲科学、讲规律,就是不断总结、反思、改进、提升自己的工作。开展微型课题研究,就是为了促进教师养成科学的思维习惯,学会用科学的方法解决实际问题,更有效地改进教育教学工作。有人认为,"教师虽然从教育教学实践中获得了丰富的感性经验,但缺乏理论基础、学术素养和研究能力,且多数没有经过教育研究的理论学习和正规训练,难以发现和提升出具有普遍指导意义的规律,甚至难以理解别人的科研成果,还不足以开展教育科学研究"。我不这么看。教育科学研究有不同的类型,同一类型的研究在研究内容和研究水平上还有不同的层次。大家可以在不同的层次上组织和控制研究的过程并表达研究的成果。我认为,微型课题研究既是科学的(只是不同的研究者在科学的程度上存在着差异),又是有理论的。因为,在这样的行动研究中,教师自觉地以反思、改进和提高的姿态追求个人知识和实践行为的科学化、概念化和理性化,它既不同于教师的实践经验,也有别于专家的学术理论,是一线教师个性化的"个人实践知识"和"行动理论"。

不同类型与范式的研究,本质上无所谓高下之分,不同的研究类型和研究范式应该有不同的要求和标准,有各自的地位和功能。"真正的研究并不在乎什么级别的课题,甚至根本不需要什么研究的招牌,真实的思考和思想在面对真实的问题和情境时,总是自然生长和发育,总是自然地结出思考和思想之果! 任何人也无法阻止真正的思考和真实的研究。"

第二版自序

《教师微型课题研究指南》的初稿完成于 2010 年 12 月底,并于 2011 年 11 月出版,这本书应该是国内最早的关于微型课题研究的专著。2013 年 5 月,《教师微型课题研究指南》获江苏省如皋市人民政府"哲学社会科学优秀成果"三等奖。2014 年 4 月,《教师微型课题研究指南》获江苏省南通市"第十二次优秀教育科学成果"一等奖。作为教育教学研究的通俗读本,《教师微型课题研究指南》得到了专家学者和广大一线教师的充分肯定,在普及和推广教育科研,提升教育教学质量,提高教师的研究能力与研究水平方面发挥了积极作用。但限于当时的条件,这本旧作还是有一些问题,比如,存在文字错误,行文不够精炼,前后有重复交叉,观念阐述和案例说明不够通俗,部分案例选用不贴切、缺乏针对性等。

从初版到现在已有七八年了,其间,我主持了江苏省教育科学十二五规划课题"微型课题研究的研究",对微型课题研究的现状,微型课题研究的内容、方法、成果表达形式,微型课题研究活动的类型与形式,微型课题研究的组织管理创新,微型课题研究成果的推广应用,以及微型课题研究对促进教师专业成长及提高教育教学效率与效益等问题进行了深入的研究。在"微型课题研究活动的类型与形式""微型课题研究的组织管理创新"方面,重点研究了"两课融合",即如何把课题研究和课堂教学融为一体。之所以把"两课融合"作为深化微型课题研究的重点和突破口,主要基于两点:一是基层学校的教育研究依然存在"假大空"的现象。由于种种原因,不少一线教师的教育研究仍然严重脱离教学实践,教育研究始终游离在课堂之外,课堂内开展学科教学,课堂外进行课题研究,所谓的研究不过是形式化的敷衍而已。即便是参与微型课题研究,有些地区和教师研究的问题也不是"小而实"的,仍是"大而空"的,不过是用微型课题研究的新船票登课题研究的老客船罢了。因而,解决"大而空"的问题,依然是深化微型课题研究的主要任务。二是很多地区和教师都想通过研究微型课题来解决教育教学实际问题,但苦于找不到结合点。课题研究如何与教育实践结合起来? 如何做到在教中研、在研中教? 如何运用研究方法开展有意义的研究活动? 对这些问题,专家学者们在理论上探讨得多一些,在实践应用上并无多大突破。在推广微型课题研究的过程中,我一直在思考和探索以"研究课"为平台和抓手,引导教师在课堂上做研究,在学科教学中做研究,在研究中解决教学问题,通过做研究提高教学能力和教学效率,并从 2008 年起先后在江苏、山东、安徽、广东等地进行实验,取得了很好的效果。"研究课"作为课题研究的重要成果成为本书第二版增补的核心内容。可以说,"用'研究课'解决教学问题"是本书最有价值、最实用的内容,因为,如何把课题研究与学科教学融为一体是一线教师开展研究的重点和难点,也只有把这个问题解决了,才能避免"大而空"的问题,课题研究才能落到实处,才有实际效果和意义。

在这七八年里,微型课题研究吸引了一大批有志于改变教育现状、改变教学行为、改变研究方式的校长和教师们,许多地方、无数学校、千万教师都在"不谋而合"地做微型课题研究。我的同道、朋友,以及一些教育科研管理部门、学术团体、教育咨询机构、教育培训公司等,都在推广微型课题研究。海南省教育研究培训院伍海云主任、河南省项城市教体局教研室胡新颖主任、新疆教育科学研究院孙涛研究员,广东佛山第三中学、山东章丘第七中学、教师研修网、上海方略、广东省教师继续教育学会等是其中突出的代表。伍海云老师很早就建立了"小课题研究公众号"和"小课题研究微信群","小课题研究微信群"已经圈粉6 000 多人,队伍还在不断扩大。伍老师每天在微信群和公众号上推送关于小课题研究的文章,并点评、解答老师们在研究中遇到的问题,深受大家的欢迎。胡新颖老师主持的"项城课题 QQ 群"已有成员 1 431 人,这个群的"课题成长之路系列网络教研活动"采用视频直播的方式介绍课题研究的知识,分享课题研究的心得体会,每周两次,生动有趣的形式、鲜活的内容、对课题研究的热情与执着不仅吸引了项城及周边地区的教师,也引起外省教师的广泛关注。孙涛老师总是不厌其烦地为老师们的课题研究释疑解惑,从课题名称到研究内容,从研究方法到研究步骤,从研究活动到研究成果,对每个环节、细节的评点和讲解都非常精准到位。山东章丘第七中学滕光河校长对微型课题研究的热情支持给我留下了深刻的印象。滕校长亲自规划、组织、督促学校的微型课题研究,老师们以学科组为单位研究了很多专题,比如,"山东省近五年高考语文文言文句子翻译命题规律及解题策略研究""提高学生高考成语题正答率方法的研究""高考英语短文改错策略的研究""高中生物'图'记忆方法的研究""高中文科数学学困生成因及对策的研究"等等。通过参与微型课题研究,老师们对教学和研究都有了新的认识,正如王英老师所言:"参与微型课题研究,让我深刻地感受到'微型课题研究'对教师专业发展的提升作用,真切地体验到经历着'思考''改进'与'提高'的充实与自在,体会到研究过程中'山重水复疑无路,柳暗花明又一村'的幸福与快乐!"

在大家的共同努力下,微型课题研究在不断规范和完善,产生了不少具有推广价值的新观念和新经验。这些新观念和新经验也成为了本书修订的动力和资源。

第一版的修订工作从2014年8月就开始了,之所以拖到现在,是因为修订的思路一直摇摆不定,出版社的朋友建议推翻原有的框架结构,改书名,修订内容。也有读者朋友建议不要大动。后跟编辑商讨,决定基本保持第一版的体例结构,对书的整体框架、章节及标题只做微调,重点修订、增补内容。第一讲重新编排了结构,精简了内容,更换了所有的案例和阅读材料;第二讲调整了结构,修改并增加了部分内容,更换了三分之一的案例,对部分案例重新进行了分析、评述;第三讲略有删改,更换了部分案例及阅读材料;第四讲、第五讲对结构做了调整,原第四讲"用什么方法研究微型课题"共五个部分,修订版增加了新的研究成果"研究课",变成六个部分,并把六个部分分为两个章节,即第四讲"用什么方法研究微型课题(一)"与第五讲"用什么方法研究微型课题(二)";第六讲修改增加了一些内容,更换了部分案例;第七讲小作添改,更换了大部分案例。

感谢华东师范大学出版社王冰如、张艺捷编辑对本书修订工作的关心和支持!

我算是一个用心做事的人,但限于能力和水平不一定能做好事情,第二版一定还存在不足之处,恳请读者朋友们批评指正!

袁 玥

2018年10月6日于江苏如皋

第一讲
微型课题研究概说

第一节 什么是微型课题研究

一、微型课题研究的基本内涵

微型课题是指一线教师在教育教学过程中遇到的具体而微、小而有型,影响教育教学效率和效益,有条件、有能力解决的问题。微型课题又称小课题、个人课题等。

微型课题研究是研究者采用一般的科学方法对自身教育实践中具体而微、小而有型的问题进行观测、分析、了解和改进,从而发现日常生活中常见教育现象之间的本质联系与规律的实践活动。

————————/————————

案例1:在游戏活动中提高幼儿语言表达能力的研究

语言是人类交流信息的主要载体,是人类沟通的重要工具。只有具备了优秀语言表达能力的人,才能适应时代发展的需要和社会发展的需求。幼儿期是大脑发育最迅速的时期,也是语言发展的关键时期。"狼孩"卡玛拉八岁回到人类社会,通过四年的教育才仅仅学会了六个词和几句话,可见,幼儿期是学习语言的最佳时期。一旦失去这个好时机,就难以如数补偿。抓紧这个时期帮助幼儿逐步形成良好的语言习惯,提高语言表达能力,能有效促进幼儿社会性、情感和良好个性品质的发展,更是发展幼儿智力、口头表达能力、书面表达能力、知识理解能力的前提。因此,幼儿教育对幼儿语言能力的发展十分重要,探索适宜幼儿语言的途径,让幼儿通过多种方式学习语言尤为重要。

江苏省南京市孝林卫中心小学附属幼儿园 刘 璐

———— / ————

案例 2：提高小学生笔算正确率策略的研究

每次在批阅一叠叠学生数学作业时，我都会感到非常失望，因为学生作业中的笔算错误实在是太多了，五花八门，无奇不有。我也时常听到家长说这样一句话："我的孩子太粗心了，每次考试计算总是过不了关。"我不明白，笔算应该说是数学知识中最容易把握的一个内容了，但是笔算中的计算错误却始终贯穿于学生从低年级到高年级的整个学习过程。这不仅大大影响了学生的学习情绪，而且影响了数学教学的效率和效益，也给学生进一步学习数学带来了不良影响。我觉得分析学生出现错误的原因，及时采取灵活多变的方法，矫正笔算错误，提高笔算正确率是十分必要的。因此，"提高小学生笔算正确率"就是我要研究的微型课题。

江苏省如皋市港城实验学校　刘梅梅

———— / ————

案例 3：初中英语"学困生"转化的个案研究

从事初中英语教学十多年了，在这么多年的摸爬滚打中，我总会遇到这样一类特殊群体：他们缺乏自信、学习被动、态度不端正、方法欠妥、习惯较差，完成学习任务有一定的困难，并且随着新课程内容的增多、难度的增大，他们对英语的学习兴趣衰退，信心骤减，刚升入初中时的那股英语学习热情渐渐消失殆尽，学习成绩严重下滑——这类学生我们称之为"学困生"。"学困生"的出现成了提高英语教学质量的主要障碍，也成了新课程英语教学研究中的重要课题。如何转化学困生，提高他们的学习成绩，便是我要研究的微型课题。

江苏省如皋市外国语学校　许海燕

案例4：高中生语文预习策略的研究

语文课上，我发现一部分学生跟不上教学的进度，在师生问答互动中显得很被动，一直处于盲目的状态；一部分学生在分组讨论中充当"旁听生"，无法参与小组的讨论和交流；还有一部分学生在听课时，既听得紧张，又记得忙乱，根本就抓不住什么是重点、哪些是难点，在练习时既费时又费力。之所以如此，是因为这些学生在课前不预习或不会预习。据我了解，高一新生只有不到半数的学生能够做到积极主动地预习，而在预习课文时大部分人只是去读课文，只动嘴，不动笔也不动脑。课上检查预习情况时，大多数人字词不会读不会写，文本内容找不到，预习效果差。因此，引导学生运用正确的预习策略进行有效预习，培养学生主动、积极预习的习惯成为我研究的主题。

山东省章丘市第七中学　王　英

以上四个案例都是一线教师在教育教学中常见的问题。诸如此类的问题还有很多，例如，如何导入课堂教学、如何创设教学情境、如何设计教学活动、如何进行课堂小结、如何建立学习小组、如何开展合作学习、如何培养和激发后进生的学习兴趣、如何提高"学困生"的学习能力等。很显然，这些问题具体而实际，有别于教育教学的宏观和中观问题，但这些问题又不是即时可以解决的，需要在教育教学过程中，持续地进行思考、研究和改进。

可见，微型课题研究就是立足本职工作、植根课堂解决教育教学的实际问题，切实提高教师的工作效率和效益。

二、微型课题研究的特点

相对于宏观和中观课题研究，微型课题研究的对象及其范围小，研究的问题切口小，研究周期短，研究过程相对简便，具有小、活、实、短、平、快的特点：

（一）研究的问题切口小

微型课题主要聚焦于教育某方面的一个点，研究的内容是教育教学中的细节问题。这些问题可以具体到一堂课的教学设计、授课导入方式、课堂提问、作业设计及批改方式等，如"小学语文小组合作学习中小组长作用的研究""通过随堂练笔提高初中生作文水平的研究"。前者研究小组合作学习中如何培养、发挥小组长的作用，以加强小组合作学习的组织性，提高小组合作的效度；后者针对初中生作文水平不理想的现实，尝试通过随堂练笔提高学生的作文水平。"小"还表现在研究的规模上。微型课题研究涉及的对象及其范围小（研究样本相对小），课题组成员少（一般由主持人独立进行研究，因而有的地区把微型课题称为"个人课题"），研究的周期短，人力、财力、物力、精力投入少。"小"是微型课题研究的显著特点。

（二）研究的方式灵活

微型课题研究的灵活性主要表现在研究的过程上，其选题论证、方案设计、立项开题、实施研究等都没有大课题（宏观、中观或跨学科的问题）那么复杂。

在研究的组织形式上，教师可以一个人承担一个研究项目，单独开展研究，也可以成立两人以上的小组共同研究，还可以以教研组、备课组、年级组、教学班为单位，组建微型课题组，开展研究工作。微型课题可以重复研究，不同学校的教师或课题组可以同时或先后研究同一个问题。如皋市在组织微型课题研究的过程中，对课题申报时间也没有作统一要求，教师在教育教学过程中只要发现了问题，并且考虑成熟，随时可以申报，甚至可以先研究后申报立项。

（三）研究的过程实

首先是选题"务实"。微型课题研究立足于当前教育教学工作，针对教师教育工作中遇到的盲点、热点、难点、疑点，选题贴近学校、贴近教师、贴近教育教学实际。其次，研究过程"踏实"。源于教育教学实践的问题还在教育教学实践中得以解决，微型课题研究在教中研、研中教，研究是教育教学实践的组成部分，不是游离于教育教学实践之外的活动。再次，研究结果"真实"。微型课题研究成果的表达方式不同于其他研究类型，强调在"做得好"的基础上"写得好"。从表达形式上看，它不需要编写专著，也不一定要撰写长篇的、专业性很强的结题报告和专业论文。相反，它要求教师用自己的语言叙述自己的实践，从自己的实践中提炼自己的经验。

（四）研究的周期短

微型课题研究的时间视研究的内容而定，可长可短，时间短的两至三周就可以解决问题，长的三至五个月，最长的一般不超过一年。它不需要固守三至五年的研究周期。

(五) 符合当地、当时教师的研究水平

与专业性的学术研究相比,微型课题研究更贴近一线教师的实际。

第一,微型课题研究一般不需要专业研究人员具备的有关研究设计和解释的高级技术,只要具有基本的研究知识就足够了。

第二,学术研究的主要目的在于发展和检验理论,使知识具有更广泛的适应性;而微型课题研究旨在获得能够直接应用于眼前工作的知识,通过改进工作中的矛盾和问题提高研究者本身的业务能力水平。

第三,学术研究的问题可能是研究者感兴趣的话题,但大多与研究者的实际工作并不一定有关系或没有直接关系,而微型课题研究一般不考虑与当前工作无关的问题。

第四,在学术研究中,广泛的文献研究尤其是获得原始资料是必要的,这些文献资料可以让研究者比较彻底地了解自己所研究的问题在当前的知识研究中处于何种状态,这种了解使研究者在设计和解释自己的研究时可以他人的研究作为知识基础;而在微型课题研究中,一线教师只需要对相关的研究有一个大致的了解,相关文献评论所提供的第二手资料也可以作为研究的资料。

第五,学术研究强调制定周密的计划以便控制研究过程;而微型课题在设计上不需要那么严格,往往会在比较自由的行动中做出调整。

第六,学术研究强调其研究结果的理论意义及对后续研究的可能启示,而微型课题研究最关注的是研究结果所具有的实践意义,以及对研究者本身及其同伴的教育教学的应用价值。

(六) 研究的速度快、效率高

由于研究的周期短且是在实际工作中解决具体问题,因而微型课题研究的速度快、效率高,一个问题解决了,就可以转入到下一个问题的研究;一个问题解决了,就可以得到一点收获。它不需要触及该问题的方方面面,更不需要形成系统的经验总结,也不苛求一定要发表自己的研究心得,关键是要让自己体味到"眼前一亮""心头一喜"的愉悦。

第二节 微型课题研究什么

课题始于问题、源于问题,但问题不等于课题,只有需要解决而又尚未解决、且有可能解决的问题才能成为课题。那么,什么样的问题才能成为微型课题,或者说微型课题研究什么样的问题呢？

一、微型课题研究什么样的问题

（一）小而有型的问题

顾名思义，"微型课题"研究的是教育教学实践中的小问题。但这里的"微"和"小"都是相对的，"微"，微到什么层面，"小"，小到什么程度，都需要有一个大体的界定。

说微型课题研究的问题小，主要是指微型课题研究的对象及其范围小，研究的内容相对单一。但这并不意味着微型课题研究的问题是一己的、个别的、即时可以解决的问题，更不是越小越好，而是由点及面，推而广之，成为某一"类型"的问题。以研究的内容为例，"加减两步应用题教学内容的研究"的研究内容是一个个别的、即时可以解决的问题，它可以通过一两节课甚至更短的时间就得到解决，不需要作为课题来研究；而"加减两步应用题教学策略"就是一个由点及面、类型化的问题。再比如，"怎么处理班级两位女生闹矛盾的问题"也不能成为微型课题，因为这只是个别现象，而且是可以即时解决的；而"初三女生交往冲突及调适的研究"就是一个小而有型的问题，可以作为微型课题持续地关注和研讨。可见，问题过于细小，并且即时可以解决，不能"成型"的问题不必作为"微型课题"来研究。

（二）有现实意义的问题

一般来说，对教育问题的研究，都能直接或间接有利于我们的教育实践。但一线教师的研究要考虑实践应用价值，只有解决眼前迫切需要解决的问题才能提高工作效率，研究也才能产生即时效益。例如，"小学低年级数学校本教材开发的研究"与"小学低年级学生计算错误原因及对策的研究"，不能说前者没有意义，但很显然，后者对一线教师来说更有实际意义。正如冯卫东所说，微型课题应研究当下的问题，说今天的话语，而不应"不知有汉，无论魏晋"。

另一方面，有无意义还要看他人对这个问题有没有做过研究。如果还没有人进行过研究或研究的人虽然不少，但不深入，也没有一致的意见，那么，这个问题就有一定的研究价值。当然，我们也可以在教育教学工作中应用、改进和提高别人的研究成果，并形成自己的实践经验。因此，在选择课题时，多看看教育报刊，了解研究现状、收集研究信息是一项重要的工作。

（三）具体明确的问题

所谓具体明确，是指研究的内容要小而实，不能大而空，概念的界限要清晰，不能模糊不清。例如,"高中素质教育研究"与"基于元认知理论提高初中生学习能力的研究"。前者显然是一个宏观问题,素质教育涉及的研究内容太宽泛了,对一线教师来说有点不着边际。研究这种大而空的问题不仅没有针对性,操作起来也无从下手。后者则显得空而且虚。首先,"元认知理论"本身并不能提升学生的学习能力,在实践中,我们只能在元认知理论的指导下,采用有效的教学方式、策略或手段来提高学生的学习能力,但哪些教学方式、策略、手段既能反映元认知理论的基本思想,又能提高学生学习能力呢? 要把这些问题研究清楚不是一个微型课题能做到的。其二,学生的学习能力是一个系统,结构非常复杂,狭义的学习能力主要指学生获得间接经验和直接经验的能力,它包括学生通过听讲、阅读、操作、观察、思维、经过内化储存知识,以及运用知识解决问题,并在解决问题的过程中自觉概括解决问题的策略和方法的能力等。这个课题要根据元认知理论提高初中生的什么学习能力呢?再比如,"自主高效的课堂模式研究""与素质教育相适应的艺术教育有效模式研究"等,这类课题的研究内容指向不明确,含糊不清,让人难以理解,无法操作。

具体明确还包括研究对象及其范围要清晰,尤其对一些特殊研究对象的理解、描述和抽样要准确,例如,"学困生""后进生""自闭症儿童""特例生"等,不能含糊不清。

(四) 可以解决的问题

首先,问题的前提必须正确,答案必须存在,而且可以预测。像"训练小学生'意念力'的研究""合理'心罚'学生的研究""如何帮助学生不需动脑学习"这样的问题是不会有答案的。

其次,选择的问题是自己有能力解决的。从主观上说,要选择自己熟悉的,有经验的,平时关注的,或自己曾有一些思考但不够深入的问题进行研究;要结合自己已有知识、能力、基础、经验和专长寻找结合点。如果没有做过班主任,研究班级管理、班集体文化建设、班干部培养等方面的问题就有一定的困难。从客观上说,选题时也要考虑到资料、时间、技术和精力等客观条件,如果脱离了客观条件,研究起来也会比较困难。

三是时机问题。要关注本校、本地区教育的热点和难点问题以及教育改革、发展的趋势,只有把微型课题研究融入到自己的工作环境和背景中去,研究的问题才易于解决,这样的研究也才会有生命力。例如,江苏省如皋市"十二五"以来在全市中小学整体推进"活动单导学"教学模式,深化素质教育和课程改革,打造高效课堂。这一时期大家都聚焦高效课堂研究,在这样的背景和环境中,研究如何提高课堂教学效率和效益的问题就容易得到各方面的支持。

二、微型课题研究的定位

(一) 微型课题研究是一种微观研究

课题研究从范围和方向上可分为宏观、中观和微观研究。尽管宏观、中观和微观是一个相对的概念,但三者不仅在研究的方向、范围和内容上有明显的区别,在研究方法、思维方式和技术手段上也有所区别。

宏观研究着重探讨作为一种独特社会现象的教育体系与其他社会体系的联系,这些联系包括了与社会政治、经济、文化等方面的联系。中观研究的内容主要是学校有关教育、教学、管理方面的活动,它着重研究教育体系内的、一般社会体系所没有的特殊成分,如学校的制度体系、学校管理、教育教学、课程等。微观研究所针对的活动,都是学校教育、教学、管理过程中的环节或细节。这些环节或细节从不同的角度反映了学校内部人与人之间的相互关系,这种相互关系又体现了人的情感、需要、动机及生活的意义和价值。在学校里围绕教学活动过程、师生互动过程、班级组织管理、学生思想行为等问题的研究,都属于微观层次的研究。

微型课题研究关注的是教师自身教育教学过程中有意义的事件,把本校、本学科、本班内的问题作为研究的范围和方向。就教学活动而言,既可以进行单科研究,也可以进行单项研究。单科研究是对某一学科的教学法体系的研究,例如对语文、数学课堂教学改革的研究;单项研究则是对教学活动过程的某一环节或构成教学活动的某一细节进行的研究,如教学方案设计、课堂教学导入方式、教学情境创设、教学媒介应用、合作学习、课堂提问、课堂小结和作业评价等。

就管理工作而言,微型课题研究是一种局部性研究,着重点是管理过程中师生的情感、态度、需要、动机及管理的方法、途径和手段等。除学校和班级内部的管理活动之外,对学校与家庭、社会及其他重要组织机构联系的研究,是对学校内部活动研究的重要补充。

(二) 微型课题研究是一种行动研究

"提高小学生笔算正确率"及"转化初中英语'学困生'"的过程,实际上就是教师对自身教育教学的自我干预和自我改进的过程,同时,也是探究教育现象和问题的过程。在这一过程中,教师不自觉地进入了行动研究状态。这种研究状态直接指向课堂,追求更为合理的教育教学行为。在这种状态下,教师不再是一个在"书斋"里解读、评价别人的教育教学活动的旁观者,而是一个置身于教育教学情境中的研究者和被研究的对象。

行动研究是研究者对自己的实践进行批判性思考,以"理论的批判"和"意识的启蒙"改进实践。在微型课题研究情境中,教师既是研究者,又是被研究的对象,研究的内容则是教育教学过程中主、客体的关系。微型课题研究完全是出自教师自身的需要,是教师应对"专业困境"自主意识的觉醒,是教师自我完善的积极姿态,具有"属己"的特性。这种"属己"的特性反映了教师不再只是他人研究成果的操作者或教育行政指令的执行者。教师成为研究的行动者,亲自参与研究的过程,提出需要研究的问题,在反思性实践中观察研究的过程,收集、分析有关研究资料并得出初步的结论。在微型课题研究中,教师从过去的教科研"被试"转变为"主试",这种转变也意味着教师由过去教科研的旁观者转换为教科研的中心人物。

根据行动研究的特征,我们可以把微型课题研究概括为两个"关键词",即"改进"和"提高"。改进工作是微型课题研究的出发点,提高工作质量是微型课题研究的落脚点。对一线教师来说,所谓的研究,就是因地制宜,挖掘教学资源,整合教学内容,创造性地实现教学目标;就是不断总结、反思、改进、提升自己的工作。行动研究的基本目的是改进教育实践,而构建和利用理论则从属且依赖于这个基本目的。教师"参与"研究是为了科学地"改进"自身的工作,"改进"不仅仅意味着教师通过研究内省、反思、探究教育教学行为,还意味着通过研究改变教师对教育实践的理解,使教师专业生活方式发生变化,从而实现教师的专业发展。在传统的教育研究中,教师的个性化知识及内隐性知识被当作毫无意义的东西,被忽视了,而行动研究关注的正是那些被传统教育研究冷落的"个性化理论",这种关注将导致教师的专业意义发生变化。由此,微型课题研究将成为教师专业发展的基本方式之一。

(三) 微型课题研究是一种应用性研究

课题研究从研究目的上可以分为基础性研究、发展性研究和应用性研究。

基础性研究,即基础理论研究。这类课题研究的目的是为了在教育实践的基础上认识各种教育现象,探索其本质和规律,获得新知识,形成较为系统的教育基础理论。基础理论研究一般不是为了解决当前教育教学中的实际问题而进行的。它的研究价值不能完全预见,研究成果一般也不可以直接应用。对具体的教育教学工作而言,它是"远水",解不了眼前的"近渴",往往只有抽象的、经典的指导意义。所以,中小学教师不宜选择这种类型的课题进行研究。

发展性研究是对推广应用基础性研究成果及其影响价值的研究。它不是为了建立新的理论或获得新知识，而是将新理论、新知识加以应用、推广和普及。如，根据新课标的要求开发教科书、教学软件，以及具有普遍意义的教学规划、策略、方法等。

所谓应用性研究，就是运用教育理论解决教育实践中具体问题的研究。它主要考虑如何运用教育理论指导、干预、纠正教育行为，使教育实践遵循、符合教育规律，以及如何将实践经验上升为教育理论，形成对教育教学一般规律的认识。应用性研究通常围绕某一具体的教育现象或教育教学实际问题，深入研究、观察其特殊规律，提出解决具体问题的对策与方法。它是基础性研究成果的具体化和操作化。应用性研究的目的是为了解决实际问题，它符合广大中小学教师研究的要求，这种研究不仅能帮助教师解决教育教学中的具体问题，提高教育教学质量，也有利于基础性研究的深化与发展。

微型课题研究运用教育科学理论和先进的教育实践经验，以课堂为现场，以学生为中心，改进教育教学行为，解决实际问题，使教育行为符合规律。微型课题研究的过程是教师对自身教育教学行为进行观察、内省、反思的过程，反思是研究的起点，解决问题是研究的终点。在"反思"中"研究"，在实践中求证，因此，微型课题研究不仅仅是一种研究方式，也是一种更有针对性、更有效的教学方式。这种"田园式的研究"将教育任务和研究任务合为一体，不仅为研究时间提供了保证，也便于教师在研究中扬长避短。

第三节　为什么要做微型课题研究

一、微型课题研究有助于教师进入研究状态

长期以来，中小学教师对教科研总是"雾里看花"，心存误解和疑虑。一方面，不少教师认为教科研是塑料花，只是一种装饰，中看不中用。也有的教师把教科研当作敲门砖，认为教科研是评职称、获得各种荣誉的工具，是学校各种迎验、创建的摆设。之所以如此，主要是因为有些地区、有些学校和教师在教科研工作中，不是根据教育教学工作实际需要认认真真地选题，实实在在地研究，不是把精力放在解决具体问题上，而是放在争取课题立项和撰写论文上，结果是课题设计和结题阶段两头忙，研究过程空荡荡。在选题的过程中，有的学校和教师不是认真总结、反思学校的教育工作，反复斟酌、推敲、筛选需要研究的问题，而是不顾自身的研究水平和研究能力，盲目贪大求全，草率选择研究课题，动辄"××工程研究""××教育研究"，动辄把教育行政机构下属部分及分支机构的课题号称为国家级、省级课题，看起来丰富多彩、热热闹闹，实际上无法操作，缺乏可行性。研究结果只能是东拼西

凑、洋洋洒洒的研究报告和以点概全、空洞无物、缺乏新意的研究论文。有的人甚至请"枪手"代写研究报告。这样的研究完全失去了学校和教师参与教育科研的真正意义,不仅脱离了学校,远离了课堂,解决不了教育教学的实际问题,也无助于学校教育质量的提高和事业的发展,更无助于教师的成长和进步。这种"假、大、空"的教科研不仅浪费了大量的人力和物力,阻碍了教育科研的进步,还败坏了教育学术风气,损害了教育的形象。

另一方面,长期以来,在教师中间还存在教育科研"神秘论"和"无用论"的观念。"神秘论"的观点认为,教科研是专职、专业人员的事情,中小学教师没有能力和水平做教科研。"无用论"的观点认为,教育科研存在"三费一无"的问题,即"费时、费力、费钱"与"无效"。一线教师之所以有这样的观念,是因为传统的教育科研与教师及教师的教育教学活动之间存在隔阂和冲突。大多情况下,教育科研不是基于解决教师在教育教学过程中的实际问题,而是以专业的水准要求教师,教师不仅要花大量的时间学习与课题研究有关的教育理论和研究方法,还要参加各种培训,撰写研究论文等。这对工作任务繁重的一线教师来说,无疑是额外的负担。因而,脱离教育教学实际需要的教科研就成了教师的负担和累赘,广大一线教师只能敬而远之。

微型课题研究,是基于解决教育教学实际问题进行的一种微观应用研究。教师在对教学过程的干预及对教学方法的改进中不自觉地进入了研究状态。在传统的教育研究中,教师往往是种了别人的田,荒了自家的地,不是忙于研究如何耕种、灌溉、施肥、治虫,提高粮食产量,而是抢"农业科学家"的饭碗,忙于开发新品种,建立新的农业科学理论;但同时又不相信"农业科学技术",只相信时间加汗水,起早贪黑,又苦又累,结果收获甚微。微型课题研究是一种"田园式研究",教师在自己的园地里思考如何提高产量,通过不断地总结、反思、干预、改进工作,使自己不仅仅是一个"农民",而且也是一名"农技员"。

中小学一线教师做研究不必苛求"上天"(高)"入地"(深),只需真实、亲切,"赤足走在田埂上"。如此,才能避短而扬长,使中小学一线教师敢于、乐于并善于走"幸福之路"。实践证明,微型课题研究是一线教师进入研究"幸福之路"最直接、最有效的"路径"和"端口",一线教师在微型课题研究中,更容易找到研究的方向。

二、微型课题研究有助于减负增效、提高教育教学质量

众所周知,要提高教育教学质量无非靠两个因素,一是靠延长教与学的时间,二是靠优化教与学的方法。传统的教学理论大多是建立在"尤斯特定律"之上的,认为教学时间与教学效果成正比,也就是说在教学上花的时间多一些,教学的效果就会也好些。这种教学理论在教育生产力水平较高的国家和地区,早已受到批判和质疑。在我国,随着高考指挥棒的指引,这一理论已被演绎到极点,"日光加灯光"成为提高教育教学质量的主要途径。"向时间要质量,靠耗时出效益"是"应试教育"的典型特征。据笔者了解,有些地区的高中早晨5:30 起床,早读排两节课,上午排四节课,下午排四节课,晚上排四节课,夜里 10:30 放学,学生回去至少还要做 1 个小时的作业,加上洗漱,学生夜里 12:00 左右才能休息。就是这样,任课老师为争课时还闹得不可开交。班主任开班会问学生:"同学们,我们还有什么时间可以再挖一挖的?"同学们异口同声地回答:"不吃饭不睡觉。"还有时间可以挖吗?没有了!除了孩子不吃不睡。尽管如此,结果如何呢? 2018 年,江苏省文科类、理科类高考统考语文、数学满分分别为 160 分,英语为 120 分,语文、数学的附加分分别为 40 分,总分为 480分,而高考录取分数线(本二)文科为 281 分,理科为 285 分,录取分数约为总分的 58%和59%,还够不到及格的分数。难道每天至少 15 个小时的煎熬只能获得这不及格的分数?是课程太难?应该不是。因为,课程是无数领导、专家精心策划和辛苦编制的;是老师不认真教抑或学生不认真学吗?似乎也不是。每天这么长的教学时间,要消耗很多的体力和精力,不能说不认真,也不能说不辛苦。高中如此,初中、小学也差不多。

江苏省教育厅早在 2006 年 12 月就出台了《江苏省中小学教学管理规范》,对中小学在校活动时间作了严格的规定:高、初、小学生在校活动时间总量不得超过 8 小时、7 小时、6小时,家庭作业量不超过 2 小时、1.5 小时、1 小时,并且不得排名次。很显然,依赖延长教与学的时间来提高升学率是行不通的。

怎么办? 只有提高课堂教学效率,没有效率的教学,花再多的时间也没有好结果。那么,效率从何而来? 通过学习、思考、研究,不断优化教学方法。事实上,大量的研究表明,无限地延长教学时间,依靠重复劳动并不能取得好的教学效果。例如,美国有位叫赖斯的研究者,在 1892 年就研究了美国小学生每天花在拼写上的平均时间和他们拼写水平的资料,根据研究结果写成了《无益的拼写练习》一书,指出了过多的重复练习是无益的。上海市东安路第一小学的两位教师,对小学生抄写生字遍数同生字记忆水平的关系进行了实验研究,研究结果表明,抄写 4 遍和抄写 8 遍的效果并无显著差异。

如皋市在规划微型课题时,明确提出了围绕课堂教学以减负增效为目的的开展研究,把选题和研究的重点放在教法、学法上。广大中小学、幼儿园教师通过对新课程背景下课堂教学方案设计、课堂教学内容的选择与整合,课堂提问及师生互动、教学策略、作业设计与评价、学困生与留守儿童的学习,教学心理等问题的研究,切实有效地提高了课堂教学效率。我们对微型课题的结题验收,不仅看教师研究过程的档案,看教师撰写的研究小报告,以及学生的作品等文本材料,更要组织教研员、教科员听教师的研究课,看教师研究的问题在课堂教学中解决了多少、效果如何。还要开教师座谈会,看看研究结果对同伴有无启发、有多少启发。实践证明,微型课题研究有助于教师解决当前教育教学过程中迫切需要解决的问题,有助于提高教育教学质量。微型课题研究的过程实际上就是教育教学的过程,就是解决问题的过程,它的即时效应主要表现在教学状态发生了变化。有的班级不再是拼时间、耗精力,而是比方法、比策略、比效率;有的教师不再消极地抱怨学生差、环境差,而是主动发现问题、寻求对策,对自己的学生和班级充满信心;有的教师不再满足于现状,不再在司空见惯、习以为常的问题环境中麻木不仁,而是不甘寂寞、乐于表达、不断学习;有的教师不再自我封闭、悲观失望,而是积极对话、广泛合作,共同研究,享受进步、成长的快乐。

三、微型课题研究有助于教师专业化

一种社会职业是不是专业,主要有三个判别标准:一是该职业有没有自主权;二是该职业有没有社会地位;三是该职业在专业技术上是不是具有不可替代性。教师职业是不是像律师、工程师、医生那样也是一门专业? 目前争议还比较大。我们认为,教师是一门专业,只是大多数教师没有达到专业化的水准。

对教师是不是专业的争论焦点是:教师在专业上是不是具有不可替代性? 大多数人都认为教师是可以替代的,因为,人们普遍认为只要有学科知识就可以做教师。其实,这种认识是片面的,教师职业具有双专业性,具有语文、数学、物理等学科方面的知识,是教师从业的入门条件,没有这些基础性的学科知识,教师就无法开展教学工作。但如果仅仅有学科知识就可以做教师的话,比师范毕业生学科知识更深、更丰富的大有人在,也就是说,只要有学科知识,人人都可以做教师。由此可见,学科知识并不能说明教师职业的专业性。那么,教师专业的特性是什么呢? 或者说,教师专业化的本质是什么呢? 我们认为教师专业化的本质是教师教育科学素养的专业化。

良好的教育科学素养是教师从业的必要条件,也是教师专业区别于其他专业的本质特征。没有学科知识做不了教师,没有教育科学素养也做不好教师。在教师的教育科学素养结构中,教育科研能力在当前显得尤为重要。新课改纲要指出,教师要"注重培养学生的独立性和自主性,引导学生质疑、调查、探究、在实践中学习,促进学生在教师的指导下主动

地、富有个性地学习"。这必然要求教师将评价重点由终结性转向形成性和过程性,并且引导学生不但求"知",更要求"法",不但要"学好",还要"好学""会学"。从这个意义上说,教育教学工作本身就具有研究的性质,因此,研究也就成了当代教师职业的重要特点。微型课题研究使教师回归到其职业特性的本来面貌,促进教师不断地构建和更新自己的专业内涵,求得自己与时俱进的专业发展。

在微型课题研究过程中,教师的实践、总结反思、探究、改进的生活经历会形成特定的"个人知识"。这种"个人知识"会直接影响到教师对教学、学生、师生关系的理解,以及对教育活动的意义、方式的构建。教师从事研究的过程,也是反思教育行为、重建教育教学"个人哲学"的过程。这一过程帮助教师积累了生活经验,丰富和提升了教师的实践智慧。

第四节　微型课题研究的一般步骤

微型课题研究的过程大致可以分为准备、实施、结题三个阶段。这三个阶段之间并没有明显的界限,往往是互相穿插或同时进行的。

一、研究准备阶段做什么

在微型课题研究的准备阶段应该做好三个方面的工作,一是选定研究课题;二是检索、研读、应用文献资料;三是制定研究计划或研究方案。

(一) 选择研究课题

选题是一切科学研究的起点。许多科学家对选题的重要性都做过精辟的论述。爱因斯坦在《物理学的进化》一书中写道:"提出一个问题往往比解决一个问题更重要,因为解决一个问题也许仅是一个数学上或实验上的技能而已,而提出新问题,新的可能性,从新的角度去看旧问题,却需要有创造性的想象力,而且标志着科学的真正进步。"美国贝尔研究所科学家莫顿说:"选题不能草率,如果根本没有实现的可能,选题就等于零。"杨振宁教授曾经说过:"一个好的选题,等于实验成功了一半。"就微型课题研究而言,选题也非常重要。因为能否从日常的教育实践中,发现并提出有价值、有意义的问题,能否确立正确的研究方向,不仅综合反映了教师的学科知识水平和教育科学素养,以及教师对当下教育理论、理论与实践之间、社会发展要求与教育教学现状之间、师生关系等教育内外部矛盾认识的深度和广度,也是研究工作能不能顺利进行、能不能取得成效的基础和前提。

选题的过程,是学习、总结和反思的过程,一个好课题的产生需要经过严密的思维过程和实践活动。这一过程大体为:第一,总结、反思自己的教育教学工作(总结、反思时,要有正确的参照标准),并依据实践经验梳理出存在的问题;第二,对梳理出来的问题进行筛选,把最重要、最需要解决的问题找出来,并提出初步的研究构想;第三,对提出的问题进行论证,确定这个问题是不是真问题,是不是科学,是不是有意义,是不是有条件、有能力进行研究;第四,采取多种方法,广泛查阅、学习与所选问题有关的文献资料,弄清楚这个问题有没有人研究过,以及研究的现状;第五,形成具体、明确的研究课题。

(二) 查阅、研究文献资料

文献原是指用文字记载形式保存下来的有价值的图书资料,现在泛指一切记录知识或保存信息的有参考价值的媒体。查阅、研读文献资料是教育科研的一项重要活动,它贯穿于研究的全过程,微型课题研究也不例外,文献不仅为微型课题研究的选题提供了依据,还关系到研究的速度、质量和成果。

首先,文献资料可以为我们提供研究思路。在研究的前期,我们要通过查阅研读文献资料,来了解你所研究的问题别人有没有研究过;别人是从哪个角度研究的,用的什么方法;他们的研究有什么成果,还存在哪些问题。弄清楚这些,我们才知道自己的研究站在哪里,要去哪儿,也才知道自己的研究起于何处,又终于何处。总之,查阅资料、研究文献对明确研究思路、制定研究计划、规范研究过程都大有裨益,使研究少走、不走弯路。

其次,文献资料可以为我们提供研究的理论证据。在实施研究的过程中,针对研究的问题,我们会提出一些新的观念、新的设想,以及解决问题的策略和方法,而这些新思想、新观念、新策略和新方法不是空穴来风、无中生有的,它的确立必须有科学的证据或经受实践的检验。而现有文献资料中的理论、思想观念、研究数据和结论等都可以作为证据来使用。查阅、研读文献资料实际上也是为自己的研究寻找依据。

第三,文献资料可以为我们提供研究的方法。无论哪一种类型的教育研究活动,都具有自觉性、组织性、继承性、创造性和探索性的特点。而这些特点都要靠一定的研究方法来实现。实践证明,对研究方法了解、掌握、熟悉的程度,是影响微型课题研究成效的关键,对大多数一线教师而言,不懂研究方法是制约教科研水平提高的瓶颈,而研究方法主要来源于文献资料。

查阅文献应根据研究的需要有目的、有计划地进行。首先,要根据研究的方向和要求,确定所需文献资料的主题和范围。一般来说,研究的问题越明确、越具体,查阅文献资料的针对性就越强。其次,要明确从哪儿查、怎么查,尽可能从更大的范围内去查阅文献资料。找到信息源后要确定查找的方法,通常情况下,查阅文献的方法都是综合运用的。第三,对搜集到的文献资料进行筛选和加工,去粗存精、去伪存真,剔除重复的、过时的、不适用的材料,保留那些与研究有关的、完整、全面、正确的文献资料。通过认真研读文献资料,可以了解到自己所研究的问题,已经产生了哪些思想观念及实践经验、有哪些分歧意见等。要善于在日常工作和学习中积累资料,养成学习的好习惯,通过记读书笔记、编制文献卡片、收集剪报、撰写综述等方式建立个人资料库。要勤于思考,对搜集到文献资料不能只是引用和借鉴,而要进行比较、分析、联想和迁移,从而形成解决问题的新思路、新观念。

(三) 制定研究方案

在确定课题研究的方向和内容后,就要着手制定研究方案。制定研究方案,是整个研究工作中非常重要的一环,它不仅会影响到研究工作的效率,而且会影响到研究结果的科学性和真实性。

研究方案不仅是研究目的、研究思路的具体化,同时也是研究工作整体的规划图和研究实施过程的路线图。作为规划图,研究方案要交待清楚研究的整体思路、研究过程的框架、研究工作的布局、研究成果的预设等。而作为路线图,每一步做什么、谁去做、什么时候做、要达到什么效果、如何评价等都要具体明确。研究方案制定愈周密详细、愈切实可行,就愈可以避免研究工作的盲目性、随意性,从而使研究工作能有序地开展,并取得预期的效果。

微型课题研究方案不同于申报表,与省、市教育科学规划课题的申报评审书也有很大的区别。申报表和申报评审书作为申报方案是供课题申请用的,它们只是研究设计的大体思路和研究过程的大体框架,是给评审专家看的。而研究方案是供研究工作实施用的,它在要求、内容、格式上都必须具体、详实,是给研究者自己看的。为了便于研究工作的实施,每一阶段都应制定研究方案。方案确立以后,就成为研究者在研究过程中反思和调节研究行为的主要依据和主要手段,因此可以在研究的过程中作一些微调,但不宜作大的改动。

值得一提的是,我们在研究中,既要避免"有研究无方案",也要避免"有方案无研究"。没有方案的研究是盲目的、无序的、低效甚至无效的;同样,制定了方案,但不能很好地实施,方案只是一个物化的文本,只是一种摆设,没有成为指引研究的蓝图,这样的"研究"也没有任何价值和意义。

制定研究方案既要考虑课题研究的具体要求,又要紧密结合教育教学实际。从研究的目的和研究的形式看,微型课题研究过程和教育教学过程实为一体,因而,研究方案和教育教学计划要相互融合。离开了教学,微型课题研究就成了无源之水、无本之木,就失去了依靠和支撑;离开了研究,经验性的教学实践还会在"老调重弹"中"涛声依旧",还会用应试的"旧船票"登课改的"新客船",还会靠"日光加灯光"拼体力、拼精力、拼时间、拼消耗。只有坚持把教学与研究融为一体,在做中研、研中做,才能避免"有研究无方案"或"有方案无研究"。

二、研究实施阶段的主要工作有哪些

研究实施阶段的主要任务包括落实研究方案,开展研究活动,梳理、积累研究经验体会和收集保存研究资料等。

(一)落实研究方案,开展研究活动

活动是研究的平台和载体。活动体现和反映了研究的内容、方法和形式,没有研究活动也就没有所谓的研究。微型课题研究倡导在教中研、在研中教,研究活动寓于教育教学活动之中,但不能以教学活动代替研究活动,更不能以为教育教学活动就是研究活动。从研究的角度看,研究活动可以是教育教学活动,但教育教学活动不一定是研究活动。课题研究实施阶段要根据研究方案的安排有计划、有目的、有序地开展研究活动。根据微型课题研究的特点,我们把研究活动大致分为两类。

1. 专题研究活动

专题研究活动是指依据研究目的和研究内容,运用具体的研究方法对研究对象进行调查、观察、验证、分析与探究的过程。这类活动主要包括:

(1)调查活动。所谓调查活动,就是运用调查法从不同的维度对研究对象进行了解和分析并得出相应结论的过程。调查活动是微型课题研究最基本,也是最主要的活动。调查活动主要解决"是什么"和"为什么"的问题,只有解决了这两个问题,才能解决"怎么办"的问题。例如,"提高小学数学学困生学习能力的个案研究",这个课题要解决三个问题,一是哪些对象是学困生,有什么特点(是什么);二是小学数学学困生是如何形成的(为什么);三是怎么帮助小学数学学困生提高学习能力(怎么办)。把前两个问题调查清楚了,才能根据实际情况有针对性地解决问题。很显然,不调查就发现不了问题,更谈不上解决问题。

(2)观察活动。观察活动是运用观察研究的方法,从具体的教育教学场景或情境中获取研究信息和资料的过程。观察活动一般是在课堂上进行的,所以又称课堂观察。观察活

动也是微型课题研究的主要活动,它通常和调查活动结合在一起,目的都是了解、掌握教育现象之间的关系、特点以及原因。例如,"小组合作学习中'边缘人'现象的研究",这个课题首先要研究什么是"边缘人"及其特点,然后要研究"边缘人"产生的原因及解决办法。要了解"边缘人"及其产生的原因,就要对其在课堂上的具体表现进行全面的观察,诸如参与学习的兴趣、态度、方法,以及次数、强度等。当然,为了全面观察研究对象的现实表现,观察不能只在课堂上进行,也应该在课外和家庭中进行。

（3）实验活动。实验活动就是运用实验研究的方法在教育教学活动中验证自己的研究假设(具体的教育教学方法、形式或手段)是否成立。开展实验活动的过程实际上就是一个"假设"与"求证"的过程。例如,"用'随堂练笔'提高初中生作文水平的实验研究",这个课题首先假设了"随堂练笔"能提高初中生的作文水平。在实验前,先根据相关标准编写试卷,检测实验班和对照班学生的作文水平并得出各自的平均分(前测),然后在实验班进行"随堂练笔"实验,实验结束后,再用和前测内容、难度相当的试卷检测实验班和对照班学生的作文水平并得出各自的平均分(后测)。如果后测的成绩明显好于前测的成绩,就说明"'随堂练笔'能提高初中生作文水平"的假设是成立的,否则就不成立。微型课题研究所进行的实验活动是一种准实验,不需要像自然科学实验那样严格、标准,但对一线教师而言,它不失为一种有效的、有意义的研究活动。

2. 主题研究活动

主题研究活动是指围绕特定的研究目的和研究内容开展的学习、讨论、交流、展示、观摩、培训和评比等活动。这类活动主要包括:

（1）阅读活动。教师教育教学能力的提升,既离不开教育实践的锤炼和打磨,也离不开教育理论的牵引和滋润。但在研究工作中,一线教师的理论和实践往往是脱节的,要么忽视理论的价值,很少追根溯源,被动学习理论,要么脱离实际空谈理论。真正的学习往往是伴随着研究进行的,教师研究的过程,也就是一个持续学习的过程,不存在无阅读、无学习的研究。事实上,教师总结、反思、改进、提高的研究过程,也是一个持续学习的过程。

教育研究区别于一般性的日常工作,它不能仅仅凭经验办事,必须融入先进的思想、理论和他人先进的经验,使之与自身的教育教学工作紧密结合,才能达到研究的目的。教师只有通过学习,才能开阔视野,丰富知识,提高认识水平,提高对实践的感悟和反思能力。教师的研究是一个发现问题、解决问题的过程,研究始于"问题"的发现,而学习能让我们发现日常生活中常常视而不见、见而不思的教育现象,使"问题"变得更加清晰起来。在教育教学工作中,我们也常常思考一些问题,但总是想不到问题背后的原因,而学习能帮助我们透过现象看到本质,由对问题表象的认识到对问题实质的把握。学习不仅是迫于工作需要的压力,更是获得自我发展的动力。快乐而有效的学习,不仅可以让我们从学习中领悟到知识无穷的魅力,也可以为我们消除工作中因无知而产生的烦恼。

如果一位教师只是掌握了教学的技术,没有深厚的文化积淀,他仍然是个拙劣的教师。"在不断变化的世界里,没有一门或一套课程可以供可见的未来使用或可供终身使用,现在最重要的技能是学会如何学习。"

在研究中,"学习是美妙的,它自然而然。就如我们吃饭、睡觉、呼吸一样,成为我们生活的一部分,让我们感到愉悦"。从教师研究的过程看,研究、学习与工作融合在一起的特征越来越明显。有学者把教师"通过学习提高教育教学水平和专业素质,为提高教育质量提供保证,为专业发展奠定基础"称为"学习型研究"。可见,学习是教师职业行为的重要组成部分,是教师研究的一种方式。

课题研究实施阶段,主持人要有针对性地进行主题阅读,也就是要有方向和范围。要通过学习学会把别人的论述、思想以及实践经验转化为对自己研究的解读与说明,并注意将自己已有的经验与别人的思想、理论相联系,使自己的研究思路更清晰、研究目的更明确。

(2) 沙龙研讨。沙龙是一种比较宽松、自由的研讨形式,它是微型课题研究常用的活动形式。组织沙龙活动要明确研讨的主题、参加的对象、活动的时间、地点等。就微型课题研究而言,沙龙研讨的主题一般是研究方法、技术和策略层面的探讨,以及在研究中如何解决教育教学实际问题的研讨,可以是思想的碰撞、理论的探讨,也可以是心得体会的交流。参加沙龙的对象可以是课题组的成员,可以是备课组、教研组的同事,也可以是接受邀请的有关专家。每次活动前,主持人要把研讨的主题通知参加的对象,参加研讨的教师要事先做好发言的准备,保证研讨的针对性和有效性。沙龙研讨的重点要放在研究的内容和解决具体问题上,尤其要研讨研究内容中"怎么办"的问题。

(3) 展示与观摩。展示就是公开自己研究的过程和成果。从展示的形式看,有现场展示、书面展示和媒体展示等。从展示的内容看,可以是课堂教学(研究课),也可以是教育(德育)场景,以及能反映研究过程和成效的物化材料,但都必须与研究的内容有关。从展示的范围看,可分为对外展示和内部展示,内部展示主要是通过多种形式展示、交流课题组成员的研究情况。观摩就是观看别人的研究过程和成果,并进行交流和切磋。展示的目的是为了得到专家、同行的评价和指导。通过展示可以知道自己研究的进展和工作的优劣，从而为改进和提高研究工作提供依据。通过观摩可以学到别人研究的经验，了解到别人研究的不足。展示与观摩是研究活动的一体两面。主持人要积极参与展示观摩活动，尤其要多上"研究课"。

（4）合作与交流。微型课题研究涉及的面虽小，但离不开学校领导、同事以及学生的支持，需要有一个融洽、和谐与合作的研究氛围。因此，在研究的过程中，我们要主动和领导、同伴、学生交流、沟通，尽可能得到他们的帮助和支持。同时，微型课题研究也离不开专家的引领。课题最终能否取得成功，最现实的是所做的课题能否结题，能否得到专家的认可。因此，做课题还要多向专家请教，多与教科研人员沟通，尽可能得到他们的指点，使研究的课题更具有严密性、科学性。当然，在课题研究的过程中得到家人的支持和理解也是非常重要的。尽管我们提倡融研于教，在教育教学的过程中开展研究，但平时肯定要花时间充电、补课，回家要看看书、写写文章，而家人的支持和理解将为教师提供充足的空间与良好的空间。

（二）建立研究台账或研究手册

研究台账或研究手册是理清研究思路、安排研究工作、记录研究过程的重要手段。教师可通过研究台账或研究手册记录课题研究的大事，课题研究工作安排，课题研究工作会议、培训、交流、考察学习的内容，课题研究成果，课题研究档案资料等。详尽规范的研究台账或研究手册可为执行计划、调控过程、提高效率提供依据。同时，也为积累完整的研究资料打下了基础。

（三）做好课题研究的组织管理工作

尽管微型课题研究的规模小、课题组的成员不多，但一旦建立了课题组，就必须分工明确，做什么、怎么做、什么时候做、要达到什么要求、如何考核评价等，都要明确具体。主持人要组织课题组成员认真学习、讨论研究计划和方案，领会其精神实质，认清研究的目标，熟悉、掌握研究的步骤和方法，明确自己的任务和操作要领。

课题主持人不仅仅是研究者，还是课题研究的组织者和管理者。在课题研究实施阶段，要定期组织检查、总结、交流活动。为了掌握课题研究的进度、调控研究过程，主持人要定期组织课题组成员进行总结交流，检查是否认真执行了计划，研究到了哪一步，解决了哪些问题，有了哪些效果，资料收集是否完整、保存是否完好，下一阶段的工作做什么，等等。如果是个人单独进行研究的，也要随时进行自查自纠。

在整个研究过程中,要有计划地通过书面报告、座谈交流、现场会议等形式展示阶段性的研究情况和成果。课题研究者既要作出书面的阶段研究情况报告,又要在课题组成员座谈会上介绍研究情况、听取大家的意见。同时,还要通过听研究课、观摩研究活动、观看影像记录、参观实物展览等活动开展评估和交流。

(四) 及时梳理、积累研究资料

在研究中,研究者通过对文献资料的学习,对问题的调查、分析,与他人的交流碰撞,都会产生一些新的思想、新的认识,都会有或多或少的心得体会和感悟。及时将这些思想认识和心得体会加以梳理,是研究工作非常重要的一环。这些内容不仅反映了研究过程的思路、程序、内容和方法等,也在一定程度上反映了研究者做了什么、做得怎么样。

研究的过程中,要注意收集保存好研究资料。从资料的内容来看,我们可以把研究资料分为四类:一是理论资料,这类资料主要是研究者围绕课题研究搜集、整理的文献资料。二是方法类资料,是与课题研究有关的方法,以及操作案例等。三是事例类资料,是研究过程中的调查分析、数据统计、案例等能说明研究效果的材料。四是实物类资料,包括会议、活动照片、课堂实录、课件、获奖证书和师生作品等。

收集资料的工作不能等到结题的时候再做,而是平时就要注意积累,有些原始资料一旦丢失了就很难找到。为了使资料充实、完整,并有助于研究工作的开展,除平时注意积累外,还可以开展主题调查,进行专题收集。比如,"小学生数学应用能力问题及对策研究",我们可以通过检索、查阅文献资料,专门搜集小学生数学应用能力有哪些问题,同时,通过问卷、个别访谈、座谈和日常观察等方式调查、了解小学生数学应用能力有哪些问题,从而形成专题资料。

当然,收集资料不可能面面俱到,研究一个微型课题也不可能涉及上述所有资料,只要把跟课题研究高度相关的材料收集好就可以了,材料要精,便于总结。

三、研究结题阶段的基本任务

结题阶段的任务是将研究中的现象、事实、数据和经验教训等进行定量和定性分析,升华为理性认识;撰写论文、案例分析、研究报告、实验报告和工作总结等;准备主题教育活动。

所谓的结题,就是在研究的目标和任务即将结束时,对课题研究过程进行总结、研讨并提出新问题的过程。从研究者角度看,结题的目的在于总结、反思自己的研究过程和研究行为,并听取专家、同行的评议,发现研究中存在的问题,为后续研究奠定基础。从教育科研管理的角度看,主持人以正式结题的方式汇报研究过程、呈现研究成果,表示课题管理部门与研究者双方约定的研究任务的达成。结题也是管理部门发现好的或潜在的研究成果,了解研究者能力及研究方向的主要手段。

(一) 做好结题的准备工作

1. 整理研究材料。对收集、保存的研究资料进行分类、整理、统计、分析和研究。

2. 撰写研究报告。研究报告是集中、概括地反映微型课题研究所取得的最主要、最有价值的成果,包括课题缘起、实施过程、研究成效和研究后反思。

3. 撰写工作总结。工作总结是对课题研究工作计划的制定与执行、过程的组织、活动的开展等情况进行简略的事务性总结。也可以将研究报告与工作总结合二为一,统称结题报告。

4. 准备研究课。根据研究的内容,研究课可以是学科教学,也可以是其他主题教育活动。

(二) 了解结题的一般形式

微型课题结题一般采用集体结题的形式,即将研究内容相似或相近的课题、同一所学校的课题集中在一起结题。通常有以下几个程序:一是课题主持人作结题报告,主持人向验收组介绍自己的研究过程,重点介绍做法和成果。二是验收组及其他教师观摩主持人的研究课或主题教育活动,看主持人研究的问题在教育、教学中有没有解决,解决了多少。三是验收组查阅课题组的研究档案资料,看研究的原始性、过程性、结果性资料是否齐全、是否真实,研究结果是否丰富、是否有价值。四是验收组写鉴定意见,表明是否同意结题(就听课和查阅资料的情况验收组会与主持人交换意见)。

如皋市开展微型课题研究时采用了三种管理办法:一是由教育科研管理部门统一组织申报,符合申报条件的将立项为县(市)级课题,凡立项的课题均由教育科研管理部门统一组织结题。二是教师根据自身的教育教学实际,选择相应的问题进行研究,不申报、不立项,但有了成果后,可以向教育科研管理部门申请结题,如果验收通过,同样确认为县(市)级课题。三是由学校组织申报,符合要求的作为校级课题,由学校负责过程管理并组织结题,符合县(市)级课题验收条件并通过验收的也确认为县(市)级课题。

结题验收没有固定的方式,也没有固定的程序,各地应因地制宜,灵活组织,既要做到科学、规范,有利于提高微型课题研究水平,又要考虑方便教师,尽可能减轻研究者的负担,有利于调动广大教师参与研究的积极性。

（三）提交微型课题研究成果

从微型课题研究的性质看，研究成果的表现形式有别于宏观、中观课题的研究，应该用符合一线教师工作特点的，大家习惯的、喜闻乐见的形式来呈现。如教育日志、教育叙事、案例、调查报告、实验报告、论文、经验总结和结题报告等都可以作为研究成果。那么，成果的质量如何鉴别呢？如皋市的做法是：一是在县（市）级及以上教育报刊正式发表或在县（市）级教育主管部门组织的评比中获等级奖（至少提供一篇）；二是没有公开发表或获奖的成果，由教育科研管理部门组织相关专家根据有关研究成果质量的标准，对主持人提供的研究成果进行鉴定打分。

（四）做好结题后续工作

课题结题了不等于研究工作结束了，结题后，还有很多工作要做。首先，要把研究成果运用到教育教学工作中去，通过对研究成果的应用改进自己的工作，努力提高工作效率和工作质量。同时，要把研究成果在更大的范围内推广应用，让更多的教师能分享自己的研究成果。其次，要总结和反思自己的研究过程，重新审视自己的选题、研究内容、方法、计划、成果等是否科学合理，整个研究有没有达到自己预设的目标。尤其要反思，这样的研究对提高自己的教育教学质量和个人进步有没有帮助，有什么样的帮助。再次，要进行后续研究。在前面的研究中，我们可能解决了一些问题，有些问题可能还没有完全解决，甚至于就没能解决，而且在研究中还出现了新的问题，这些问题都需要我们进一步去探究。对问题挖得越深，就越贴近工作实际，研究成果就越有价值，也就越有指导意义，研究者的思想认识也会越深刻。

———————— / ————————

阅读材料：

我做小课题，我有大收获

——有感于微型课题研究促进教师专业成长

包桂祥

作为一个普通的教师我走过了十四个春秋，曾痛感自己只顾"埋头教学"，而没有杰作,没有突出的管理能力,没有耀人的光环。但是在学校行政推动之下,我参加了"微型课题研究与教师知识管理"课题组,根据自己教育教学的实际,选择了个人微型课题研究。通过微型课题研究,我现在不仅"埋头拉车",也学会了"抬头看路",还尝试着"伸头探路"。我感到我的工作很实在。

我感谢"微型课题研究",因为它解决了课题申请都是领导领衔,普通教师报批较难的矛盾。它推动了教学改革,让我们这些普通的教师有个人研究的"小天地"。这个"小天地"让我做到了"我的地盘,我做主"。近几年,我成功地完成了"'任务型'英语学案设计与应用的探究""教师如何命制英语书面表达题""文科班班主任工作特点探索"等三个课题。

通过微型课题研究,我深感它比较直接解决了我在教育教学中的问题和困惑,调动了我十多年"埋头拉车"积累的教学经验,量体裁衣地发挥了我个人有限的研究能力,增强了我研究课题的意识,促进了我的教师专业成长。

微型课题研究促进了我的教师专业成长,现在我将收获总结出来与大家分享。

一、课题研究使我养成学习教育理论的习惯

好读书和读好书是不一样的,我认为每个教师都喜欢读文学类的作品,如名著、文摘等,但是,不是每个教师都喜欢读与自己专业相关的教育理论。拿《课程·教材·教法》这本各校图书馆都能见到的杂志来说,真正喜欢阅读它的普通教师并不多。究其原因:高校教授所作、语言朴素、术语较多、内容较理论;要想理解它,必须和教学实践相结合,用教学实践来验证。怕读教育理论,拿什么来指导实践? 即使实践了,又来验证什么? 但是为了做课题,我必须阅读相关的文献,学习他人的实践后的总结。这里我想说明的是,课题无论大与小,其核心都是理论与实践相结合的研究。通过做微型课题,我也认识到平时听专家的报告、看理论书籍,容易学过就忘,浮于表面。只有做课题才能较为深入地理解理论。例如,我在做"'任务型'英语学案设计与应用的探究"这个课题时,就认真学习了《任务的定义与类型》(《中学外语教学》,程晓堂,2006)、《谈运用任务型教学的三个问题》(《中学外语教学》,张正东,2004)、《任务型教学的核心思想》(《中学外语教学》,刘津开,2006)等一系列有关任务型教学文献。我还乘阅读契机将他人的文献编成了一本《英语"任务型"教学法》文献集锦,留作自己理论与实践的文献参考。

二、课题研究促使我进行教学思考与反思

问题即课题,行动即研究,这是微型课题的特点。教学思考就是行动,就是在研究课题。一般的教师上完课就完事,不做结课处理。优秀的教师上完课都会进行教学思考与反思,撰写教学心得,找出教学中闪光点和问题。通过微型课题研究,我养成了记录自己的"教学短镜头""教学一得"和"课堂智慧"的习惯。这也体现了课题研究"持续反思性"的特征。教师应在真正的课堂情境中,对从事的实践工作进行长期的探讨,进行纵向和横向的研究,今天得出一个经验,明天找到一个规律,这样在工作中不断进行反思,对自己教学效果和实践持续评价和反思,一旦得到较为肯定的结果即可应用到教学实践中。如在做"教师如何命制英语书面表达题"时,我对照《英语课程标准》和国家命题中心课题组得出的结论,对各级各类英语书面表达题进行了分析、归类,找出各类试题中存在的问题,并对存在的问题作归因处理,得出了关于"教师如何命制英语书面表达题"的结论,并撰写成论文发表在《中小学教学研究》上。这一总结至少使我不会犯与命题相关的错误。同时,我基于研究的过程和成果,扩大研究范围,目前正积极申报市级课题"基于'两纲'学习,提升教师命题素养的研究"。

三、课题研究使我的能力结构发生变化

很多教师把教师的能力看作简单的教学能力,但是他们没有认识到教师的能力是以教育教学能力为核心,包括相关的知识能力、实践调整能力、反思总结能力等主要能力。通过微型课题研究,我感受到我的能力发生了以下变化:为了做课题研究,我经常查阅资料、文献,提高了自己知识水平和理论水平;为了解决课题研究的问题,我在教学中分析问题,寻找策略,提高了洞察力;在解决问题前,我拟定行动方案,并随着问题认识的深化,逐步调整行动方案,提高了自己的调整能力;为了使课题研究的成果得以总结和升华,我对平时的教学日记反复地分析思考,透过现象抓本质,透过局部看整体,从偶然的背后发现必然,从中找出规律的东西,得出普遍指导意义的结论,这些都提高了我的反思和总结能力。

四、微型课题帮助我树立课题研究意识

过去我总认为课题研究是专家们的事,与我们普通教师没有关系,我们只要将别人的成果加以运用即可,但是通过自己做研究我发现,因教育者和教育的对象具有个体差异性,运用别人的教研成果也具有差异性。这种差异主要有两种结果:一是优化

结果，二是退化结果。这两种结果就是课题研究的方向。这使我意识到原来自己的行动就是研究。

其实课题研究并非遥不可及，也决非高深莫测。每个教师在教学中都会遇到问题，产生困惑，解决这个问题或困惑不就是一个很好的课题吗？我渐渐地树立了课题研究的意识：一是工作即研究，将在教学中发现的问题作为研究的课题；二是研究即工作，把课题研究的成果落实到自己的工作中，使自己的教学日臻完善。

我做微型课题的感悟与"小马过河"故事的道理在某些方面是一致的：不趟一下水，怎么会知道深浅？不做课题研究，怎么知道教师成长经历着"学习→实践→反思→再实践→再反思"的过程？我感谢微型课题研究，因为它让我收获颇丰。

（原载于《基础教育》2008 年第 6 期）

第二讲
如何生成好的微型课题

选择和确定研究课题是进行教育研究的第一步。如何立足校本、植根课堂、贴近教育教学实际选择有价值、有意义、又有条件解决的微观问题，是开展微型课题研究的关键。微型课题的生成可分为两步：第一步是筛选、确定研究的问题；第二步是设计微型课题。

第一节　微型课题从哪儿来

选题就是选择要研究的问题。所谓问题，就是客观事物之间的矛盾在人们头脑中的反映。"问题就是事物的矛盾，哪里有矛盾，哪里就有问题。"在我们认识客观世界的过程中，问题是联系已知与未知的桥梁和纽带。只有不断地发现新问题，解决新问题，人们的认识才能不断向前发展。问题是研究的源动力。研究的基点是问题，有了问题才能进行研究。那么，微型课题从哪儿来呢？

一、如何发现问题
（一）从日常的课堂教学中发现问题

————————／————————

案例1：在语言活动中培养大班幼儿倾听习惯的研究

在一次评优课中，我观摩了一节语言活动"秋天的故事"。活动从骑自行车游戏导入，到老师用芭蕉叶与孩子做游戏，再到孩子们自由玩树叶，大概持续了近二十分钟的时间，其间老师和幼儿进行交流的时间很少。到第三个环节，在老师还没讲清楚活动的要求的时候（不少孩子还处在嬉闹的状态），大多数孩子已经动了起来，以至于不少孩子并没有根据老师的要求玩树叶。纵观教学过程，孩子们一直在"动"，几乎没有静下来"听",因此活动的内容、时间、要求等都没有听清楚就动了起来。类似这样的情况,在我们日常的集体教学活动中并不少见。因此,如何培养幼儿的倾听习惯就成为了我们研究的课题。

在幼儿园教育活动中,尤其是语言活动中,倾听是表达、交流的基础和前提。但因为幼儿的自我意识、表现欲比较强,自我控制能力比较弱,注意力难以集中,所以在活动中意识不到他人的存在,很难安静下来听清别人的发言,总是迫不及待地表现自己。案例中的现象在日常的活动中并不少见,但大多数老师轻视甚至无视这样的问题。事实上,幼儿的倾听习惯和倾听能力在很大程度上影响到集体教学活动目标的达成度。例如,在教学活动的导入环节,教师会使用图片、动画、实物、语言和游戏等形式进行呈现、说明、讲解、提示和引领,其主要作用在于引起幼儿注意,激发其学习兴趣和求知欲望,诱发其学习的自主性和能动性,把幼儿的关注点转移到活动中。如果这个时候幼儿不能安静下来听、看,无论多有趣、多美、多巧妙的导入都是低效乃至无效的。再比如,在组织游戏及其他操作活动之前,教师也要让幼儿静下来听讲,如果幼儿不明白活动的目的、步骤、规则,就会盲目乱动,导致活动混乱无序、效率低下。因此,《3~6岁儿童学习与发展指南》特别指出,教师要"引导幼儿学会认真倾听""对幼儿提要求和布置任务时要求他注意听,鼓励他主动提问"。

在日常工作中,只要我们认真观察,及时总结,不断反思,就能发现值得研究的有价值、有意义的问题。

———————————/———————————

案例2:小学语文课堂教学中错误资源巧妙利用的研究

在教学课文"蘑菇该奖给谁"时,我用小黑板出示"我今天参加跑步比赛,得了第一名!"这句话让学生朗读,孩子们纷纷说老师写错了。果然,课文中的原话是"今天我参加跑步比赛,得了第一名!"我把"今天"与"我"的位置写颠倒了。但我灵机一动,问:"小朋友们,这句话意思不变有哪几种说法呢?"孩子们得出以下四种答案:"我今天参加跑步比赛,得了第一名!""今天我参加跑步比赛,得了第一名!""今天参加跑步比赛,我得了第一名!""今天参加跑步比赛,得第一名的是我!"改变了"我"在句子中的位置,句子的意思却没有变,让低年级的小朋友感受到汉语的生动有趣。老师的"笔误"却错出了"精彩",让我眼前一亮,心头一喜,于是,形成了微型课题"小学语文课堂教学中错误资源巧妙利用的研究"。

在课堂上,师生都会不经意地出现一些错误。面对错误,我们是视而不见、刻意回避,还是把错误当成教学资源巧妙利用,化险为夷? 这不仅体现了教师驾驭课堂的教学技巧和策略,也反映了教师的教育智慧。"教育智慧是教师在教育实践中对教育教学规律的把握、创造性驾驭和深刻洞悉、敏锐反应及灵活应对的综合能力。"教育智慧是教师良好教育品质与高超教育智能的综合表现。教育智慧源于教师对教育现象和教育规律的认识与把握,而生成教育智慧的最佳途径便是对教育实践的反思和对教育理论的学习。案例2中的"我"让自己的"笔误"错出了"精彩",并由此引发了对课堂教学中"错误资源"的研究。

---/---

案例3:影响课堂实验结果意外因素的研究

《科学课程标准(7~9)》中有一个教学案例叫"哪一支蜡烛先熄灭"。这个案例描述了"一高一矮两支蜡烛在玻璃罩下,高的蜡烛反而先熄灭"的实验现象。在教学时,我也引入了此实验,并让学生实际操作。但由于当天气温较低,实验中矮的蜡烛反而先熄灭了。当时我无法解释此现象,就要求学生自己解释(由于实验前,要求学生自己建立猜测与假设,几乎相同数量的学生选择两种不同的假设,即高的先灭或矮的先灭),在学生讨论后再次要求实验,实验结果是高的蜡烛先熄灭。最后,学生得出结论:影响蜡烛熄灭的因素不仅仅有蜡烛高低、玻璃罩体积等,还要包括实验时的气温等因素(如果教室气温过低,蜡烛燃烧产生的热的二氧化碳马上被降温,矮的蜡烛会先熄灭)。

受学生这一实验探究过程的启发,我对学生课堂实验进行了新的思考,提出了课题"影响课堂实验结果意外因素的研究"。

在日常的课堂教学中,常常会发生一些意外。教育活动的复杂性和不确定性决定了一线教师面临的矛盾和问题无处不在。随着教学关系、教学组织形式、教学方式方法的变化,一线教师常常会碰到各种各样的矛盾和困惑。教学是千变万化的，再完备的教育方案、教学设计也不可能预见课堂上可能出现的所有情况。具有慧心的教师善于从预设与生成的矛盾冲突中挖掘问题，在面临的突出问题中寻找突破点。

一线教师的研究与专业研究人员研究的主要区别，就在于以课堂为现场，以学生为中心，以解决问题为目的，在现场中感受教育事实、生发教育理念、提升教育智慧。而教育现场是教育问题的原发地，是问题产生的真实土壤，处理好教育教学过程中生成的意外，既有利于提高教育教学效率，又有利于教师个人的专业成长。

———————／———————

案例4：高三文科数学三角函数主观题提分策略的研究

三角函数是高考重点考查的部分，从最近几年的情况看，主要考查三角恒等变换及三角函数图象和性质。解三角形，属于中低档题目，位置在主观题的前两个，但是在实际的各类考试中，总有学生在该题出现失误，造成不必要失分，影响数学成绩，也严重影响学生后面解答题的发挥。因此我提出本课题，重点研究新课程下文科数学三角函数主观题的特点、规律及应对策略，培养学生分析、解答问题的能力，帮助学生学会灵活运用知识，在高考中少失分、不失分，取得好的成绩。

"策略"，《现代汉语词典》解释为计策、谋略。"教学策略"不同于"教学方法"。教学方法一般指教学过程中，师生为了实现教学目标，完成教学任务所采用的方式和手段，如讲授、讨论、演示和练习等。教学策略是指在教学过程中，为完成特定的目标，依据教学的主客观条件，特别是学生的实际，所采用的教学形式、活动程序、教学方法和教学手段等的总体方案。简单地说，教学策略就是依据不同的教学目标、教学内容、教学对象而采取的一套特定的方式或方法。

"教学策略"与"教学方法"有着密切的联系。教学方法是构成教学策略的细节，是运用各种教学策略的技术。任何一种教学策略都由一系列的教学方法组成，可以分解为多种教学方法；另一方面，教学策略是一连串有特定目的的活动，能独立完成特定的教学任务，而教学方法只被运用于一般的、常规的教学活动中。

如何提高高三文科数学三角函数主观题的考试成绩，是一个特定的教学目标、教学内容和特定的对象,用常用的教学方法已经不能解决这一问题,所以必须采用一套特定的方式或方法。

一线教师开展微型课题研究,就是要尝试改变自己的教育教学方法、形式和手段等,学会应用教学策略解决问题,努力提高课堂教学效率和效益。

(二) 从班级常规管理中发现问题

————— / —————

案例5:让玩具卡成为学生阅读名著的抓手

这个课题的提出更是一个偶然。

前一段时间,学生中盛行一种玩具卡。有长方形的(学生称之为长卡),有圆形的(学生称之为圆卡),每个男生的身边都带着厚厚的一叠。只要一有空余时间,学生就开始比赛,利用自己的卡把别人的卡翻过来就算赢,学生之间你赢我的,我赢你的,玩兴颇浓。一些女生也被吸引加入了这一行列。有的学生拥有的卡片叠在一起竟有20多厘米厚,把空余时间都花在这小小的卡片上了。学校其他班级也是如此。有些教师为了让学生能更好地学习,就强行禁止学生玩耍,把卡片也收缴了,但学生还是背着老师偷偷摸摸地玩。

看来,强行禁止效果不佳,那么该怎样引导学生呢?这个问题深深地印在我的脑海之中,但我一直也没想出一个很好的办法来。

因此我就对这一问题进行了分析。我觉得学生爱玩这卡片的原因主要是以下几点:(1)爱玩是学生的天性;(2)学生在学校里的精神生活比较贫乏(学生都是从周日下午到校,周五下午离校回家,在校时间整整五天,课余时间充足但却缺少积极有趣活动);(3)对课外阅读缺乏兴趣。

针对以上原因,我忽然想,为何不利用这卡上的图片把学生对输赢的兴趣转移到对卡片知识的关注上呢?同时,我发现学生的卡片中比较多的一类是"三国卡",上面介绍的都是《三国演义》的相关知识,再加上我们就要学习"走进名著"这一单元,这不就是一个很好的突破点吗?于是我就提出了"让玩具卡成为学生阅读名著的抓手"这一课题。

(鲁玉明,http://blog.sina.com.cn/s/blog_625c26d50100f0ad.html)

喜欢玩是孩子的天性，但缺乏积极意义地玩或过度地玩都会影响孩子的健康成长。面对这一教育现象，是堵、卡、压，还是因势利导？不同的教师会有不同的做法。案例5中的鲁老师带着研究的眼光审视这个问题，从玩"玩具卡"这一典型的事件中挖掘积极的教育因素，使"玩具卡"成为教育教学的生长点。

———————— / ————————

案例6：极端自我中心主义学生的教育对策个案研究

我遇到过一个非常厌学、极端自我中心主义的男生。该生平时上课总是无所事事，不是东瞧瞧西望望，就是自顾自做些与上课无关的事。受到教师的严厉批评，他要么无动于衷，要么对教师发脾气，一副目中无人的样子。根据这些情况，我详细了解了该生的家庭教育（与其家长多次交谈了解到，该生是独子，在家非常受宠爱，现在家长对他也无可奈何）、小学教育情况，了解他的性格特征、兴趣爱好、能力与个性倾向等，在此基础上选择了一个小课题即"极端自我中心主义学生的教育对策个案研究"，开展研究并取得了一定的成效。

"极端自我中心主义学生"属于典型的教育对象，面对这样的典型，一般的、简单的教育方法显然无济于事。只有深入了解、分析和研究学生极端自我中心的特点及形成原因，并有针对性地采取矫正策略，才能取得较好的效果。这样的典型事例在日常的班级管理中还有很多，比如，个别学生沉迷电脑游戏、抽烟、早恋、厌学等。有心的教师面对这些会不断地追问，迸发出解读的热情和冲动并尝试解决问题。

———————— / ————————

案例7：保护学生的自尊心的个案研究

在学校运动会上，我班的一位"体育健将"在第一个参赛项目上意外落选，后在进行第二、三个竞赛项目（班级集体竞赛项目）时借口受伤而退出比赛，影响了整个班级的荣誉。面对这一事件，我陷入了两难境地：一方面这名学生在比赛前的训练确实刻苦,而且平时也表现出很强的集体荣誉感与上进心,但在运动会上因意外落选感觉很"失面子",进而撒谎不参加后续比赛,影响了整个班级的荣誉。而且他很巧妙地利用了"受伤"这一"非常值得同情的弱者行为"来作为自己的挡箭牌,令人表扬不是批评也不是。我没有当场揭穿他的"撒谎行为",而是故意"纵容"他,表扬他"带伤坚持跑,虽没有取得好的成绩,但这种精神值得学习"。事后我越想越觉得这种做法欠妥,然而翻来覆去又想不出更好的办法,故以此事为由头确定了一个"保护学生的自尊心的个案研究"的小课题。

案例 7 中的班主任如何处理这位"体育健将"的确是件两难的事,如顾及了这位"体育健将"的面子,就影响了班集体的荣誉,妨碍了全班学生的利益;如果批评他,又抹杀他先前付出的劳动,挫伤了他积极参与班级活动的热情。在日常的班务工作中,类似这样的两难问题比比皆是。追求宽松、民主、活泼的课堂氛围,课堂有了趣,往往就无了序;注重班级管理的制度化、规范化和科学化,往往就压抑了学生个性的张扬和发展;在课堂上耐心等待、倾听,让学生充分地探究、讨论和交流,往往又影响教学的进度。发现并思考这些典型的两难事件,是提高一线教师管理水平的生长点。

———————/———————

案例 8:中学生"追星"现象的调查研究

在信息化时代,学生受社会大众文化的影响非常深,"追星"就是其中一种现象。在教师看来,学生对于影视明星的崇拜都是有百害而无一益的。可现实是,教师越禁止学生"追星",学生越要去做,而且有"变本加厉"之势。

为此,我召开了一个主题班会,班会上,我与"追星族"们舌战一番,企图让他们接受我的观点。但事与愿违,"追星族"们提出了青少年需要"追星"的 N 个理由,特别提到家长、老师强迫他们听、唱、看他们根本不懂也不感兴趣的所谓"高雅艺术",并反问:这难道不是对青少年身心的"摧残"吗?"追星族"们的反问引起了我的反思,通俗文化对中小学生的影响是不以教师个人的意志为转移的,如果不分青红皂白地一味封锁、打压,只能引起孩子们的反感和抵制。只有从现象中找到本质问题,才能有针对性地解决问题。据此我转变思路,提出了小课题"中学生'追星'现象的调查研究"。

　　教育的发展总是受制于社会经济的发展,也就是说,教育的改革和发展无法脱离当时、当地社会、经济和文化的发展水平,教育总有鲜明的时代烙印。因而,在不同的时期、不同的区域和不同的学校都会遭遇一些诸如"追星"这样的热点和难点问题,如何有针对性地、艺术地处理好这些问题,案例8给我们提供了一个思路。

（三）从平时的学习与思考中发现问题

―――――― / ――――――

　　案例9：初中语文教学设问隐形提示的研究

　　我曾读到过一本讲言语逻辑方面的书。这本书应该属于逻辑学范畴,与语文教学并没有什么关系,但是我发现其中关于问句逻辑的讨论对我启发很大。我们平时上课的时候,不是要提许多问题要学生思考或回答吗?有人称之为"设问教学"。有的老师提的问题很有启发性,有的老师提的问题不但没有把学生的思维激活,反而可能把学生的思维问死了。这是什么原因呢?读了这本书,我发现许多都是在问句逻辑上出了问题。于是我应用这个问句逻辑的有关理论,设计了一系列问题,比如"设问的隐形提示""设问的可操作性""设问的步骤""设问的技巧"等,我在研究中,提出了许多在语文教学中很新颖的概念,比如"隐形提示""答域""选择项""逻辑差值""项"等,都是从那本与言语逻辑学有关的书中直接取用过来的。

　　案例9告诉我们,研读、学习相关的理论论著和教育研究成果,不仅可以帮助我们丰富知识、拓宽视野、提升学术素养,也可以帮助我们找到研究的课题。

　　如何通过阅读寻找研究的问题呢?首先,要把握范围,认真选读。搜集来的大量材料,一般都要阅读,但也不是随手拈来盲目去读,而是要把握住范围,选读与课题有关的、新颖的、真实可靠的材料,多角度、有区别地选读,并要把阅读与思考联系起来。其次,要紧扣选题,数量适度。材料阅读多少数量才适度?要考虑"必要"和"得当"两个方面,如果不是"必要"，读多了，就事倍功半；如果"得当"，读得虽然不很多，但能紧扣选题，也就足够。材料究竟阅读多少为宜与选材水平有很大关系，选材又准又精，数量会相对少，反之则多。

————————／————————

案例10：开展班级阳光体育运动有效策略的研究

这个课题是我在观看电视新闻时，脑海中突然冒出的一个想法。

那天观看新闻，我了解到了《中共中央国务院关于加强青少年体育增强青少年体质的意见》（以下简称《意见》），《意见》颁布以后得到了广大师生、家长和全社会的热烈拥护、广泛支持。为落实《意见》，学校广泛开展"学生阳光体育运动"，举办多种形式的学生体育运动会，形成每个学生参与体育活动，每所学校打造体育特色的浓厚氛围。

然而，我们农村学校阳光体育运动的现状还不容乐观。1.学生体质下降，缺乏耐力、协调力、吃苦精神；2.学校自身对阳光体育重视不够。那么如何在班级中有效地开展阳光体育运动呢？这就成了我的又一个小课题。

我对这一问题作了细致的原因分析，并提出了一些实施策略，从而在时间、空间、兴趣、效果上保证班级阳光体育运动的有效开展。

现在，班级中学生的观念转变了，对体育活动的兴趣更浓了，每个人至少都有一项自己喜爱的运动。参加学校田径队的运动员自觉了，班级篮球队也成立了，学生运动成绩也提高了。

（鲁玉明，http://blog. sina. com. cn/s/blog_625c26d50100f0ad. html）

案例10说明，只要做有心人，我们可以从任何信息中捕捉到研究的问题。现代意义上的阅读与交流，不再只是人和人之间的互动以及人与文本的对话，大众传媒带来的信息远远超过了书本知识，如何从这些丰富的信息中寻找与教育的结合点，也是解决教育问题的有效途径。

发现问题要"从大处着眼，从小处入手"。"从大处着眼"是指立意要高、范围要广、视野要开阔,要从当前教育发展的总体趋势出发,"从联系中去把握事实",尽可能选取具有代表性的、被普遍关注的、有争论的、亟待解决的问题。"从小处入手"就是要贴近实际,围绕学科,立足课堂找问题。选题要做到"真、小、实",避免"假、大、空"。总之,立意要高,起点要低;范围要大,问题要小。要做到这一点,研究者必须要有三种意识。

首先,要有学习意识。能发现有价值、有意义的问题,意味着研究者具有良好的教育理论基础和学术素养,也说明研究者对教育问题有一定的洞察力和判断力。一线教师一般是在教育制度、管理体制和课程教材已经确定的情况下进行工作的,绝大多数人没有机会参与制度、体制、课程的规划和改革决策,再加上理论基础薄弱,学术视野和研究范畴都有很大的局限性。这种局限性使得广大教师对教育问题和教育矛盾缺乏深刻的认识与准确的判断。怎么办? 只有加强学习,通过对教育理论、政策、科研方法等知识的学习,开阔视野,丰富知识,才能提高对教育实践的认识水平和把握能力。学习会让我们的教育实践从没有问题到有问题;会让我们通过现象看本质,从表面问题深入到本质问题;会让我们了解到教育改革和研究的情况与动向,从认识老问题到发现新问题。总之,学习会使问题更清晰,让选题更准确。

其次,要有反思意识。"反思"源于西方哲学家的论述,通常指人自我精神的内省活动。教师的反思是对自己既往教育行为的内省和审视。反思是总结经验教训的基础。《基础教育课程改革实施纲要(试行)》中指出:"强调教师对自己教学行为的分析与反思,建立以教师自评为主,校长、教师、学生、家长共同参与的评价制度,使教师从多渠道获得信息,不断提高教学水平。"分析和反思自己的教育教学行为是教师获得关于教育对象、教育情境以及各种教育信息的有效途径和手段。反思的作用就在于唤起教师对教育生活中真实问题的关注,是教师走向研究者、走向专业化发展的重要一步。反思与问题同在,教师只有以反思的姿态审视、剖析、评价自己的教育理念和教育行为,才能发现问题,才会尝试去求证和解决问题。具有反思意识、善于反思的教师,才会对日常工作产生疑问和困惑,也才能从这些疑问和困惑中提炼出有价值的研究课题。

第三,要有问题意识。任何研究都是从问题开始的,没有问题就没有研究。发现和提出问题是研究的第一步。哲学家波普尔提出:"科学与知识的增长永远始于问题,终于问题——愈来愈深化的问题,愈来愈能启发新问题的问题。"但在日常的教育实践中,教师面对教育现象和规律,研究工作并不会自然发生,就像农民面对耕耘劳作的泥土,并不会研究"土壤学"一样。这是因为教育的现象和规律作为纯粹的客观存在,不会自己进入教师的大脑成为思维作用的对象;只有当教师意识到教育的现象和规律的存在,并提出了"是什么""为什么"和"怎么办"等问题后,才会关注和研究这些问题。因此,教师有没有问题意识,是能不能发现并提出问题的关键。问题意识包含这样一些要点:这是什么问题? 这个问题有意义吗? 这个问题能解决吗? 问题意识是教师认识教育,发现并提出需要解决的教育问题的意向和能力,它是教师在教育实践和研究的基础上,以教育科学素养和经验为基础逐步形成的。

二、怎么提出问题

一线教师在工作中会遇到许多具体的矛盾和疑问,但这些矛盾和疑问往往只是表面的感受和体验,有时只是心里想想而已。如果要研究这些矛盾和疑问,就需要通过专门的语言把它们表达出来。用"专门的语言表达",就是提出问题的方式。教育实践中存在的矛盾和疑难是多种多样、多方面的,因而提出问题的方式也是多种多样、多方面的。概括起来,提出问题的基本方式有以下几种:

(一) 实然性提问

一线教师在每天的教育教学工作中,直接感受到的首先是教育事实,这决定着我们首先倾向于研究、探讨当下教育事实状况里的矛盾和疑难。针对这样的矛盾和疑难,如果以实然的态度追问的话,就形成了实然性的提问方式。实然性提问的方式主要有"这个问题是什么""这个问题怎么样"。研究、探讨教育现象和问题(事实)是什么样的,将它们具体化和特殊化到一定的教育教学情境中,就可以在发现矛盾和疑难的基础上,提出一系列问题。如,"小学数学'学困生'学习现状如何""班级非正式群体是怎么形成的""为什么小组合作学习中存在'边缘人'现象"等。

(二) 应然性提问

一线教师在教育教学实践中,对教育的认识、理解和追求总存在理想的一面和现实的一面。思想也好,教育教学方法也好,都既有事实与现实,又有可能与理想。但限于个人的学术水平,我们对教育事实或现象的认识和理解更多地停留在实然的状态,只追问是什么样子,不去探究应该是什么样子。因而,做微型课题研究时,我们不仅要追问教育的实然状态,还要探究事物的应然价值。

应然性提问的方式主要有"这个问题应该怎么样""这个问题应该是什么""这个问题应该为什么"。表现和应用于教育研究领域,就可以形成一些应然的问题。如,"小学语文教师应该具备什么样的学科素养""小学英语游戏教学的基本内涵是什么""'榜样'在中学德育工作中应发挥什么样的作用"等。

（三）发散性提问

从理论上说，一线教师面对的具体问题，是可以穷尽的，但事实上，很多问题是无法穷尽的，因为用教育的思维方式已经很难解释、解决教育多方面和多层面的矛盾和疑难问题。解决当前的教育问题，不仅要重视应用归纳式的集中思维，更需要发展和应用演绎式的发散思维，要变换角度看问题，从其他学科的视角审视教育问题。

发散思维包含着发散性提问，它的基本样式有三种，即"这个问题还会怎么样""这个问题还会是什么""这个问题还会为什么"。当我们可以从社会学、经济学和人类学的角度追问教育问题，会有意想不到的结果，继而有可能提出更多、更全面、更深刻的问题。比如，我们可以从经济学的角度来看"教学是不是也有'边际效用递减'的问题"。所谓边际效用递减，是指消费者在消费一种产品时，随着消费量的增加，产品的边际效用递减。下面通过一个故事来说明这个法则。

> 一个人在沙漠上行走时把水喝光了，几乎渴昏的他终于走到一个卖水的地方。他问老板一杯水多少钱，老板说，100 美元。他急忙买了一杯水，喝完后又买第二杯水，老板收了 10 美元。然后又买第三杯水，老板只收了 1 美元。接着，他又买第四杯水，老板说，不要钱，送给你喝。他喝完四杯水后终于缓过神来。但令他不解的是四杯水的价格怎么相差这么多，就问老板。老板说："第一杯水是救你命的，没有这杯水你就会死掉，所以很贵。第二杯水可以帮你恢复体力，喝了这杯水你可以继续前行，所以，这杯水也不便宜。第三杯水可喝可不喝，喝了对身体无害，不喝也没什么影响，所以，只收了你 1 美元。第四杯水对你来说已经不需要了，喝了也是白喝。所以，没有收你的钱。"

这个故事说明，人们在消费某种商品时，新增加一单位消费所增加的效用会小于前一单位消费所增加的效用。经济学家把增加一个单位消费对应的效用增加值称为"边际效用"。随着消费量的增加，边际效用会递减，这就是"边际效用递减法则"。上面的故事所反映的效用和边际效用如表 2-1：

表 2 - 1　边际效用递减法则

数量	效用	边际效用	数量	效用	边际效用
0	0	—	3	12	1
1	5	5	4	14	0
2	9	3			

在表 2-1 中,第四杯水的边际效用已经为零,如果继续喝第五杯水的话,边际效用将变成负数。因为当边际效用为零时,人的消费需要就已经饱和了。

从边际效用递减法则来看教学的话,教学中的知识容量、教学情境、教学时间、练习量、考试次数等,也同样有一个边际效用的问题。

再比如,也可以从社会学的角度研究儿童在班级上的社会地位及其对学习的影响。我们在班级里提出以下三个不同强度的问题让学生回答:

(1) 明天去春游,你最希望跟谁在一起,你最不希望跟谁在一起,说明原因。

(2) 明天重新排座位,你最希望跟谁坐,你最不希望跟谁坐,说明原因。

(3) 明天重新选班长,你最希望选谁,你最不希望选谁,说明原因。

然后,根据学生答案的第一选择和第二选择绘制班级人际关系靶形图(如图 2 - 1),在靶形图中把谁选的谁用线连起来就可以清晰地看到儿童在班级中的地位。

处于靶形图核心圈的有两种人,一种是被很多人作肯定选择的,这类学生在班级里成绩和人际关系都比较好,受大家欢迎,社会地位比较高,属于"人缘型"的孩子。一种是被很多人作否定选择的,这类孩子存在不少问题,没有多少人关心他们,在班级里基本上被边缘化了,属于"嫌弃儿"。处于靶形图外圈的孩子一般不参加小团体,在测试中选择别人而不被别人选,即使被别人选,得票也很少,在班级中不被同学注意,属于"中间型"。

(四) 质疑性提问

教育教学活动实质上是继承与超越、正确与错误、肯定与否定的矛盾统一体。但在具体的教育教学活动中,我们的教学思想、教学内容、方式方法,首先具有既定性,也就是符合传统的、被人们普遍认可的见解。这就使得我们容易在习以为常的教育教学活动中,忽视传统见解中错误的甚至违背规律的东西,不能创新和超越。因而,教育研究要勇敢地对传统的、大众化的、理所当然的命题提出质疑,通过解构、解蔽和创新的思维触及教育的矛盾和疑难,提出需要研究和解决的问题,这就是质疑性提问。质疑性提问一般有两种样式,即

图 2 - 1　班级人际关系靶形图

面对已有的命题和见解从两个方向打上问号,"这个问题仅仅如此吗?""这个问题确实如此吗?"如,"先学后教只是一种教学方法吗?""书山有路只有勤为径吗?""良药真的苦口吗?""温水煮青蛙的定论成立吗?"前一种是深化性质疑性提问思路,后一种是否定性质疑性提问思路。

第二节　选择微型课题有哪些方法

微型课题研究的内容十分丰富,但要发现和选择一个有价值的课题又不是一件简单的事,这不仅需要研究者具有一定的专业知识、较强的分析能力和敏锐的洞察力,还需要研究者掌握一定选题方法与策略。微型课题研究选题一般有下列几种方法:

一、聚焦选题法

聚焦是摄影的专业术语,是指拍摄时,物体上反射的光线通过镜头内的镜片形成一个焦点,在焦点平面所形成的图像最清晰。微型课题形成的过程实际上是一个不断地缩小选题范围的过程,是一个不断地从朦胧、粗略的研究方向向具体、明确的研究课题逐步聚焦的过程。选择研究课题的具体过程可以分为确定研究方

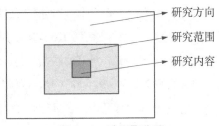

研究方向
研究范围
研究内容

图 2 - 2　选题聚集图

向、圈定研究范围、聚焦研究内容三个步骤(如图 2 - 2)。

首先,确定研究的方向。选题之初我们先确定大概的研究方向,比如,是研究教学方面的问题,还是研究班级管理或德育方面的问题,也可以把教学、班级管理、德育的一个方面作为研究方向。此时的选题尽管是一个笼统、宽泛、模糊的意向,但也要结合自身的条件和能力,既要考虑到自己已有的经验,也要考虑自己的研究兴趣。

其次,圈定研究范围。这一步是对研究方向进行分解,将课题研究对象和研究内容的范围缩小。假如把班级管理作为研究的方向,但班级管理的范围很广、内容很多,我们可以从不同的层面把班级管理的要素分解出来。如,从班集体建设的层面看,有班级制度、规范、组织建制、班会、班干部队伍建设、团队活动、教室文化、班级形象设计(班歌、班徽、班旗)等。教师可以尽可能多列举一些因素(范围要大,视野要宽),然后从中选定自己有思考、有基础的研究范围。这样,课题研究的范围就大大缩小了。

第三,聚焦研究内容。这一步是将研究范围再分解,把研究内容具体化,进一步"聚焦"到某一个点上,如,将"班集体建设"中的"班干部队伍建设"这一主题再进一步分解的话,可以设计这样一些课题:"小学班级建设中班长职能的研究""高中班干部岗位设置策略的研究""小学优秀班干部特点的个案研究""初中班干部任用策略的研究"等。由此,选题从"班级管理"(大的方向)到"班干部队伍建设"(一定的范围)再到"班干部岗位设置策略"(某一点),是一个不断缩小包围圈的过程,也是研究者的思考不断深入的过程,更是将问题不断推进,课题不断成熟的过程。

二、菜单选题法

所谓的菜单选题法,就是把要研究的问题列成菜单的形式,类似于计算机程序中的下位菜单。将某一研究范围分成不同的类别,然后根据需要和可能确定其中一个类别作为课题进行研究。当然,如果类别还不够具体明确,可再将该类别的某一项分成更细的次类别,再进行选择,直至获得满意的课题为止。

当我们要研究小组合作学习时,可将影响小组合作学习的有关因素尽可能地列举,然后,选择其中一个或几个因素进行研究。如图 2-3 中,我们选中"小组长",但"小组长"值得研究的因素还很多,一项微型课题无法一网打尽,因此需将"小组长"这一类别再作分解,最后将课题焦点落在"小组长的组织能力"上。一般说来,微型课题研究的菜单要分解到三级菜单,这样的课题必定是具体明确的、可以操作的了。菜单选题法是从一个总研究方向出发,不断地分解具体的因素,从而使研究课题具体化、可操作化。

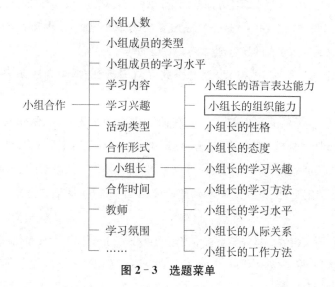

图 2-3 选题菜单

三、多层选题法

所谓的多层选题法,就是在确定研究方向后,应用菜单选题法从两个或两个以上的层面选择研究的范围,再在选定的研究范围内罗列各种可能的因素,然后将任何两个有关的因素连接起来,构成研究问题。这种选题方法又称多维选题法。

假如我们要对课堂教学进行研究,我们可以先列出"教学设计""教学过程"和"教学效果"三个维度,在每个维度之下罗列各种可能的次级因素,然后根据研究的兴趣和能力,选择合适的研究课题。例如,以课堂教学过程中的"教学方法"为例,"教学方法"可以和教学设计或教学效果中的任何项目联系,组合成一个个研究课题(如图2-4)。

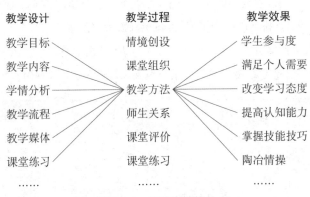

图 2 - 4　多层选题菜单

例如,我们可以将"教学方法"与"学生参与度"联系起来作为研究问题,如果觉得这个研究问题还不够具体,还可将"教学方法"和"学生参与度"作进一步分解,最后将某一种具体的教学方法(如讨论法)与学生参与的某一种状态(如兴趣)联系起来进行研究,研究课题可以是"运用讨论教学法激发学生学习兴趣的实验研究"。我们也可以将"教学方法"与"改变学习态度"联系起来进行研究,研究课题可以是"通过小组合作帮助后进生提高学习能力的研究"。

多层选题法产生的课题是各种因素相互组合的结果,不同的组合会生成不同的课题。从理论上说,图2-4每一列中的因素都可以跟其他的因素相组合形成课题。以教学过程这一列中的"课堂评价"为例,它可以分别跟教学效果中的每个项目组成课题,如,"通过'星卡评价'激发学生竞争意识的研究""通过小组互评培养学生合作意识的研究""即时评价影响学生学习态度的研究""小学生课外阅读能力评价策略的探究""运用点评策略帮助学生掌握解题方法的研究"等。同样,课堂评价也可以分别和教学设计中的大多数因素组合生成研究课题。

一般而言,只要研究范围分解的因素越多,研究的问题也就越细,可以组合的课题也就越多。由此,研究的问题就可能更有新意、更有价值、更有意义。

四、矩阵图选题法

矩阵图选题法就是从众多的教育事件中,找出成对的因素,排列成矩阵图,然后根据矩阵图来分析问题,确定关键点的方法,它是一种通过多因素综合思考、探索问题的好方法。例如,我们要研究影响课堂教学效率的因素,可以将课堂教学的构成因素尽量罗列(如图2-5),然后将这些因素排列成一个矩阵,再在矩阵因素之间进行选择。其中,阴影方格为某因素本身,可以看作单因素或单一变量的研究问题,其余空格均为涉及两个因素或两个变量的研究问题。由此可见,矩阵图产生的研究课题数量大抵是罗列因素的平方。

	学生	教师	教学目的	教学内容	教学方法	教学媒体	教学环境	教学手段	教学策略	教学评价
学生										
教师										
教学目的										
教学内容										
教学方法										
教学媒体										
教学环境										
教学手段										
教学策略										
教学评价										

图 2-5 选题矩阵图

第三节　怎么设计微型课题

课的本义是考核。《说文》曰:"课,试也。"课题就是要尝试、探索、研究或讨论的问题。《现代汉语词典》把课题解释为"研究或讨论的主要问题或急待解决的事项"。从研究的角度看,课题就是为解决一个相对独立而单一的问题所确定的最基本的研究单元。课题不仅仅是研究问题的名称或题目,还包括研究目的、研究对象及其范围、研究内容及方法等。

一、正确表述微型课题的名称

(一) 内容和结构要完整

一般而言,课题名称的内容应包括研究对象及其范围、研究内容和研究方法。为了便于理解,防止引起歧义,课题名称的信息要尽可能完整。

例如,"小学高年级学生课外阅读现状的调查研究",在这个课题中,"学生"是研究对象,"小学高年级"是研究对象的范围,"课外阅读现状"是研究内容,"调查研究"是研究将采用的方法。再比如,"智障儿童语言表达问题早期干预的个案研究","智障儿童"是研究对象及其范围,"语言表达问题早期干预"是研究内容,"个案研究"是研究方法。

在内容和结构完整的课题中,研究对象及其范围、研究内容都明确具体。内容和结构不完整的课题中的相关信息则是似是而非、模糊不清,不仅令人费解,也不利于研究工作的开展。

当然,在实际操作中,课题名称中的有些内容是可以省略的,比如,"如皋市安定小学六年级学生识字量的调查研究",这个课题名称里的"如皋市安定小学"和"调查"可以省去。也就是可以省去课题名称里的研究对象范围和研究方法,但在课题研究计划或方案里一定要加以说明,要限定研究对象的范围、明确研究拟采用的方法。

为了保证课题名称的完整性,要使用陈述句来描述,避免使用疑问句。例如,"如何提高小学音乐欣赏课的教学效果?"可以表述为"小学音乐欣赏课低效成因及对策的研究","如何缓解初一学生学习英语的压力?"可以表述为"初一学生英语学习压力特点及对策的研究"。

标题或口号式的课题名称由于内容和结构不完整,看起来更像文章的标题或工作口号,因此并不推荐。例如,"开展农村小学人格教育,提高学生思想道德素质""创设丰富的游戏环境,促进农村幼儿语言交往能力的发展""抓关键词,想象画面,感受朗读能力""小学语文词语拼读,人人过关""我爱读写绘"等。

(二) 课题名称表述要清晰

1. 课题名称表述不能繁琐、啰嗦。课题名称要语句通顺、简明扼要、一目了然,如"小学生数学审题能力培养策略的研究"。

课题名称不要太长,一般不要超过 20 个字,不然读起来就拗口。如,"把孝敬教育作为小学低年级思想品德建设的一项基础工作""从实际出发,创初中英语研究性学习课程实施的校本特色""在课堂教学中,以个别化教学为手段,促进儿童心理健康的实验研究""体育项目足球 25 米绕杆运球对高一女生课堂教学与提高实施的研究"等。这些课题的表述都不够简洁。

2. 表述不能模糊不清。表述不清主要是因为研究思路不清、目标不明确、内容不具体。例如,"初中生语文有效合作学习的研究",这个课题名称可使人产生两种理解:一是研究合作学习的有效性,即什么样的合作学习是有效合作学习;二是研究初中生应该怎样开展合作学习。其实,该课题是想研究教师如何通过教学促进学生开展合作学习,因此将课题名称改为"初中生语文合作学习策略的研究"较为妥当。

(三) 名称内容不预设价值判断

教育研究是一种带有价值取向的认识活动,对问题的研究都需要作价值判断。但微型课题名称的表述最好不要预设价值判断。如,"农村小学教师职业精神缺失成因的调查研究",这个课题名称就暗示着对"农村小学教师职业精神"否定性的价值判断。尽管这个命题是个假设,但这个假设显然缺少科学和事实依据。也许现实生活中的确有一部分农村小学教师职业精神缺失,但这样的课题名称也有以偏概全的嫌疑,很容易引起争议。如果把这个课题表述为"农村小学教师职业精神及其影响因素的调查研究"就不具有价值判断,虽然这两个课题要研究的内容都差不多,但后面这个课题名称表述更恰当、更规范。

二、设计好微型课题的研究变量

(一) 变量的概念

所谓变量,是指课题研究中质和量不确定的、可以变化的概念。在微型课题研究中,变量是需要研究和测量的,随着条件变化而变化的教育教学因素。简单地说,变量就是通过干预、改进、矫正后,会变化的、有差异的教育教学因素。变量是相对常量而言的,常量是指在课题研究中只有一个值、不会变化的教育教学因素。例如,"人文性评语对高中生作文兴趣影响的研究"中,"高中生"(高中,学生)是常量,因为它们具有各自相同的值,它在该研究中是一个不变的条件。而"人文性评语"和"作文兴趣"都是变量。"人文性评语",从内涵来说,不同的人有不同理解和认识;从表达方式来说,有不同形式和不同的写法;从效用来说,对不同的学生产生的作用也不一样,因而它是变量。同样,"作文兴趣"也是变量,对于被试的学生来说,教师评语的改变,可能会引起其作文兴趣的变化,也可能不会引起变化,对有变化的学生来说,变化的大小、程度也是不相同的。

由此可见,常量不是要研究的内容,所谓的研究就是要探讨变量之间的关系。从上面的课题看,影响学生作文兴趣的不只是教师的评语,还有其他的因素,如学生的写作基础、语文水平、爱好和学习动机等,这些因素的差异也会影响学生的作文写作积极性。那么,这些因素要不要在这个课题里一起研究呢?不需要。一项微型课题不可能,也没有必要研究与课题相关的所有变量,因而研究者要事先确定课题研究的主要变量,并理清主要变量之间的关系。

(二) 变量的类型

在一项研究中,常常会涉及许多变量,这些变量有主要的,有次要的;有主体的,有依附的;有连续的,有暂时的。变量之间彼此关联、互相交织、互相影响。微型课题研究相对简单,一般只要研究自变量和因变量,并控制好无关变量。

1. 自变量。自变量是研究者操纵的可以引起因变量变化的原因变量。例如,"用'快乐写话本'提高小学生写话能力的研究"中,"快乐写话本"会影响到小学生的"写话能力",那么,"快乐写话本"就是研究者要操纵的自变量。自变量又称刺激变量。当两个研究变量存在某种联系,其中一个变量对另外一个变量具有影响作用,我们就称那个具有影响作用的变量为自变量。

2. 因变量。因变量又称反应变量,是受自变量影响的变量,是自变量作用于被试后产生的效应,是研究者假定的要测试的结果变量。例如,"用'快乐写话本'提高小学生写话能力的研究"中,"快乐写话本"是研究者操纵的自变量,研究者可以通过设计和实施"快乐写话本"来影响学生的"写话能力"。"写话能力"就是因变量,它是受"快乐写话本"影响后的效应,是研究者需要测试的效果变量。当两个研究变量存在某种联系,其中一个变量对另外一个变量具有影响作用,我们称那个被影响的变量为因变量。

3. 无关变量。无关变量也称控制变量,是指课题研究中,与研究内容有关,但与研究目标无关的因素,也就是除了研究者需要操纵的自变量和需要测试的因变量之外的所有变量。无关变量不需要研究,但它会影响研究,研究过程中要对其加以控制。例如,"用'快乐写话本'提高小学生写话能力的研究"中,"快乐写话本"是自变量,"写话能力"就是因变量,影响"写话能力"的其他因素还有很多,但这些因素在这个课题研究中都是无关变量,无关变量会影响自变量与因变量的对应关系,会导致研究者难以确定的"快乐写话本"的有效性。因此,控制好无关变量会使研究更有效(如图 2-6)。

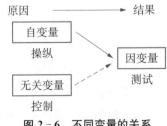

图 2-6 不同变量的关系

(三) 微型课题研究变量的表现形式

从解决问题的性质、对事物了解的程度和研究的深度看,微型课题的名称一般涉及一到两个变量,主要有三种形式:

1. 描述性问题。描述性问题是对教育实践中的各种矛盾和问题进行叙述,了解现状、探讨是什么的问题,通常只涉及一个变量。

例如:

"3—6 岁幼儿攻击性行为的调查研究"

"××小学六年级学生识字量的调查研究"

"高年级学生有效识字方法的探究"

"××市高中体育器材闲置现象的研究"

以上四项课题的研究变量只有一个,分别是"幼儿攻击性行为""学生识字量""有效识字方法""体育器材闲置现象"。

2. 相关性问题。相关性问题主要了解教育实践中各种矛盾和问题之间的相互关系、密切程度,探讨如何的问题,一般涉及两个变量。

例如:

"小学生识字量对作文水平影响的个案研究"

"小组合作学习对提高小学生数学解题能力的研究"

"初中生数学学习兴趣与学习效果的研究"

"人文性评语对高中生作文兴趣影响的研究"

以上四项课题都分别有两个研究变量,分别是"识字量,作文水平""小组合作学习,数学解题能力""学习兴趣,学习效果""人文性评语,作文兴趣"。

3. 因果性问题。因果性问题主要了解教育教学问题和矛盾之间的因果关系或规律,探讨为什么的问题,通常也涉及两个变量。

例如:

"通过讲故事提高大班幼儿语言表达能力的研究"

"用'快乐写话本'提高小学生写话能力的研究"

"初中生厌学导致数学学习分化问题的研究"

"利用短答式问题作业提高高中生英语记忆水平的研究"

以上四项课题也分别有两个研究变量,分别是"讲故事,幼儿语言表达能力""快乐写话本,写话能力""厌学,数学学习分化""短答式问题作业,英语记忆水平"。

从上面的例子可以看出,只有一个变量的微型课题在研究内容和方法上相对比较简单,易于操作。但只有一个变量的课题,研究的内容往往不易聚焦,容易扩散,研究过程中抓不住焦点。而含有两个变量的课题一般是用什么方法(策略、手段和途径等)解决什么问题,课题中的两个变量是对应的。含有两个变量的微型课题研究的内容更明确、更具体,研究的目标更清晰、更有针对性。凡是有两个变量的微型课题,一般来说,前面一个变量是自变量,是由研究者(教师)操控和掌握的教育教学方法或手段、策略、途径等,后一个变量是因变量,通常是被研究者(学生)的观念、兴趣、态度、行为、能力和水平等。建议教师们在设计微型课题时,多设计有两个变量的课题,可以把只有一个变量的课题改成有两个变量的课题。

例1:

"高年级学生有效识字方法的探究"

"应用'字理识字法'提升高年级学生识字能力的研究"

"高年级学生有效识字方法的探究"只有一个变量,即"有效识字方法",这个变量很模糊,不容易聚焦。什么是有效识字方法? 有效识字方法有哪些? 怎么去探究? 这些问题都不确切,研究时难以找到抓手。

而"应用'字理识字法'提升高年级学生识字能力的研究"有两个变量,即"字理识字法"和"学生识字能力",研究目标是用"字理识字法"(自变量)训练、提高"学生识字能力"(因变量),研究内容是"学生的识字能力",想做什么、怎么做都具体清晰。

例2:

"指导七年级学生进行作文修改策略的研究"

"通过'互评互改'提高七年级学生作文水平的研究"

"指导七年级学生进行作文修改策略的研究"这一课题的研究变量是"指导(作文修改)策略",这个变量也是不确定的。什么是指导(作文修改)策略? 指导(作文修改)策略有多少? 是应用某种策略,还是通过研究形成新的策略? 研究目标和内容都比较散,难以聚焦。改成"通过'互评互改'提高七年级学生作文水平的研究"后,研究目标和研究内容就一目了然了,即用"互评互改"(自变量)这个作文修改策略来提高学生的"作文水平"(因变量)。

例3:

"提高小学生数学书面作业质量的研究"

"通过'分层设计'提高小学生数学书面作业质量的研究"

"提高小学生数学书面作业质量的研究"的研究变量是"提高数学作业质量"。提高数学作业质量的方法、策略和手段有很多种，我们不可能在一个微型课题里面研究这么多内容。那么研究什么呢？是研究方法、策略，还是手段？不清楚，不能确定。在实际研究中，这样的变量设计会让研究者找不到方向。如果改成"通过'分层设计'提高小学生数学书面作业质量的研究"，那么就清晰了，即通过"分层设计"这一教学策略来改进学生的数学作业质量。

值得注意的是，在课题名称中不要出现两个没有关联或因果关系的变量，否则就不合逻辑，让人摸不着头脑、无法理解。

例如："引导学生在网络学习中语文自我发展的研究"

　　　"小学生学习语文与责任心的培养"

第一个课题中的"网络学习"与"语文自我发展"，第二个课题中的"学习语文"与"责任心"是并列的两个研究内容，既没有因果关系，而且关联度也不高。

涉及两个变量的微型课题的表述方式通常用"手段（教学方法、策略和形式等）＋研究内容（提高、改变和促进等）＋研究方法（调查、实验、观察和个案等）"的句式。如"应用'字理识字法'提升高年级学生识字能力的实验研究"，"字理识字法"是具体的教学方法，"提升高年级学生识字能力"是研究内容，"实验研究"是研究方法。

在这样的句式中，教学方法（或策略、形式等）与研究内容不能模糊不清，必须明确、具体，否则，研究工作就难以开展。

如"优化教师教学行为，培养学生创新意识的研究"。从形式上看，这个课题名称好像没有什么不妥，但实际上暗含弊端。"优化教师教学行为"，优化的方法、形式和策略很多，这儿的"优化"到底指什么？教师的教学行为也有很多，这个课题到底要优化教师的什么教学行为？学生的创新意识也是一个空泛的、不确切的概念。而且，"优化教师教学行为"和"培养学生的创新意识"是两个研究方向，如果两者都研究，研究的切入口、研究的重心又在何处？

再比如，"感受国学经典，了解祖国传统文化，提升语言质量"。这个课题有了三个方向，感受国学经典、了解祖国传统文化、提升语言质量三者之间既没有必然的联系，也没有因果关系，都可以作为一个独立的问题进行研究。另外，课题名称表述模糊不清，感受哪些国学经典？怎么感受？了解哪些传统文化？如何了解？提升谁的语言质量？提升什么语言质量？怎么提升？自变量、因变量都不确切，也就是研究谁，研究什么，怎么研究都不清楚。研究者的本意可能是想通过学习国学经典来提高语言教学质量，或通过教学国学经典提升小学生的人文素养。如果这样的话，可以聚焦某一点来设计课题，如"通过诵唱《诗经》提高小学生语言表达能力的研究""通过教学《千字文》提升小学生人文素养的研究""利用《弟子规》培养儿童规则意识的研究"。

在微型课题研究中，很多课题会出现研究指向不明的情况，教学手段、研究内容模糊不清，或出现了两个以上的研究方向，严重制约和影响了研究工作，这也是不少研究工作低效甚至无效的重要原因。

三、学会让课题变"微"

选题"大"是一线教师做微型课题研究普遍存在的问题。选题之所以大而空，除了受贪大求全的心理影响外，主要是缺乏课题设计的技巧和方法。那么，微型课题怎么才能"微"呢？我们可以从以下三个方面把一个大课题逐步转化为研究目标更明确、研究内容更具体、研究思路更清晰，可操作的小课题。

（一）限制研究对象的范围

从选题的角度来看，微型课题的"微"首先体现在研究对象的范围上，也就是研究样本的大小，如果范围（研究样本）很大或较大，那就不是微型课题了。因为，微型课题研究的对象和内容决定了研究的范围不能大，大了就无法操作。因此，限制研究对象的范围就显得很重要了。

例如：

"初中生英语学习方法的研究"

↓

"农村初中生英语学习方法的研究"

↓

"农村初中一年级学生英语学习方法的研究"

↓

"农村初中一年级英语'学困生'学习方法的研究"

上面课题的研究对象从"初中生"到"农村初中生"再到"农村初中一年级学生"最后到"农村初中一年级英语'学困生'"，范围越来越小，最后聚焦到一个点上，对一线教师来讲，操作起来就方便多了。

（二）限制研究的内容

研究的内容大也是微型课题研究选题比较突出的问题。微型课题研究的内容一般是教育教学实践中的一些"过程性问题"和"特殊性问题"。这些问题都是一线教师在工作中遇到的具体的矛盾和困惑，往往切口小、内容单一，这也是微型课题研究的主要特征。如果研究的内容大，不仅难以实施，也失去了微型课题研究改进工作、提高效率的应有价值。因此，控制好研究的内容是微型课题研究成败的关键。

例如：

"初中生学习方法的研究"

↓

"初中生英语学习方法的研究"

↓

"初中生英语单词记忆方法的研究"

这个课题的研究内容从没有学科范围、没有具体方向的"学习方法"到英语学科的"学习方法"，再聚焦到"英语单词记忆方法"，就由大变小了，由不着边际变得有方向了，由空泛变具体了，由模糊变清晰了。

（三）限制研究的方法

不管做什么事情都有个章法，微型课题研究不会为了追求操作简便而舍弃方法。但作为一个小课题，它不需要用很多的方法，尤其是研究那些只有一个变量的描述性问题，用一种方法就行了。当然，研究内容与研究方法并不是一对一的关系，同一个问题可以用几种方法来解决。适当控制研究的方法同样可以使课题变小。

例如：

"农村初中一年级英语'学困生'单词记忆方法的研究"

↓

"农村初中一年级英语'学困生'单词记忆方法的调查研究"

或"农村初中一年级英语'学困生'单词记忆方法的实验研究"

从"研究"到"调查研究""实验研究"，表明这个课题研究可以对农村初中一年级英语"学困生"单词记忆方法的情况做一个调查分析，为改进初一英语教学提供依据；或者做一个实验研究，通过实验，找到农村初中一年级英语"学困生"记忆单词的有效方法。这样课题研究的工作量就变小了。

微型课题研究选题避免大的同时，还要注意以下几个问题：一是不宜"生"，不要选择自己生疏的问题，要选择自己熟悉的问题；二是不宜"虚"，不要选择脱离实践的问题，要立足课堂，选择贴近工作实际的问题；三是不宜"散"，研究的内容不能散，要明确方向，集中精力、专注解决主要问题；四是不宜"深"，不要选择理论性较强的问题，要选择自己有条件、有能力解决的应用性问题。

第三讲
如何制定微型课题研究方案

微型课题研究不同于日常生活中随机发生的认识活动，是一种预先确定目标，规划好活动步骤、内容与方法的认识活动。制定研究方案的目的就是理清研究思路、设计研究要素、厘清基本概念、规划研究过程。制定研究方案是微型课题研究非常重要的一环，方案质量的优劣直接影响到研究的效度。

第一节　为什么要制定研究方案

研究方案是研究课题初步确定后，对研究工作所作的书面规划，也称研究计划。研究方案是对如何进行研究的具体设想，是研究实施的规划图和路线图，主要回答为什么研究、研究什么和怎么进行研究等问题。因此，进行微型课题研究必须认真严谨地制定好研究方案。研究方案主要有以下几个方面的意义：

一、使研究思路清晰化

制定研究方案是微型课题研究实施阶段的首要任务，制定方案的过程实际上就是理清研究思路的过程，通过阐述研究的背景、界定课题有关概念、明确研究目标和研究方法、分解研究内容、确立研究步骤和预设研究成果，使课题研究的工作和过程清晰化。研究方案首先要明确课题研究的主攻方向，提出面临的问题及亟待解决的问题的重要性和必要性，从而增强研究者研究的紧迫感和责任感，使其主动、自觉、积极地投入研究。只有理清了思路，才能减少和防止研究过程中的随意性、盲目性，少走弯路，保证课题研究规范、有序、有效地开展。

二、使研究任务具体化

研究方案既是课题研究的规划图，也是课题研究实施的路线图。微型课题研究虽然没有宏观、中观研究那么复杂，但研究任务、过程必须具体清晰，对解决什么问题（问题）；期望获得什么结果（目的）；解决问题的方法（研究方法）；解决问题的步骤（分几个阶段进行研究,每个阶段做什么、谁去做、怎么做、什么时候做、要达到什么效果、如何考评等);自己要向别人提供什么样的经验和成果(成果及表现形式)等都要理清楚。制定研究方案,就是将上述各项因素具体化,以明确课题研究的操作要点,使研究具有可操作性。这样,才能使研究不至于空泛,研究也才能真正得到落实。

三、使研究过程文本化

就课题研究而言,再好的创意,再完美的思路,如果只存于大脑中,而没有将其文本化,也是没有意义的,既不利于自己操作实施,也不利于交流沟通。研究方案是一项创造性的工作,要求以文本的形式将研究构想、思路显性化,以此作为研究者的行动指南,同时也可作为学校和教师之间交流的依据,实现智慧共享,更重要的是可以征求专家、同行及各方面人士的建议,使研究设计及其研究实践更趋完善。学习制定方案,也有助于训练和提高一线教师参与教育研究的能力。

研究方案的质量,不在于文辞的华美,研究目标的宏大,主要看课题研究的意义是否表述得充分、清晰,研究的目标是否明确、具体,研究的内容是否小而实,研究的方法是否科学,研究的做法步骤是否切实可行。

第二节 研究方案应包括哪些内容

相对宏观和中观课题研究而言,微型课题研究的过程相对简便一些,但简便不等于随便,俗话说,麻雀虽小,五脏俱全,只有制定周密完整的研究方案,才能为研究工作的顺利开展奠定基础。微型研究方案的内容大致包括研究什么、为什么研究、如何研究和预期成果等。微型课题研究方案并没有标准的格式,我们在这儿只是提供一种思路和一种架构,各地、各人可以根据自己研究的实际情况制定研究方案。

一、研究什么

研究方案首先要回答研究什么的问题。"研究什么"不仅要表明研究的主题,还要明确研究的目的以及研究的内容,并对课题的核心概念或关键词进行界定。

(一)课题名称

在第二讲我们对课题名称的表述已经做了阐述,课题名称是课题最高度的概括,表述时应包括课题的研究对象及其范围、研究内容和研究方法三部分。

例如：

"苏教版小学语文教材文本选用价值取向的研究"

"初中一年级学生数学学习方法现状的调查研究"

"出声思维法在小学数学课堂教学中应用的研究"

微型课题研究的对象可以是教师或学生，也可以是教材、教法或其他，不一定专指人。要注意研究对象和调查对象、实验对象的区别。

（二）界定课题概念

界定课题概念就是对课题的关键词作一个解释。在日常生活中，有些概念或词语我们看起来很熟悉，但要说出确切的意思又说不清楚。概念界定就是要把这些似懂非懂、似是而非，看起来熟悉又说不清楚的词语说清楚、讲明白。

课题中的核心概念和关键词，不仅对于课题的清晰表述具有重要意义，而且对于课题的实践操作具有重要作用。如果研究者对所研究课题基本概念的理解含糊不清、似是而非的话，那这个课题就无法研究，因为，科学性是选题与研究的基本前提。因而，做研究要踏踏实实地把课题研究涉及的概念、术语弄懂弄透。

1. 界定的内容

（1）模糊概念的界定

所谓"模糊概念"一般是指研究的对象。这些概念内涵不太清楚，外延不确定，如"厌学生""后进生""青年教师""品德不良学生"等。作为研究的对象，这些概念都没有确切的定义。例如，"小学数学'学困生'的成因及对策研究"中的"学困生"，这个概念大家会有不同的理解，什么样的学生是"学困生"，谁来规定，规定的依据是什么？如果说不清楚，就无法确定研究的对象。再比如，"自闭症儿童矫正与教育的个案研究"，什么是"自闭症儿童"，"自闭症儿童"有什么特征？对这类特殊对象的界定要有明确的界限和依据，尤其是个案研究，一定要具体到个人。对这类模糊概念的界定要科学、规范，不能生搬硬套、牵强附会，更不能望文生义、主观臆断。

（2）关键词的界定

所谓"关键词"一般是指课题名称里的研究内容。通常情况下，关键词的涵义都不是很明晰或有多种解释。只有把关键词界定清楚，才能使课题研究内容成为一个有确切涵义的问题，可在确定的范围内开展，并具有可操作性；另一方面也便于别人按照研究者规定的范围理解研究结果和评价该研究的合理性。例如，"农村初中生数学研究性学习的研究"。这里的"研究性学习"就需要进行界定，因为大家对研究性学习有两种理解，一是综合实践活动课程中的一个领域，二是作为一种学习方式，在学科教学中进行研究性学习。课题要研究的是哪个方面应作明确界定。再如，"高中化学课堂实验对培养学生思维能力作用的研究"，这一课题里的"思维能力"要给以明确定义，对"课堂实验"也要有一个限定：教师演示实验还是学生动手实验。

2. 界定的策略

关键词一般要从两个方面进行定义，一是从内涵（本质特点）上定义，一是从外延（所包含的范围）上定义。例如，"初中一年级物理课堂有效合作学习方式的研究"中，"合作学习"被界定为：

> 合作学习是指学生为达到一个共同的目标在小组中共同学习的学习环境，是组织和促进课堂教学的一系列方法的总称。

存在的问题：

第一，内涵不清。这个界定是从网上引用的（进行概念界定时，大多数老师都是从网上借用别人的成果，而没有自己的思考），前一句是英国学者赖特关于合作学习的界定，后一句是以色列学者沙伦对于合作学习的理解。这样的界定显然没有结合本课题的研究内容来理解"合作学习"的内涵。概念的内涵是指概念独有的属性，对概念属性的描述不能抽象，否则，课题研究的方向和内容就会模糊不清，就不知道到底要解决什么问题。

第二，没有外延。合作学习的外延主要包括生生之间、师生之间和师师之间的合作；生生之间的合作包括不同层次学生之间、不同性别学生之间、组与组之间和队与队之间等合作形式，本课题要研究的主要是其中的哪一种？从定义看，教师主要是想研究生生之间的合作学习，但是在原定义中没有界定，那么原界定就不够明确、不够清晰。

第三，对"合作学习"的界定，还必须揭示一个重要的内容，那就是独立学习与合作学习的关系问题。真正的合作学习一定是以独立自主的学习为前提的，是开发并利用同伴之间的积极影响作用、实现个体之间互相帮助、促进个体不断进步的学习方式。如果不是建立在独立自主学习基础上，所谓的合作学习就有可能滋生依赖思想，催生许多懒汉，那么新课程提倡的"合作学习"就没有意义了。

修改后：

> 合作学习是指学生在小组或团队中为了完成共同的任务，有明确的责任分工，基于独立学习的互助性学习方式。包括课堂上不同性别、不同性格、不同学习能力与学习水平以及组与组等同伴间的合作学习方式。

"有效的合作学习方式"界定原文：

> 是指在教师的指导下学生为完成共同的学习任务，通过采取配合、沟通和支持等相互合作的形式，提高学习效果的（途径的）学习方式。

严格地讲，首先应该解释"有效"。在这个课题中，"有效"指什么，"无效"又指什么，"有效"与"无效"的区别是什么，达到什么程度才称得上是"有效"，什么情况下是"无效"的，都要有一个基本的认识。从现在的定义推断，所谓"有效"，指的是提高了学习"效率"，而不是"效果"。"效果"是一个中性词，有正面的效果，也有负面的效果；有好的效果，也有坏的效果。所谓提高了学习效率，是指提高了单位时间内的学习质量，但这个定义还是比较狭隘的。新课程提出变革学习方式、提倡合作学习的目的不仅仅是为了提高学习效率，还包含学会合作方法，锻炼合作能力，培养合作精神，形成合作意识等，是全面提高学生素质的一个方面。那么本课题着重研究"有效"的哪个方面，需要作明确的交待，这也是对外延的进一步定义。

修改后：

> 有效的合作学习方式是指在教师的指导下，学生为完成共同的学习任务，通过采取配合、沟通、讨论、商议、协调和支持等相互合作的形式，提高学习效率的一种学习方式。其学习效果包括学会合作方法，锻炼合作能力，培养合作精神，以及提高学习成绩等方面。

这个界定里面已经隐含了对外延的定义。

3. 界定的方法

对概念或关键词的界定主要有两种方法：一是抽象性定义，二是操作性定义。

所谓抽象性定义，是对研究中出现的关键性词语或提法作特殊解释，这种解释可从文献中寻找合适的定义。例如，"初三作文组合训练策略的研究"，这个课题的关键词是"策略"与"组合训练策略"，研究者对它们分别做了界定。

策略：计策；谋略，可以实现目标的方案集合。

组合训练策略：为提高初三学生作文水平而制定的行动方法、形式的集合。

对于"策略"的界定出自《现代汉语词典》，而对"组合训练策略"的解释也沿袭了对"策略"界定的思路。这种文献意义的定义，或从字面上来解释和界定关键词显然比较抽象，缺乏具体的指导意义。因为，汉语字面的含义既不具有教育学的意义，也不能涵括本课题研究的价值取向，无法使课题研究内容成为一个有确切涵义的问题，更不能让课题研究内容有一个明确的指向。

好的研究定义应该能够根据研究目的和研究问题的需要，对文献中的相关定义进行修改并赋予其研究者自己的理解和认识，即将文献定义与自行定义相结合，特别是一些特殊的概念更需要自行定义。我们把这种定义方法称为"操作性定义"。

所谓操作性定义，就是从关键词所蕴含的具体的行为、特征和指标上对变量进行描述，将概念中抽象的语义转换成可观察、可测量、可操作的内容，使这些指标和特征外显化。操作性定义较之抽象性定义更具体、更富有个性。

由此，我们根据"初三作文组合训练策略的研究"的研究目标和研究者的意图，对"策略""组合训练策略"重新进行了界定。

策略：是指为实现教学目标，提高教学效率，有目的、有意识制定的有关作文教学过程的方案。方案包括解决问题的具体方法、手段、途径、步骤及应变措施等。

组合训练策略：是一种采用分点训练、分类训练与升格训练相结合，并辅以传统的周记练笔，着力解决学生言之有物、言之有序、言之有理的问题，提高初三学生作文得分的训练的集合方案。

所谓分点训练，就是以课后练习和课堂活动的形式，对拟题、审题、立意、构思、仿句、拓展、章法和选材等难点、重点进行有目的的强化训练,以帮助学生形成相应的技能和专项技巧。课后练习每天安排一次,内容少,练点明。课堂活动两周一节,重在发散、拓展和激发学生的体验和思想碰撞。

分类训练就是以周记、练笔和课堂作文的形式,对入题入格进行训练,以帮助学生形成清晰的文体意识和良好的作文习惯,并培养学生良好的思维品质和个性。周记、练笔每周一次,作文两周一次。

升格训练就是指导学生对自己的作文进行修改,分别对谋篇布局、立意结构、语言特色和表达技巧进行加工,提高作文的总体得分。

这样的界定就很具体、清晰、可操作,研究者在课题研究的实施过程中就会知道如何进行作文组合训练。

(三) 明确研究目的

课题研究目的与教育目的密切联系,但又有所不同。一般地说,教育目的是培养人才,落实在学生的身上,表现为学生的发展和成长,而研究目的是通过研究希望获得知识,落实在知识产品上,表现为教育知识的增长、教育经验的丰富、教育方法的掌握、教育能力和教育效率的提高。

在确立微型课题研究目标时,一线教师主要会遇到两个方面的问题。一是常常将研究目的与教育目的混淆,或以教育目的替代课题的研究目的,这不仅反映出教师的课题设计思想不清晰,也会影响研究工作的实施。

例如,"在社区活动中培养初中生劳动能力的研究",研究目的是:

(1) 帮助学生掌握一些劳动知识和劳动能力;

(2) 培养学生的劳动习惯、合作精神:

(3) 在劳动中形成创新意识和能力。

这些作为教育目标是完全正确的,但通过研究希望获得什么教育知识则不明确,或可改为"探索社区劳动活动的教育意义和发动组织管理的方法,总结有效开展社区劳动活动的经验……"。

二是研究目的笼统、模糊。研究目的分为间接目的和直接目的,间接目的往往是空泛的大帽子,内容相似的研究课题都可以套这个大帽子。就总体而言,微型课题研究的目的是为了减负增效,提高课堂教学效率,提高教育教学质量,促进教师专业成长。但具体到某项课题来说,研究目的就不能这么宽泛和笼统,教育科学研究的目的是因人、因内容、因具体情况而异的,因此,研究目的也不可能相同。研究目的越明确、越具体,针对性就越强,效果就越好。在确定研究目的时,不能以间接目的概括直接目的。

例如,"小学高年级作文教学中小练笔训练的研究",主持人把研究目的设计为:

(1) 探究小学生自由写作的实践特点;
(2) 探究小学生自由写作的心理特征;
(3) 探究小学生课外练笔具体操作模式;
(4) 探究小学生课外练笔的教育功能。

这样的研究目的显然大而空,有些不着边际,如果改为:

(1) 通过小练笔训练的研究增强学生的写作兴趣;
(2) 创新小学高年级作文教学的形式;
(3) 提高小学高年级学生的作文水平。

这样,研究目的也许更贴切、更明确些。研究目的是研究的"航标",它不仅仅是一项课题研究要达到的结果,也是解决所研究的问题的程度。微型课题研究的目的不在于多,关键指向要具体明确。研究目的通常用"动词＋名词"的短语来表述。

(四) 分解研究内容

1. 找准研究的切入点

在选题阶段确定的研究"内容"还只是一个研究的"主题",在正式开展研究后,要把这个"主题"分解为若干个"点"进行研究。这些"点"一般包括三个方面:

一是问题的现状。研究问题的现状是解决"是什么"的问题,这是整个研究的基础。

二是问题的成因。成因研究是追问这个问题是怎么形成的,形成的原因有哪些类型和特点,是解决"为什么"的问题,成因研究是为了寻找解决问题的"抓手",所谓"抓手"即解决问题的切入点、突破口等,例如,"初中生语文预习低效改进策略的研究"。这个课题的"低效原因"就是个"抓手"。在研究的实施阶段,首先要找到"低效"的原因,即造成低效的构成要素有哪些,然后才能根据这些要素确定解决策略,形成解决"低效"的"措施"。

每个课题都有自己的研究"抓手",而每个"抓手"又有若干个切入口。如上面的这个课题,其低效的原因我们可以假设与预习内容、时间安排、老师辅导和课堂秩序等因素有关,那么,预习内容、时间安排、老师辅导和课堂秩序等就分别是研究的切入口。

三是解决问题的对策。研究解决问题的对策是解决"怎么办"的问题。对策是基于"现状"和"成因"的改进办法、策略或手段等,这是课题研究的重点。

微型课题研究的"点"不宜多、不宜大,有两到三个具体问题就可以了。例如,"初中生语文预习低效改进策略的研究",其拟定的研究内容和重点应该为:

(1) 初中生语文预习低效的现状;

(2) 初中生语文预习低效的原因分析;

(3) 提高初中生语文预习效率的对策。

其中第 3 点是本课题的研究重点。

再如,"初一数学'学困生'个案的研究",其研究内容可以分解为:

(1) 初一数学"学困生"基本情况的诊断与分析;

(2) 初一数学"学困生"的特点与成因;

(3) 提高初一数学"学困生"学习水平的对策。

2. 紧扣课题名称分解研究内容

研究内容可以看成是课题名称的具体化,是对课题的分解,是课题具体要研究或解决的问题。若把做课题和写文章相比,课题名称相当于一篇文章的题目,课题研究内容相当于文章中的段落小标题。所以研究内容应该紧紧围绕着课题名称来确定,不能偏题。

例如,"在高一地理教学中进行环境教育的研究"。

从这个课题名称看,想解决的问题或需要解决的问题可能是如何在地理教学中开展环境教育。研究内容应该围绕地理教学与环境教育的关系、地理教学中开展环境教育的途径、方法和策略等问题来确定。然而主持人设计的研究内容却是:

（1）环境保护的重要性；

（2）世界、我国及我市面临的环境问题；

（3）环境问题产生的原因及对策。

显然，这些研究内容与课题名称相左。研究内容应确定为：

（1）高一地理教材中环境教育内容的研究；

地理教材中有些教学内容本身就是环境教育的内容，这些教学内容与环境教育有直接关系；有些教学内容表面上看与环境教育没有太大的关系，但只要注意发掘和拓展，就是环境教育的好素材。对教材进行系统的分析，看看哪些教学内容是显性的环境教育内容，哪些内容是隐性的环境教育内容。另外，环境教育的目标是多维的，通过分析，看看教材中哪些内容与环境教育的哪些目标有关。显然，这些问题是值得研究的。

（2）高一地理教学中环境教育方法的研究；

（3）地理教学中环境教育策略和途径的研究。

即研究如何针对具体的教学内容和教学环节处理好地理学科教学与环境教育的关系；地理教学中可通过哪些途径进行环境教育。应该说，研究内容这样修改后，比较符合课题名称，而且有利于操作。

又如，"小学生有效合作学习的研究"（修改后为"小学生数学小组合作学习策略的研究"）。原来的研究内容为：

（1）化解合作学习的弊端，发挥合作学习的有效性；

（2）促进教师之间的有效合作；

（3）使教师有关合作学习的理论素养和实际操作能力得以提升；

（4）促进师生之间的理解，增强课堂教学的生命力；

（5）培养学生的合作精神，增强学生的集体荣誉感。

首先,这些"研究内容"在表述上不太得当。研究内容指研究的具体问题,而这些"研究内容"的表述,却是在说通过研究达到什么样的结果,更像研究目的。其次,看不出这些"研究内容"是依据什么样的思路来确定的,很零乱。研究内容应分解为:

(1) 小组合作学习内容的研究;

小学数学的有些内容不一定适宜合作学习,这就需要教师分析和研究哪些教学内容比较适宜采用小组合作的学习方式,哪些内容不适合。

(2) 小组合作学习中分组策略的研究;

如何分组? 有些文献作了介绍,但是针对具体的班级、具体的学生,针对具体的学习主题如何分组是有必要进行研究的。

(3) 小组合作学习实施方法的研究。

主要研究小组合作学习如何操作。如,"小组成员怎样开展交流?""怎样提高学生的参与度?""怎样避免学生无效参与?"等。紧紧围绕"在教学中如何开展合作学习"这个主题确定研究内容,思路比较清晰,内容比较具体、实在。

在研究内容分解这一环节,教师们容易出现三个方面的问题:一是只有课题而无具体研究内容;二是研究内容与课题不吻合;三是课题很大但研究内容却很少或研究的课题小而研究的内容多。相对研究目标来说,研究内容要更具体,一个目标可能要通过几个研究内容实现,但不一定是一一对应的关系。如何把笼统的研究主题(课题)分解为一个个具体的"点",是研究实施阶段一个非常重要的工作,没有具体的研究"点",整个研究就无从下手。

二、为什么研究

(一) 介绍研究的起因

研究起因也就是通常所说的研究的背景、原因、缘由等,也有的人把研究的起因称为"问题的提出"。研究起因部分首先要分析课题产生的背景,或基于什么样的情况研究这个课题的，即根据什么、受什么启发而进行这项研究的。其次，要说明课题研究的目的和意义，即为什么要研究，研究的价值是什么，解决什么问题。在这一部分对背景做一些分析也未尝不可，但不需要像宏观和中观课题研究那样对背景作深入、全面、细致的分析，只需要结合学校实际和个人的教育教学情况作简要的说明。把课题产生的来龙去脉说清楚、阐明课题研究的现实意义，有利于明确研究目标、理清研究思路。

阐述这部分内容时，最好认真、仔细地查阅与本课题有关的文献资料，了解前人或他人对本课题或有关问题做过哪些研究及研究的指导思想、研究范围、方法和成果等。把已有研究成果作为自己研究的起点，并从中发现以往研究的不足。确认自己的创意，从而确定自己研究的特色或突破点。这样，既可以更加突出本课题研究的价值、意义，也可以开阔眼界，启发想法，拓展思路。

例如，"七年级物理课堂合作学习形式的研究"，其研究背景原文为：

虽然新课程的实践已经将近三年了，但新课程理念中合作学习的目标在初中物理许多课堂中还没有实现，许多课堂上的合作学习确有合作形式，但合作的效果不尽如人意。本课题的研究就是为了真正实现生生之间、师生之间在物理课堂教学中，选择合作学习的各种具体方式来进行有效的教学。

存在问题：

第一，新课程中"合作学习"这一目标的意义是什么？是为了提高或培养学生哪方面的素质才提出来的？

第二，大致的研究方法和研究思路是什么？想通过什么途径或手段来达到研究目的？如果没有思路，研究就会陷入茫然。

修改后：

为了提高学生的学习效率和合作素养，新课改提倡包括合作学习的三种学习方式。新课程的实践已经三年多了，但是"合作学习"的目标在初中物理许多课堂中远远没有实现，课堂上有许多合作的形式和机会，但是效果却不尽如人意。本课题拟调查种种无效合作学习的现象并分析其原因，在此基础上探寻学生开展有效合作学习的途径和方法，总结有效合作学习的方式，进而提高学生学习效率，培养学生合作精神。

这段阐述不仅交待了目标要求(大背景)与现实问题(小背景),而且基本拎出了研究思路和研究方法,交待了研究的目的。

下面几个案例尽管表述方式不完全一样,但基本上说清楚了课题研究的目的和意义。

————————— / —————————

案例1:大班幼儿自我服务能力培养的研究

幼儿升入大班,面临着幼小衔接的关口。进入小学以后,他们会感到与幼儿园的生活相比有着方方面面的不同。这种不同不仅体现在知识学习方面,对幼儿自我服务能力的要求的提升更是一个难关。例如自己去厕所,口渴了自己主动去喝水,自觉做到饭前便后洗手,鞋带开了要自己系,随时整理自己的书桌内外,天气热了知道脱衣服,天气冷了知道自己加衣服等,这些事情小学老师是很少过问的,也不会特意去引导幼儿,这需要幼儿在入学前就具有一定的自我服务的能力。

————————— / —————————

案例2:为“中等作文”定制评讲的“另类招数”

今天作文评讲课我遭遇了空前的尴尬。我挑选了上周作文中的几篇优秀作品,不仅制作了课件,还让“小作家”们为自己的得意之作录了音。在播放录音时,小金同学竟然鼾声大起！我急忙走过去。“陈老师,小金是假装睡觉的。”邻座的小汪告诉我,“他刚才还说,这样的作文评讲真没劲,老一套!”

这引起了我的深思。课间我没有回办公室休息,而是坐到小金身边,跟他聊起来。小金的作文语言通顺但少精彩之笔,叙述清楚却乏细腻之处⋯⋯这类作文由于处于全班“不上不下”的水平,因此被称为“中等作文”,占三分之一左右。在评讲课上,这类作文既不会被老师作为优秀作文来展示,也不会作为病文劣作来剖析,处于“被遗忘的角落”,难怪小金会“抗议”。

引领中等生踊跃参与到作文评讲中来,传统的做法往往“没辙”,那么有没有一些突破性的"另类招数"呢？

————————— / —————————

案例 3：培养初中生良好倾听习惯的研究

在学生作业或测验考试后，常常会听到老师们有这样的一些抱怨："这个题目我讲了好多遍了，怎么还有好多人做错了，真气人！""这内容我强调过了，你怎么还没听到？"……为什么会出现这样的情况呢？很大程度上是因为学生没有认真倾听老师的讲解和要求，而老师平时也没有重视学生倾听能力的培养与提升。据调查了解，这些表现有貌似倾听实则不会听、有自制力差不认真听、有倾听不得要领、有老师不会吸引学生听等原因。如果课堂上学生不能有效倾听，怎能积极有效地参与互动交流，进入真学状态，产生智慧火花？如果课堂上不能有效倾听，知识必然不被重视、理解、记忆，又怎会考出好成绩？只有认真倾听了，才会有思索，才会有疑问，才会有表达欲望，才能去主动交流，进入真学状态。

因此，教师要在教学中培养学生良好的倾听习惯，探索促进学生"有效倾听"的方法、策略，为学生的"学"提质增效，从而提高英语课堂教学的效率。

课题研究的意义一般包括教育意义和研究意义，微型课题研究的重点在研究意义，也就是通过课题研究能解决什么问题，对提高教育教学效率和效益有什么作用，这是进行研究的前提和必要条件。可以通过揭示教育教学中存在的问题用典型事例或数据进行阐明，也可以从教育面临的变化或趋势进行阐述，但这种叙述必须由远及近，落实到具体的研究问题上，不可空泛。

（二）说明研究的依据

微型课题研究的依据主要包括两个方面：一是理论依据；二是实践依据。

作为应用型研究，微型课题研究并不需要研究者具备高深的理论知识，但这并不意味着微型课题研究不需要理论的支撑。因为，任何一个作为课题研究的教育教学问题都由一个或一组最基本的研究单位组成，并属于一个或几个研究领域的科学体系之中，其中作为研究这个课题所必需的理论体系就成了支持这个课题研究的依据。

教育科学理论对微型课题研究具有非常重要的意义。主要体现在两个方面：

第一，如果一项微型课题研究的思想、观点和概念与这个科学体系中的基本理论和知识相违背、相矛盾，包括存在逻辑上的错误，那么，这项微型课题研究就缺乏教育科学理论和知识的支持，或者说这项微型课题研究在理论上就是错误的，没有研究价值和意义。

第二，这些理论和知识是这项微型课题研究不可缺少的基础，那么，研究者对这些理论和知识了解得越多，掌握得越扎实、越牢固，课题研究起来就越方便，越顺利。反之，如果研究者对教学设计的基本理论和知识一无所知，却要去研究有关课堂教学设计的微型课题，成功的可能性就微乎其微了。

但一线教师往往容易忽视对教育理论的学习和掌握，总认为理论是空的，没有用。其实不然。教育理论不是具体的教育方法，而是教育思想，教育原理、规律和原则。在教育实践和教育研究中，任何教育方法和教育行为都不可能脱离教育理论的支撑和指导，否则，这样的实践和研究都是盲目的，也是低效甚至无效的。就微型课题研究而言，掌握一定的教育理论是必须的。

首先，教育理论有利于微型课题研究的选题。只有借助教育理论来观察、分析教育教学中的现象，才会发现许多单凭经验所认识不到的东西。如，掌握了心理学上记忆的遗忘规律，就会认识到，学生学习过的知识遗忘率高，往往是因为复习不及时。了解了学生气质的类型，就会认识到有些学生好冲动、鲁莽是属于气质类型的个性因素，因此就不会简单归到学生思想品质方面的问题上去。有了这些理性思维，再去观察身边的教育现象，就会感到要探讨的问题实在太多了。

其次，教育理论有利于在研究中改进工作。有人说，教师是教育理论与教育实践的"中介者"。学生是一本"活书"，教师要读好这本书，就要一边直接观察了解，一边根据教育科学理论揭示学生心理特点和个性特点来对照思考。这样，才能全面地把握学生心理世界。只有真正了解教育对象，才能有的放矢地进行教育。只有用教育理论来驾驭教学，才能使教学克服盲目性、增强针对性，获得实效性。

再次，教育理论有利于撰写研究论文。教育研究论文要有论，有论就要讲道理，以理服人，而这些道理要运用教育理论来分析论证。既然是论文，就要有理论色彩，就需要一定的理性思维，而加强教育理论修养，就能提高教师的理性思维。教育研究论文不仅要提出问题，更重要的是分析问题所产生的原因，从而提出解决问题的办法。

第四，教育理论有利于消除研究中的概念障碍。教师无论是做研究，还是写文章，都会涉及一系列专业的概念。如，"感知""反馈""强化""班集体""元认知""启发式""遗忘曲线""心理定势""课堂结构""主导作用""主体作用"等。如果教师对这些概念了解甚少，甚至根本就不知道是怎么回事，做研究、写论文就会产生障碍，或者出现错误。如果学习了教育科学基本理论，就会掌握这些概念，无论是阅读教育刊物，还是撰写论文就会方便多了。

所谓实践依据主要是指研究课题能否反映学校和个人教育教学中迫切需要解决的实际问题，或对提升自己的教育质量、启发同行有帮助。对实际问题反映越深刻、越及时，课题研究的实践依据就越充分，指导意义也就越大。

三、如何研究

（一）确定研究对象

研究对象有总体研究和抽样研究。如果是总体研究，对总体范围要有具体说明；如果是抽样研究，则要说明抽样方法和样本容量。

对研究总体范围的界定既关系到研究对象（研究样本）如何选取，也关系到研究成果的适用范围。如果研究对象的总体不同，那么，同一个研究课题所得到的结论就很可能不同。课题名称如果没有对研究对象的范围进行限制的话，在研究计划里就要做一个界定。例如，"学生课外阅读情况的调查研究"，这里的"学生"就是一个很宽泛的概念。从学段上分，学生有小学生、初中生、高中生和大学生；从区域上分，学生有农村学生和城市学生等；从性别上分，有男生和女生；等等。到底研究哪一类型的学生，要有一个明确的界定。

一般来说，微型课题研究的对象及范围都比较小，局限在具体的学校甚至班级，研究对象的总体差不多就是研究的直接对象，比较明确。如果是总体研究，可以在课题名称中加以说明。例如，"××小学六年级学生识字量对作文水平影响的研究"。总体的范围也可以在研究计划里加以限制或界定。

有的微型课题设计的对象总体比较大，例如，"农村小学生识字量对作文水平影响的研究"。这个课题的研究对象是"小学生"，尽管范围限定在农村，但"农村小学生"依然是一个范围很大的总体，在一个县域内农村小学生少则几千、多则几万。很显然，限于研究者的时间、精力和物力，要对上万名农村小学生进行研究后得出结论是不可能的。因此，我们只能从"农村小学生"这个总体中抽取部分学校的小学生作为样本来进行研究，这也就是科学研究中常说的抽样。许多研究方法如调查法、观察法、实验法等都需要进行抽样。抽样减少了研究的对象,不仅节约了人力、物力,也使研究工作易于进行,减少过失误差。

1. 抽样的要求

抽取研究样本,首先要考虑研究总体的范围,明确总体的内涵和外延的界限。比如,"初中生语文预习低效改进策略的研究",研究的总体就是所有初中生;"小学低年级学生注意力培养方法的研究",研究的总体就是小学一至三年级的学生;"职高数学'学困生'的成因及对策研究",研究的总体就是职业高中数学"学困生"。抽取样本必须在总体的范围内进行,如果研究的总体是小学低年级的学生,就只能选择小学一至三年级的学生作为样本,而不能选择小学四年级以上的学生,研究的结果也只能在这个范围内应用和推广。

其次,选取的研究样本要有代表性,被抽取的对象在性别、年龄、年级、学业水平和家庭背景等方面要与总体基本保持相同的结构和比例。抽样时,要尽可能使每个被抽取的个体具有均等的机会,不能主观地去选择,应尽可能保持样本的客观性。

如果研究目的针对的是特殊对象,那抽样也只能在特定的范围内进行,而不能在一般的对象中抽样。例如前面提到的"职高数学'学困生'的成因及对策研究","职高数学'学困生'"是一个特殊的总体,研究样本只能在这个特殊的总体里抽取。值得注意的是,这里必须对"数学学困生"有一个明确的界定,哪些对象是"数学学困生",要从学习动机、学习兴趣、学习方法、学习能力和学习效果等方面进行综合考评,不能仅仅依据考试成绩来确定"学困生",更不能主观臆断,凭感觉指定"学困生"。同样,抽取的样本在性质和特点上也要与这个特殊的总体相一致。

第三,样本的数量要合理,样本的数量太大会增加统计分析的难度,不利于研究工作,数量太小又会影响研究结果的可信度。因此,样本数量的大小要符合抽样研究的标准(见表3-1)。

表3-1 从给定的总体确定样本大小一览表

N	S	N	S	N	S
10	10	220	140	1 200	291
15	14	230	144	1 300	297
20	19	240	148	1 400	302

续 表

N	S	N	S	N	S
25	24	250	152	1 500	306
30	28	260	155	1 600	310
35	32	270	159	1 700	313
40	36	280	162	1 800	317
45	40	290	165	1 900	320
50	44	300	169	2 000	322
55	48	320	175	2 200	327
60	52	340	181	2 400	331
65	56	360	186	2 600	335
70	59	380	191	2 800	338
75	63	400	196	3 000	341
80	66	420	201	3 500	346
85	70	440	205	4 000	351
90	73	460	210	4 500	354
95	76	480	214	5 000	357
100	80	500	217	6 000	361
110	86	550	226	7 000	364
120	92	600	234	8 000	367
130	97	650	242	9 000	368
140	103	700	248	10 000	370
150	108	750	254	15 000	375
160	113	800	260	20 000	377
170	118	850	265	30 000	379
180	123	900	269	40 000	380
190	127	950	274	50 000	381
200	132	1 000	278	75 000	382
210	136	1 100	285	1 000 000	384

注：N，总体大小；S，样本大小。

2. 抽样的方法

抽样的方法一般有以下几种：(1)简单随机抽样,如抽签或抓阄,其中每一个个体被抽到的机会在理论上是相等的;(2)机械抽样,将每个个体按一定的顺序排序编号,然后根据需抽取样本的多少,依一定的距离进行抽样;(3)分层抽样,将全部个体依据某种标准分类,再从每一类层中按简单随机抽样法抽样;(4)整群抽样,即以集体为对象的抽样方法,对抽出的集体所包含的全部个体逐一进行调查。一般而言,分层抽样的效果较好。

(二) 选择研究方法

关于微型课题研究要不要方法,需要什么样的方法,怎么使用方法,在实践中是有争议的。有的人认为,为了便于操作,一线教师做研究不需要掌握复杂的教育科研方法,只要有初步了解就行了。也有的人认为,既然是研究就应该有研究的方法,如果没有方法,研究怎么操作,研究的结论又从何而来?

微型课题研究是一种操作简便的应用性研究。操作简便包涵了研究方法的简便,运用方法的要求没有宏观、中观课题研究以及专业人员的研究那样严格和复杂,但这不是说微型课题研究不要方法。我们认为,一线教师进行微型课题研究必须熟练掌握教育研究的基本方法。只有掌握方法,正确、合理使用方法,才能保证微型课题研究的科学性、合理性,也才能提高研究效率,增加研究成果的可信度。简便不是随便,放低对方法运用的要求,不是放弃对方法的掌握和应用。如果离开了方法的掌握这一前提,教师们的研究就可能陷入无研究的泥潭之中,重蹈经验性实践活动的覆辙。试想一下,没有方法的"研究"会带来什么样的结果?

研究内容决定了研究方法,也就是说不同的研究内容要用不同的研究方法,但研究内容和研究方法并不是一对一的关系,有的研究内容可以或需要用多种方法进行研究,我们只能根据不同类型(内容、条件)的研究课题,从不同角度选择研究方法。选择研究方法的一般依据是：一是根据阶段研究任务确定方法;二是根据研究对象确定方法;三是根据课题研究的延续方向确定方法;四是根据研究所用的技术手段选择研究方法。

例如,"高中数学课堂教学设计方式的研究"。这个课题研究的"抓手"是高中数学"课堂教学设计方式",整个研究可以分成两个阶段,第一阶段先要研究高中数学"课堂教学设计方式"的现状,即目前高中数学课堂教学设计有哪些方式。这就需要用文献研究法,要围绕主题检索、查阅大量的文献资料,并对文献资料所呈现的"课堂教学设计方式"进行分析、归纳、梳理,形成研究综述。此外,还可以通过调查研究、观察研究获得有关"高中数学课堂教学设计方式"的信息。第二阶段对获得的信息进行提炼加工,进行再创作,在综合他人思想观念、理论和实践经验的基础上,结合自己课题和实际工作中要解决的问题,形成自己的观念和设计方式。为了使掌握的信息更丰富、更可靠,在进行文献研究的同时,还可以开展主题调查研究。

再如,"高中生数学课堂识记失败的原因及教学对策研究"。这个课题里"高中生数学课堂识记失败的原因"不能靠经验判断和主观臆断,需要通过课堂观察和调查获得。这些信息的准确性和可靠性决定了研究的成败。如果通过观察、调查所获得的信息是基本准确的,那么,这些信息就可以成为制定改进工作对策的依据,否则就是无用的。由此可见,如果不能掌握和运用调查法、观察法,这个课题就无法研究下去。研究方法不在多,要有用,用不到的方法在计划里不要写。用这个研究方法的目的是什么,在计划里也要简明地说清楚。

在实践中,教师选择、使用研究方法不当的问题主要有以下几种:

第一,没有方法。没有方法有两种情况,一是在研究计划中没有列出研究所要用的方法;二是在研究计划中罗列了不少研究方法,可在实施"研究"的过程中,并没有应用这些方法去"研究"。这些教师对所研究问题的了解、分析和判断,有的是根据自己的经验,有的是主观臆测或猜想,有的就跟着感觉走。笔者在参加一所学校的微型课题结题时,曾看到一份结题报告里有不少关于研究结论的数据,但在研究资料里又没有看到有关调查、观察的分析材料,笔者就问主持人:"你的这些数据是从哪儿来的?"他回答:"我估计的。"这样估计出来的数据可信度有多高?又有什么价值和意义呢?

第二,方法使用不当。例如,"在初中一年级英语教学中渗透德育的研究"。这个课题运用的是实验法,实验的设计采用对照组实验,即在实验班进行德育渗透,在对照班不进行德育渗透,而且他们把学生的学习成绩作为实验的一个重要因变量。显然,这个课题在研究方法的选择上失之偏颇。首先,"教学应当具有教育性",这是人人皆知的教学原则。其次,学科教学中要进行道德教育,这在各科大纲或课程标准中都有明确要求。因此,在对照班不进行道德教育是违背教学原则和教育法规的。另外,学习成绩高低与道德品质好坏不成正相关,这也是显而易见的道理,此课题中试图用学习成绩衡量实验的效果,是不科学的。

第三,方法运用不严谨、很随意。例如有个课题的主要内容是把一些游戏和舞蹈的方法运用到学生的长跑训练中,从而提高学生对长跑的兴趣和学生长跑成绩。课题实施时间为 12 周。让人感到"兴奋"的是,在这短短的 12 周,学生长跑的优秀率猛增了 42%。这可能吗? 如果真有这样的奇迹,恐怕国家队要聘请这位老师做教练了。这说明数据资料的水分很大,可信度很低。值得提醒的是,不管采用何种方法,科研必须求真务实,不能弄虚作假。

从具体应用的角度看,微型课题研究的方法一般有文献研究法、观察法、调查法、经验总结法、实验法等。但方法不仅仅是解决问题的工具,也是研究的思想基础和科学的、哲学的方法,因此,研究者也要学一点哲学、逻辑学和系统科学等关于方法论的知识,这样有助于研究工作的开展。

(三) 设计研究步骤

在研究实施阶段,不少课题主持人不知道做什么,也不知道怎么做。之所以如此,是因为在研究实施阶段没有具体的研究措施,在安排具体研究工作时,没有落实研究内容和研究方法。

研究步骤是研究方案的主体,是研究的路线图,愈详细愈便于实施。每个阶段的工作任务和要求,每个阶段需要的时间安排都要在方案中体现出来。这样,研究者不仅可以根据方案的安排有序地实施研究,还可以在研究的过程中自我督促、检查方案完成的情况,从而保证按时保质完成课题研究。课题研究的管理者也可依据此研究程序对课题研究进行检查、督促和管理。

实践证明,研究实施阶段的工作安排越详细具体,操作起来就越方便,研究的效果也就越好。反之,操作困难,研究的效度和可信度都比较低。

(四) 研究成果及呈现方式

在研究方案中设计出成果形式,从研究者角度来说,可以明确将来用什么形式表现研究成果,从研究的起始阶段就可以着手向这方面努力,积累材料,构思框架,进行分工,以利于形成研究成果。从课题研究的管理者角度来说,可以据此进行检查验收。微型课题研究成果的主要形式有研究报告、教学设计、随笔、故事、论文、案例等。预设的研究成果不在于多,关键要有质量、有价值,不仅反映出自己的实践水平和认识水平,对同行也有一定启发和帮助。

以上是研究计划的基本内容,微型课题研究涉及的内容可能还不只这些,研究者应根据研究的实际情况进行取舍。

第三节　怎么撰写研究方案

一、微型课题研究方案的基本格式

微型课题研究方案没有统一的格式,有的地方提倡简便,有的地方则要求详实。不管简便还是详实,不管怎样安排课题研究方案的结构,也不管怎样表达,诸如研究目的和意义、对象和内容、方法等一些基本要素在研究方案里是必不可少的。综合传统课题研究方案的样式和各地实践中的做法,微型课题研究方案的格式主要有以下几种:

——————— / ———————

格式一:

1. 课题名称:包括研究对象及范围、研究内容、研究方法。

2. 问题描述:描述遇到的问题及课题产生的过程。在描述时,一般都是采用白描的手法叙述此课题产生的过程,即我遇到的什么问题。

3. 课题界定:对课题关键词、核心概念的解释,提示课题研究方向和范围。

4. 研究调查:在开展研究前,了解一下与本课题研究有关的情况,包括研究的主要成果和不足。

5. 研究思路:本课题的研究方法、实施步骤、时间安排及研究措施等。

6. 预期成果:该研究期望取得的成效。

7. 援助要求:需要学校或上级教科研部门为研究提供的帮助和支持。

——————— / ———————

格式二:

1. 课题名称:包括研究的主要内容、对象和方法等研究要素。文字表述要简练、醒目、富有特点。

2. 研究目的：明确课题研究要达到的境地或效果。

3. 研究内容：课题研究将要解决的问题，也是对课题研究的总体内容的分解。在表述时要做到清晰、具体、明确。

4. 研究对象及范围：界定课题研究对象的总体范围。

5. 文献学习：通过检索文献资料，了解该课题研究的现状，寻找可借鉴的经验和做法。

6. 预期成效：设想课题研究可能取得的认识成果和工作成效。

7. 研究进度：包括研究的步骤、时间及人员安排等。

———— / ————

格式三：

1. 研究的主旨：包括研究的对象、缘起、目的等。

2. 问题的背景与现状：基于校本和个人教育教学的背景，陈述问题产生的原因及基本情况。

3. 研究的过程：包括研究的对象和范围、研究的基本内容、研究的形式和方法等。

4. 研究步骤：研究人员的组织与分工、研究的具体措施、研究成效的预设等。

———— / ————

格式四：

1. 题目：研究课题的名称。

2. 研究的背景、目的、意义等：以"问题的提出"或"引言"的形式来表述，做到开门见山、概念准确、文字简练。

3. 研究的对象和内容：明确研究对象的具体范围，包括对象的数量、特征、取样方式等。研究内容分解应具体、清晰、明确。

4. 研究的方法与措施：说明研究将要使用的方法，不仅要列出方法，还要说明使用该方法做什么，讲清楚开展研究的具体措施。

5. 研究时间安排：说明课题研究的起始时间、研究时段的划分，以及每个时段的主要任务、预期成果等。

6. 研究的组织管理：包括课题研究的制度，人员分工，培训、研讨，考核评比等。

————————／————————

格式五：

1. 问题的提出：说明在工作中遇到什么问题了，为什么要研究这个问题。

2. 研究设想：研究的对象和内容、用什么方法研究、研究的时间安排、可能取得的研究成果。

3. 研究的形式：通过什么形式来研究，例如课堂观察、案例研究、叙事研究等。

4. 需要的条件：包括时间、资料、技术和经费等方面的需求。

二、制定研究方案的一般程序

(一) 搜集相关研究资料

在制定方案之前，要搜集、分析、整理同类课题的研究资料，在学习、借鉴别人研究经验的基础上，理清自己的研究思路，规划研究过程。

(二) 撰写方案初稿

根据自己研究的目的、研究的内容以及解决问题的难度等确定研究方案的内容、结构和格式，并写出初稿。

(三) 完成方案定稿

初稿写好后，要通过多种形式听取、征求同行的意见，有可能的话要争取专家的指导，反复修改，最后形成定稿。

当然，在实践中，研究方案的制定并不需要这样程式化，不少研究方案是在研究的过程中生成并不断完善的。尤其对刚刚参与研究的一线教师来说,研究本身就是一种摸索,就是一个改进与提高的过程。因而,研究方案可以在研究的过程中不断地修补,使之更具有科学性、针对性、操作性和时效性。

三、制定研究方案的要点

(一)突出重点,增强研究方案的可行性

制定研究方案容易出现两种问题:一种是萝卜型,头大身子小。这种类型的研究方案,一般在开头把课题研究的背景、课题研究的目的和意义写得很多,而有关课题研究的对象、内容、方法和措施、步骤的设计却是寥寥数语,有的方面仅仅是列出了几个概念,有些比较重要的方面甚至避而不谈。另一种是哑铃型,两头粗中间细。这种类型的研究方案,除了在开头部分写得多以外,后面的研究条件、组织机构等也是阵容庞大,而在中间部分需要详细介绍的内容却很简略。比如有些教师的研究方案,没有明确的研究目标和研究内容,也没有具体的时间安排,尽管也在做研究,但显得很零乱。

在撰写课题研究方案时,一定要突出重点,对课题研究的内容、方法、措施和步骤要认真思考,精心设计。另一方面,影响教育科研的客观条件是众多的,有课题内部的,也有课题外部的;有智力结构的,也有物质条件的。在研究中应当讲究策略,减少不利因素,增加有利因素,以求得研究的成功。在制定研究方案时,特别要着重研究活动与日常工作的协调;对研究"难点""重点"的对策要认真考虑。

撰写课题研究方案,要力求层次清楚。特别是遇到课题涉及多项研究内容、多种研究方法时,要分清层次,一条一条地、有条不紊地表述清楚。

撰写课题研究方案,还要注意表达的准确性。对于术语,要理解其含义,准确地运用;对于引文,要查找出处,对照原文仔细核对。要力求语句通顺,不写错别字,不误用标点符号等。

便于操作也就是研究方案要有可行性。研究方案要充分考虑到研究者是否具备进行或完成某一课题研究所需的主观条件和客观条件。有些教师在制定课题研究方案时,不从实际出发,好高骛远,把研究的目标定得太高,把研究的内容定得太多,所选择的研究方法无法实施,这样的课题研究方案是不可行的,根本无法实施。

研究方案是研究的行动指南。我们在撰写课题研究方案时,一定要把研究的内容、方法、措施和步骤写清楚、写实在、写具体、写细致,这样实施研究时才能得心应手。这一点,

对于缺少课题研究经验的人来说尤为重要。

（二）贴近实际，增强研究方案的针对性

研究工作与日常工作是否协调，是我们中小学、幼儿园开展微型课题研究首先要注意的问题。一方面，教师要根据日常的教育教学活动设计自己的研究工作，并反映在研究方案中。另一方面，研究的目标、内容、方法以及具体的研究活动，也要充分地兼顾到日常工作的进度、内容和要求。这样，才能在完成日常工作的同时，逐步地、有序地展开课题研究，也能使课题研究方案与常规工作计划有机融合。同样，在制定研究方案时，也要把研究工作纳入学校管理的运行轨道，保证课题研究在人、财、物和时间等方面得到学校的支持，从而为研究创造一个良好的环境。

例如，一个班主任结合自己班级工作提出的"初一学生心理相容的个案研究"课题，就要求研究者结合研究的目的、内容、方法和步骤等，设计、组织并指导班级管理工作，尤其是学生的心理辅导，使课题研究和班务工作融为一体，相互促进，相辅相成。

课题研究中常会遇到困难，甚至是一些没有预料到的困难，因而在制定研究方案时，要尽量考虑周到并反映在计划中。在研究中，发生的困难大致表现为：理论掌握不够，文献资料占有很少；对教育科研的过程、研究规范不熟悉；基本研究方法、研究工具没有掌握；研究工作没有和常规工作有机结合，或没有纳入学校的管理系统；课题组人员与承担的研究任务匹配不当，或研究必需人、财、物没有相应的保障；研究课题选择不当；等等。为此，我们在制定研究方案时要注意以下几点：

一是加强文献资料的研究，增大占有量。在研究中，有些问题对我们来说很困难，甚至很难突破，但实际上，人家早已完成此项课题的研究，有了成果，我们没有必要再去花时间、花精力去研究，只要应用人家的成果就行了。

二是努力探索。教育研究本来就是一个辛苦的探索过程，在研究方案中要详细设计出研究人员的探索方向、具体步骤、攻关的协作与配合等。

三是咨询专家，请求外援。这是研究中攻克难关经常运用的方法。特别对我们广大教师来说，更是需要虚心求教于能人、专家，向他们学习，求得他们的指导、帮助。

如果说这三种办法都不能使研究者克服研究的难点，就说明选题不当，也就是选题难度太大，超出了自己的研究条件和能力。

在解决研究课题困难时，即使找到了办法，有时也还需要持有谨慎的态度，因为教育研究是探索未知的活动，研究中可能还存在着许多不确定的因素。为了合理地运用资源，经常需要大胆设计,反复论证,必要时,不断完善,以求发展。例如,图3-1所示的调查研究的设计框,不论从研究设计的认识来看,还是从研究方法学的角度来看,都是具有重要的意义的。

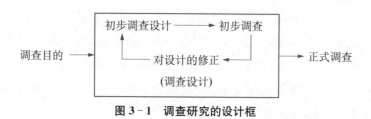

图 3-1　调查研究的设计框

(三) 注重实践,增强研究方案的实效性

再完美的研究方案也需要实施,如果不能严格认真地实施,方案就成了一纸空文,毫无价值。但在实践中,一方面存在"有方案无行动"的现象,有些教师虽然制定了研究方案或研究计划,却并没有很好地实施;有些教师的研究方案订得很认真,也很周密,从概念界定到背景分析、从研究目标到具体内容、从研究周期到时间安排,从预期成果到条件保障等,都阐述得比较详细,但遗憾的是这样的方案只是一个物化的文本,没有成为指引研究的蓝图。这种情况主要有两个方面的原因:

一是这些教师对微型课题研究还缺乏认识。参加微型课题研究并不是基于解决实际问题的需要,而是出于功利或其他的原因。研究方案只是一种形式,往往是写得好,做得并不好,这种研究不会有实际效果,最后也结不了题。我们不反对研究的功利心,但纯粹为了功利而研究,是不可能达到目的的。因为,刻意追求功利的人是不会潜心研究的,只会弄虚作假,搞形式主义。我们宁可被指责为"科研意识不强""研究层次不高",也不能搞虚假的形式主义。

二是教学和研究仍然是两张皮。主要表现在有些教师脱离课堂教学搞研究,把研究看成教育教学工作之外的副业,有时间就做,没时间就只应付日常教学工作。微型课题研究的问题源自教师个人的教育教学实际,这些问题既是工作中要解决的问题,也是研究中要解决的问题,只有把研究与教育教学工作紧密结合起来才能取得实际效果。

另一方面,"有行动无方案"的现象也屡见不鲜。有的教师仅仅有一份课题申报表,在既没有具体的研究设想,也没有具体的操作办法的情况下就展开了所谓的"研究"。这些教师的理由是：微型课题研究的特点不就是工作与研究相结合吗？我们的工作就是研究，为什么还要制定研究方案？方案是行动的指南，不管做什么事情，事先都要有个初步的设想，对行动的步骤和策略有一个具体的规定，这样才能保证做事的效率和效益，微型课题研究也不例外。

研究过程中，还有偏离研究方案的问题。笔者在听一位教师介绍微型课题研究情况时，发现他讲的内容与研究方案不一致，研究的内容发生了变化。问他是怎么回事，他说在研究的过程中，又产生了许多新问题，现在研究的这个新问题比原来研究的问题有意义。原来，他在研究的过程中不自觉地改变了研究的内容。计划不仅仅是研究工作时序的安排，还是研究目标、研究思路和研究操作规程。计划一旦确定，主体内容不宜变动，否则，研究就会陷入无序的状态。当然，研究计划不是不可以变化，在研究的过程中，根据实际情况对研究的内容、方法等做一些微调是可以的，也是正常的。但如果研究过程完全偏离了研究方案就不正常了。

―――――― / ――――――

阅读材料：

学生错误资源有效利用的研究
王海燕

一、课题界定

错误：《现代汉语词典》的解释是"当形容词用时，指与客观实际不符；当名词用时，指不正确的事物、行为等"。本课题中的"错误"指学生作业中因算错、抄错、看错、遗漏、混淆、思路偏差等引发的不正确的结果。

错误资源：指学生中经常出现，具有典型价值的错误实例的结合体。

错误资源的有效利用：指教师如何有效利用错误资源，帮助学生提高作业正确率，提高反思辨析能力，提高学习兴趣，树立学习自信心，并通过该过程反思自身的教学行为，改进教学方法，提升自己的教学技能水平。

二、课题提出的背景及意义

在课堂教学或作业批改中,我们经常会遇到学生出现的各种各样的错误。即使进行了订正,学生在一段时间后还会忘记。对此,我有时会很郁闷,也很无奈:"讲过那么多遍的题目怎么还是错?这么低级的错误为什么总是层出不穷,一眼就可以看出的错误为什么孩子们却视而不见?"是孩子真的"笨",还是我忽视了什么重要的东西?如何处理学生出现的错误呢?

尽管错误是那样的不受人欢迎,却总是客观地存在。哲学家黑格尔说过:"错误本身乃是达到真理的一个必然的环节。"小学生的认识水平、认知能力有限,出现错误,是很正常的事。

面对学生的错误,教师如果只注重错误能否得到纠正,只是去耐心地给学生讲解正确的思路与方法,督促学生订正后再检查,不仅增加了自身的负担,而且收效甚微,同样的错误还是会出现,等到错误出现再补救,如此循环,教师累,学生苦。

面对学生的错误,教师何不尝试变"废"为"宝",有效利用这些所谓"低级错误"资源,引导学生自己反思错误、辨析错误产生的原因,教师在指导时"对症下药",从孩子自身出发,重点帮助学生提高自主纠错能力防微杜渐,这样既减轻了教师的负担,又能让学生在面对错误时能自己寻因纠错,减少那些"无心之失"。

三、研究的主要内容

(一)利用错题集,建立错误资源库

1. 学生:要求学生把平时的典型性错误摘录在笔记本上,整理的同时认真分析,寻找问题的症结。主要由两个部分组成:(1)错误原型;(2)分析原因。

2. 教师:教师在作业批改时,把学生最容易错的题、错误率高的题摘记下来。同时认真分析,寻找问题的症结。主要由三个部分组成:(1)典型错误解法;(2)分析错误原因;(3)反思教学过程。

(二)利用错误资源库,改进学法、教法

1. 错误资源利用的策略;

2. 错误资源利用的效果。

四、研究的方法和步骤

本课题研究周期为 2014 年 10 月至 2015 年 10 月。

（一）研究方法：

1. 文献法：学习参考资料及网上相关研究文章。

2. 观察法：观察学生在学习过程中出现典型错误，并且记录下来。

3. 经验总结法：撰写教学反思日记，记录课堂上的观察发现，反思错误资源的利用情况，总结研究发现，师生共同探索减少错误的方法。

（二）研究步骤：

1. 第一阶段　准备阶段：（2009.4—2009.5）进行文献研究和上网收集资料，研究课题内涵，制定具体研究计划。

2. 第二阶段　实施阶段：（2009.5—2010.2）

（1）师生搜集整理错题集，分析缘由；

（2）错误资源利用的策略的研究；

（3）错误资源利用的效应的研究。

3. 第三阶段　总结阶段：（2010.2—2010.3）撰写结题报告。

五、预期研究成果

1. 师生错题集；

2. 学生心得日记；

3. 教学反思日记；

4. 结题报告（错误资源利用的方式和效应）。

六、研究所需的专业支持

本课题的研究需要得到本校数学教师的共同参与，以便共同讨论课题研究中所遇到的困惑及解决的措施。同时，更希望得到领导专家的支持与帮助。

第四讲
用什么方法研究微型课题(一)

　　所谓研究,就是研究者运用各种方法发现问题、认识问题和解决问题。方法是研究的基本要素之一,没有具体的实施方法,研究就无从谈起。教育研究的方法很多,从方法论的角度看,微型课题研究的方法主要有质的研究和量的研究两种基本范式,而具体的研究方法则有文献、调查、观察、案例、实验和经验总结法等。微型课题研究关注的是教育教学微观层面的实际问题,大多在自然的教育情境中进行,不追求研究方法的系统性和完整性,但必须熟悉和掌握一些基本的研究方法。

第一节　用"调查研究"说明事实

　　调查研究法是研究者有目的、有计划地运用问卷、访谈等方式,收集有关教育现象及问题的实证资料,进而分析、探讨、解释和说明研究问题的一种研究方法。调查研究包含两个层面的工作:一是调查,即运用询问、测量等方式收集事实和数据,是一种感性的认识活动;二是研究,指通过对事实资料的思维加工,由感性认识上升到理性认识。调查研究法是教育研究最基本的方法,也是在微型课题研究中单独使用最广泛、最普遍的一种方法。

一、调查研究的特点

(一) 真实性

　　调查研究是在自然的状态下,运用问卷、访谈、观察和测量等方式收集资料,对所探讨的对象进行描述,以提供丰富多彩的有关教育教学的实际案例,还可以为教育决策提供有关的教育统计资料。调查研究不需要人为地控制和干预研究的对象,因而保证了资料的客观性和真实性。

(二) 科学性

　　调查研究一般是为了了解研究问题的现状,但也可以从描述的结果中归纳出教育现象之间联系的规律,作为预见未来的基础。就微型课题研究而言,调查的目的主要是了解、分析和研究问题产生的原因、形态和特点等,从而为研究者更新教育教学思想、调整工作计划、改进工作方法、制定工作策略及提高效率和效益提供事实依据。

(三)现实性

从调查研究的解释功能看,其主要解决三个层面的问题:第一个层面是了解现状,探讨"是什么"的问题;第二个层面是探讨导致现状的原因,解决"为什么"的问题;第三个层面是探讨教育现象或问题之间的关联度,即"如何解决"的问题。调查研究可以深入了解教育现状,发现问题,弄清事实,操作比较灵活、简便,收集资料广泛、迅速,节省时间和经费。

但调查研究也有它的局限性:首先,调查往往难以确定问题的因果关系。其次,调查的成功往往取决于被调查者的合作态度,更多地受制于研究对象。另外,调查的可靠性有一定的限制,调查者的主观倾向、态度都有可能影响被调查者,使调查的客观性减低。再有,调查很少采用比较组设计,仅凭一组被试所做的调查往往缺乏研究的有效性,推论到总体中要慎重。

二、调查研究的基本类型

在微型课题研究中,要根据研究的目标和内容选择和确定适当的调查类型。这样才能有效地制定调查方案,确定调查对象、调查方法和调查程序。在分类时,既可以根据调查阶段又可根据分析研究阶段的不同特征划分。各个类型虽然相互区别,但它们的共同点都是运用调查的方法收集资料,并通过资料的分析得出对教育现象的理性认识。

以"小学高年级学生识字量的调查研究"为例,我们可以作以下的分类:

(一)从调查研究的目的分类

1. 现状调查。可以通过指认、答卷等形式在规定的时间内测试高年级学生识字的情况,然后根据评分标准和计算办法对测试结果进行分析,以描述小学高年级学生识字量的现状。

现状调查是一种常用的基本调查类型,它可以帮助教师了解学生的现实状态,发现问题,以便调整今后的工作方向和策略;现状调查还可以为学校制定教育计划、规划教育活动等提供依据。在教育研究和教育教学的过程中,不少教师的工作缺少针对性和实效性,就是因为缺少调查研究、缺少事实依据。

2. 原因调查。先对小学高年级学生的识字状况做一个测试,然后用问卷了解学生识字的方法、途径、问题、困难和解决办法等,从而了解学生识字过程中的问题及其原因。

3. 比较调查。先对小学高年级学生的识字状况做一个测试,然后,对五年级与六年级或平行班级学生的识字方法、途径、能力和水平等做一个对比分析,找出相似性、差异性及相关的联系。

4. 发展调查。通过对小学高年级学生识字状况的测试,着重分析一个方面的因素,比如,识字的途径和手段,由此预测未来一个阶段小学生识字的主要途径和手段。

(二) 从调查对象的范围分类

1. 全面调查。可以将全校高年级学生都作为调查对象,统一安排学生参加有关识字量的测试和评估。

2. 个案调查。可以选择高年级识字最多的个别学生进行调查,了解其识字过程的一些相关要素。收集个案在不同年级、不同班级的识字情况,通过对识字量、识字方法和途径等信息的分析,梳理学生识字水平发展的线索。

3. 抽样调查。可以在各班分别抽 25% 左右的学生进行调查,统一安排学生参加有关识字量的测试和评估。

(三) 从调查的形式分类

1. 横向调查。可以在高年级各班分别抽取部分小学生,统一时间对其进行识字量的测试,以比较不同年级、不同班级学生的识字水平以及内在的联系,了解学生识字能力发展的过程。

2. 纵向调查。可以抽取五年级一个班,从第一学期开始,连续四学期进行测试。最后,将四学期的识字量以及有关要素进行分析比较,了解学生识字能力的发展过程。

3. 书面调查。通过设计调查问卷或测验量表对小学高年级学生的识字能力进行测试,以了解学生的识字能力和识字水平。

4. 口头调查。可以通过召集部分学生座谈或个别交谈的形式,了解学生识字方法和途径,以及识字过程中遇到的困难和错误等。

(四) 从调查研究的范式分类

1. 定性调查。我们可以通过课堂观察、访谈等形式了解、分析、描述和解释学生的识字量以及识字能力等。

2. 统计调查。我们可以通过对学生识字量、识字能力进行分析,统计出学生的平均识字数、识字方法和识字途径等,以此推断学生的识字能力以及相关要素之间的关系。

(五) 从调查的具体方法分类

从研究采取的具体方法或途径手段的角度来分,还可以分为问卷法、访谈法、观察法、测验法、实验法和文献法。

除此之外,调查研究还可以做比较调查和发展调查。所谓比较调查就是一种对比性调查,主要是针对两个或两个以上的学校、区域或时期的"小学高年级学生识字量"进行了解、分析、研究,从而弄清它们之间的相似性、差异性及内在的联系。发展调查是一种预测性调查,如调查"小学高年级学生识字量"随着时间变化而表现出来的特点和规律,从而推测未来一个时期小学识字教学的发展趋势。

以上各种调查方式在实际调查过程中强调的侧重点不一样,最后调查结果表述的形式也会不一样,因此应根据研究的需要选择具体的调查方式。就微型课题研究而言,大都是单一的调查研究,但也可以做一些综合的调查研究,既具有理论性,也具有应用性;既采取横向分析,也采取纵向分析;既描述现象,也解释现象。

三、调查研究的主要形式

(一) 问卷调查

问卷调查是研究者通过事先设计好的问题获取有关信息和资料的一种方法。研究者将研究的问题分解为若干个项目,编制成标准化书面问卷或表格发给调查对象填写,然后收回整理、统计、分析研究,得出结论。问卷调查操作方便、实用,可以在同一时间内收集到研究所需的资料,是教育调查中最常用的,也是最基本的收集资料的方法。

1. 问卷的基本结构

问卷并没有一个统一的格式,但一份完整的问卷,一般包括标题、前言(指导语)、问题、选择答案和结束语等。

(1) 标题。标题是调查内容的高度概括,必须与调查研究的内容一致。

(2) 前言。前言是问卷最前面的一个开场白,也称说明信、封面信。前言一般包括调查的目的与意义、关于匿名的保证、对被调查者回答问题的要求、调查者的个人身份或组织名称等。

———————/———————

案例1:高中生物理实验设计能力的调查研究

老师:

您好!我们大家都非常关心中学物理课程改革现状。我们非常愿意依靠您在这方面的体验与学识来一起讨论这些问题。我们谨邀请您参加这一调查研究。您回答的情况仅供我们研究参考,不会对您个人产生任何不良影响。如果您愿意了解这项研究的结果,我们很愿意为您提供方便。

———— / ————

案例 2:初中生语文自主学习情况的调查研究

同学:

你好! 这个调查的目的是为了解你的学习状况,帮助你改进学习,提高学习效果。答题时请注意:(1)回答没有正确与错误之分,请如实填写;(2)不明白的举手问老师,不要相互讨论;(3)没有时间限制,不用过分考虑;(4)若有需要补充说明的,也可以写下来。

———— / ————

案例 3:小学生家庭生活情况的调查研究

尊敬的家长:

家庭是社会的细胞,是孩子出生后所面临的第一环境;父母是孩子的第一任老师,既担负着生养哺育的义务,也担负着教育孩子健康成长的责任。学校教育在孩子成长中起着重要的主导作用,但学校教育离不开家长的支持配合。为了进一步了解您的孩子在家里的情况,加强家长和老师的联系,改进老师的教育教学工作,共同教育好您的孩子,使您的孩子健康成长,成为社会的有用人才。现就您的孩子在家里的一些情况对您作如下问卷调查,请您给予配合,认真地、实事求是地填写。

(3) 指导语。主要是指导被调查者填写问卷的一组说明或注意事项,如果需要,还可以附有样例。指导语要简明易懂,使人一看就明白如何填写。如果设计的问卷题型比较单

一,这部分的内容可以与前言部分合在一起。指导语主要有以下几种类型:

① 关于选答案做记号的说明。一般用"()"或"□"来限定答案的空间,并要求回答者在要选择的答案前或后的"()"或"□"内做记号。例如:

> 请在您所选答案前的()内打上√:
>
> 您的性别:男(　　) 女(　　)
>
> 请在您所选答案后的□内打上√:
>
> 您所在的学校是:高中□ 初中□ 小学□

② 选择答案数目的说明。如果问卷的题型有多种,指导语一般在填写须知中说明,如果问卷的题型不多,也可以直接写在问题的后面,如"选择一项""多项选择"等。

③ 填写答案要求的说明。例如,"凡在回答中需选择其他一项作为答案的,请在后面的'_____'中用简短的文字注明实际情况"。

④答案适用于哪些被调查者的说明。问卷中有的问题可能只是适用于某一部分人。当这类问题出现时,可说明由特定的一类人填写,其他的人则跳过这些问题。

(4) 问题和选择答案。问题和选择答案是问卷的主体部分。问题是问卷的核心内容,编制的问题要简洁明了,要符合被调查者的实际情况,符合研究的目的要求。至于用开放式答案还是封闭式答案,则应根据实际情况而定。采用封闭式答案要按标准化测验的要求设计题目和答案,答案要准确,符合实际,便于选择。

(5) 结束语。结束语一是对被调查者的合作再次表示感谢,并提醒被调查者不要漏填与复核的请求。这一表达方式的目的,一是在于显示调查者的礼貌,督促被调查者消除无回答问题、差错的答案;二是征询被调查者对本次调查的意见。例如:

> 问卷到此结束,请您再从头到尾检查一次是否有漏答与错答的问题。最后,衷心地感谢您对我们调查的热情支持!

2. 问卷问题的设计

(1) 提出问题

编制问卷首先要确定需要被调查者回答的问题。提出问题的一般过程有分析课题、进行假设、确定指标和提出问题。

以课题"初中数学'学困生'成因的调查研究"为例：

分析课题：初中数学"学困生"可能涉及的主要因素，需要得到哪些信息或资料；找出相关的核心概念，比如，学习成绩、学习态度与兴趣、教学方法和教学内容等。

进行假设：有些"学困生"是因为没有兴趣，有些"学困生"是因为基础不好，有些"学困生"是因为学习方法的问题，有些"学困生"是因为人际关系的问题。

确定指标：入学成绩，期中考试成绩，期末考试成绩，平时测试成绩；课堂表现，预习复习情况，作业情况等；对教学内容的兴趣，对数学课、数学老师的态度；与老师的关系，与同学的关系，与家长的关系，适应环境的情况。

提出问题：根据确定的指标可以提出一些问题。如，"你喜欢上数学课吗？""你能独立完成数学作业吗？""每天的数学作业你能及时完成吗？""你喜欢你的数学老师吗？""你课后预习数学吗？""你适应学校的学习环境吗？""你入学时的数学成绩如何？""你期中考试的数学成绩如何？""你平时数学测试成绩如何？"……

一般来说，问卷中的问题可以分为事实问题（被调查对象个人的基本资料）、行为问题和态度问题三种类型。

个人的基本资料通常放在问卷的开头，也有研究者认为放在问卷的最后比较好。个人基本资料的内容要根据被调查者的情况而定，如果被调查者是学生，那么往往需要填写性别、年龄、所在学校、年级、住所（城市或乡村）、父母的职业、父母受教育程度等。如果被调查者是家长，那么往往需要填写与学生的关系、年龄、职业、受教育程度、家庭情况等。这些基本的信息是很重要的自变量，准确地掌握这些内容，对分析研究对象的情况具有重要的意义。

行为问题是指被调查者的过去和现实的实际行为。例如，"你能独立完成数学作业吗？""每天的数学作业你能及时完成吗？""你课后预习数学吗？""你每天花多少时间做数学作业？"这些问题都是为了了解被调查者的实际行为。实际行为可能因性别、年龄、家庭背景等而存在差异。因而，设计问题时要考虑到这些差异，符合被调查者的实际情况。

态度问题包括两个层面：一是有关意见方面的，如意见、看法、体会等。意见属于暂时性的看法，如对教师的看法，或对一节课的看法、对一次活动的态度。例如，"你喜欢上数学课吗？""你对数学课的作业量满意吗？""你对数学老师的课有哪些建议？"意见问题想了解的是被调查者对某些具体的、一般的事物或行为的看法，它可以随着时间或个人情况的变化而变化。这类问题,都不是涉及行为或事件深层次的问题,而是对于行为或事件的一般的表态。二是有关价值或人格方面的观念。这属于态度问题中相对深层而持久性的认识,如世界观、人生观、道德观念等。调查者要精心设计这些问题,以了解教育领域的改革与发展趋势与人们态度的吻合程度。这部分问题了解的是被调查者的实际行为,包括过去的行为和现在的行为。

设计问题是问卷设计的关键,可以根据研究假设和指标确定问题的提纲,然后设计问卷初稿。比较规范的做法是采用卡片法或框图法。

卡片法是把初步考虑的每一个问题和答案写在卡片上,每一题一张卡片,等把所有的问题和答案都考虑好以后,按问题内容将卡片分类,再按一定的顺序排列,最后将调整好的卡片写到纸上或输入电脑,形成问卷。

框图法是把问卷各个部分按一定的顺序编制成一个框架图,然后再写出每一部分的问题及答案,最后通过补充、修改、调整,形成问卷。

为了使调查问卷能够顺利进行,问卷题目的数量应该有一个大致的范围。一般来讲,一份问卷的题目应该控制在 50 题左右。如果问题较难回答,要考虑相应减少题目的数量。

(2) 设计问题的策略

一是设计的问题要切合调查目的和假设的需要。调查目的是问卷调查的出发点和中心。调查对象的选择、调查范围的确定、调查内容的设计、调查结果的分析无不与调查的目的紧密相关,因此,问卷中的每一类题目都要紧扣调查目的和研究假设,不能随意出题目。

二是设计的问题要符合被调查对象的实际情况。设计者往往根据自己的情况来设计问题,可是被调查者,特别是一些年龄较小的学生,可能从来就没有想过或遭遇过这些问题。因而,设计问题时要考虑被调查对象的熟悉度、兴趣度和问题的难易度,如果设计的问题被调查者难以回答,或是不熟悉、不感兴趣,就难以取得好的调查效果。设计的问题不能抽象和复杂,更不能把普通问题理论化,尽可能不要使用抽象概念和专业术语,如果被调查者遇到不懂的专业术语又必须回答,就只能胡乱猜了。设计的问题要降低难度,增加被调查者对问题的熟悉度和兴趣度,指导语应当更为详尽和周密,措辞也应该更加慎重。问题的安排应有一定的逻辑顺序,应符合被调查者的思维习惯。一般先易后难,先简后繁,先具体后抽象,相同主题的问题放在一起,相同形式的问题放在一起。

三是设计的问题表达要清晰,尽可能不涉及敏感话题。问题表述要简洁明了,通俗易懂,避免出现一些容易引起分歧或费解的问题。例如,"你们数学老师上的课好不好?"什么样的课是好，什么样的课为不好？依照什么标准来判断？这类问题让人很难回答。一些过于普通的、简单的问题往往难以准确回答，如"你常看数学书吗？""你在乎数学考试成绩吗？"包含两个或两个以上的观念或事实的问题也让人无法选择，如"学习数学是为了掌握数学知识，还是培养思维能力？"另外，要避免出现敏感的政治、道德、个人隐私和社会禁忌等问题，因为这些问题往往会引起被调查对象的反感和抵制。

四是设计的问题要适用所有的被调查者。同一个问题对一部分调查者适用，而对另一部分调查者可能就不适用。例如，"你对数学感兴趣吗？"这一类问题一般有两种回答，一是"感兴趣"，一种就是"不感兴趣"。如果后面再提出"你为什么对数学不感兴趣？"就不合理了，因为，这个问题只适用于那些对数学"不感兴趣"的被调查者，而不适用于对数学"感兴趣"的被调查者。在问卷中不宜使用类似这样的非普遍适用的问题。

五是设计的问题要中性化，不带有倾向性。通常情况下，带有倾向性的问题会暗示或诱导被调查者顺着研究者的观点及其倾向回答问题。例如，"科学家认为数学思维能力是人的主要智能，你赞成这一观点吗？"这个问题带有明显的权威性倾向，"科学家"毫无疑问是权威，他们认为学好数学能提高人的智力，普通人能不赞成吗？这样的问题无疑会诱导被调查者作出片面的回答。再如，"目前的数学教学方法很落后，你认为是吗？"这样的问题带有叙述性倾向，也就是研究者提问时，只陈述多种观点或事实中的一种观点或事实，使问题带有明显的倾向性。如果把第一个问题改为"有人认为数学思维能力是人的主要智能，你赞成这一观点吗？"把第二个问题改为"你对当前的数学教学方法有什么看法？"就比较中性化了。

六是提问要讲究技巧。同样一个问题，不同的提法会产生不同效果，措辞委婉、亲切，表达简洁、准确到位的问题，不仅能消除被调查者的疑虑和抵制，激发被调查者回答问题的兴趣和热情，还能提高调查的效度和信度。对于敏感的、复杂的问题提问要委婉，不能太直白，更不能使用刺激性词语，不然，很容易引起被调查者的反感和厌恶。例如，"你经常抽烟吗？"如果用这样的问题来调查中学生的话，很容易引起他们的警惕甚至反感。如果改为"尽管吸烟有害健康，但有些成年人希望通过吸烟来解闷或消除疲劳，你也经常这样做吗？"这样对被调查者来说可能就容易接受些。类似的问题还可以用间接提问的方法。所谓间接提问，就是提供他人对某一问题的看法，然后请被调查者进行评价。例如，"教师接受学生和家长的礼物，有人认为是受贿；有人认为要作具体分析，其中有的带有受贿性质，有的则不是。你同意哪种看法？"间接提问可以让被调查者在回答一些敏感问题时有一个缓冲。

七是要合理设计问题的排序。问题的排列要分类有序,不能杂乱。从时间上来说,可以由近到远,也可以由远到近来提问;从内容上来说,一般把容易理解的、熟悉的问题放在前面,不易回答、生疏的问题放在后面;从类别上来说,同一性质的问题尽可能放在一起,问卷的资料一般都可以分为三类,即基本资料、行为资料和态度资料。总之,问题的排列要方便被调查者回答。

3. 问卷答案的类型

问卷设计不仅包括问题的设计,还包括问题答案的设计。回答的方式一般有封闭式、半封闭式和开放式。

(1) 封闭式回答。在问题后面提供若干答案,让被调查者选择。封闭式回答选择往往是强迫的,即要求被调查者必须在两个或多个选项中选择其中一个答案或几个答案。封闭式回答有以下一些类型:

A 选择式。选择式要求被调查者从提供的答案中挑选最适合被调查者个人实际情况的答案,需选择多个答案的应在题后注明。

> 例如:你喜欢哪几门学科?(最多可选择四项答案)
> a 语文　b 数学　c 英语　d 物理　e 化学
> f 政治　g 历史　h 地理　i 地理

B 两项式。两项式又称是否式,这类问题的答案有两个,被调查者只能从中选择一个。

> 例如:你每天都上网吗?
> a 是　b 不是

C 等级式。等级式要求被调查者对两个以上分成等级的答案进行选择。等级式回答方式,只能从中选择一个答案。对于外在事物进行评价的等级式回答方式,称外在等级式;对于主观感受与心理体验进行描述的等级式回答方式,称内在等级式。

> 例 1:外在等级式
> 你们班级的环境卫生如何?

□很好　□一般　□很差

例2：内在等级式

你对学校的常规管理是否满意？

□十分满意　□比较满意　□一般　□不太满意　□很不满意

D排序式。排序式要求被调查者对答案进行排序。排序式有两种方式，一种是将所有答案排序，另一种是把选出的答案排序。前者称全排序，后者称选择排序。在整理数据时，可将选择的顺序变换成数值，最后的选择为1，第一选择则为最高数值。数值大表示喜欢的程度高。

例如：你喜欢哪些体育运动？（最喜欢的填10；次喜欢的填9；以此类推）

（　）跑步　　　（　）骑自行车　（　）打篮球　（　）打羽毛球

（　）打乒乓球　（　）打排球　　（　）踢足球　（　）跳绳

（　）游泳　　　（　）跳舞

E. 表格式。

例如：调查教师每天阅读的时间。

内容　＼　时间	平时	节假日
阅读报纸		
阅读杂志		
阅读教材		
阅读专业书籍		
阅读文艺类书籍		
网上阅读		
其他		

F 量表式。用直观的尺度标示主观选择的结果。

例如：你觉得食堂人员的服务态度(   )

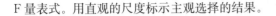

G 矩阵式。一般矩阵式填答,主项为横栏,在左边;次项为纵栏,在右边。例如:

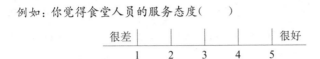

	读书	画画	上网	运动
你的业余爱好有	( )	( )	( )	( )
你父亲的业余爱好有	( )	( )	( )	( )
你母亲的业余爱好有	( )	( )	( )	( )

H 后续式。后续式是对于选择某一种答案的人们再次提供备择答案的填答方式。例如：你考试前是否紧张?

(   )否   (   )是(如是的话,请回答原因,可多选)

(   )学习成绩不好

(   )复习不够充分

(   )父母期望过高

(   )老师要求严格

(   )同学之间攀比

(   )其他

(2) 半封闭式回答。在问题的后面提供若干备选答案,让被调查者在其中选择符合其实际情况的答案;如果在备选答案中找不到或找不全符合其实际情况的答案,则在最后一个答案位置"其他_____"中填上被调查者自拟的答案。"其他"之前的答案是预先提供的,而是"其他_____"则是开放的,故称这类回答为半封闭式答案。

(3) 开放式答案。开放式答案指在问卷中只提出问题,不提供答案,由被调查者自由回答。例如,"你希望将来从事什么职业? 为什么?""你认为读书对孩子的成长有什么影响?"等。由于回答问题不受限制,被调查者可根据自己的意愿回答,调查往往能获得一些意想不到的、富有启发性的信息。开放式答案制作容易,问题简单、直接、易于作定性分析。

开放式答案常用于描述性的研究,被调查者能按自己的理解来回答问题,可以比较真实地反映他们的态度、观点。这些问题对深入研究,发现新的问题具有重要意义。另外,当研究者无法把握问题答案时,也常采用开放式回答,并以此作为编制封闭式答案的基础。例如,研究者不清楚现在家长最关心孩子的什么问题,无法罗列可供选择的所有答案,因此,先用开放式答案收集家长的各种想法,然后对各种想法分类整理,最后再形成封闭式答案。

调查问卷一般都为封闭式回答,半封闭和开放式回答用的相对较少。但不管哪种形式,答案设计都应注意以下几点:

一是答案与问题相匹配。答案的设计必须考虑与问题的意思相吻合、相匹配。提出什么问题,就要在问题的可能范围内确定答案,否则就可能出现张冠李戴、答非所问的情况,让被调查者无所适从。

二是语言简单易懂。答案的语言和问题的语言一样,都必须准确、浅显、简洁、易懂,这样才能有利于被调查者选择。一般来说,一个问题往往有 2—10 个答案,从方便被调查者的阅读、比较和作答角度来讲,答案也是越简洁越好。

三是答案无交叉。答案与答案之间不应该有交叉,相互之间不能重叠或包含。如果一个被调查者可同时选择属于某一个问题的两个或更多的答案,那么这一问题的答案就一定是有相互交叉的关系。

　　例如:你每天晚自修的时间是＿＿＿＿
　　a 一小时　b 一小时至二小时　c 二小时至三小时　d 三小时以上

以上所列的答案中,"一小时"与"一小时至二小时""一小时至二小时"与"二小时至三小时"都存在着交叉和包含关系。对于晚自修一小时的学生来说,他可以选"一小时",也可以选"一小时至二小时"。如果要使以上答案不相互交叉的话,应该改为:

　　你每天晚自修的时间是＿＿＿＿
　　a 一小时以内　b 一小时以上至二小时　c 二小时以上至三小时　d 三小时以上

四是答案无遗漏。答案无遗漏指的是答案要包括所有可能的情况。对于任何一个被调查者来说,问题的答案中应该有一个是符合他的情况的,如果没有,那么这一问题的答案就一定是有遗漏的。有时很难把所有的答案都罗列出来,遇到这样的问题,就要在答案后面再加上一个选项"其他",这样就使无法在已经罗列的答案中选择的被调查者有可以选择的选项。例如:

做作业遇到问题时,你通常会

a 自己解决　b 向老师求助　c 向同学求助　d 向家人求助　e 其他

这个题目的答案如果没有"其他"就会有遗漏,被调查者也可以上网查找或向邻居、亲戚求助,也不排除既不自己解决、也不求助的情况。

4. 问卷发放与回收

(1)问卷发放。问卷发放时必须关注两个问题:一是要有利于提高问卷的填答质量,二是要有利于提高问卷的回收率。问卷发放可以用以下一些方法:一是集中被调查者(如学生或老师),当场答卷并收回。这种方式回收率最高。二是派人送给被调查者(如学生、家长或老师),待填好后再收回。这种方式回收率也比较高。三是把调查问卷放在网上,请被调查者复制下来填好后,再把调查问卷电子稿发给调查者。这种方法比较简便。传统的方法还有邮寄、登报等,但回收率都很低,效果不好。

不管是调查者本人到场发放问卷还是委托他人发放,都必须征得有关学校的同意,取得他们的支持与配合,这是送发问卷调查能否取得成功的一个重要条件。

(2)回答问卷时间的控制。一般来讲,应把被调查者完成一份问卷的时间控制在30分钟左右。如果时间太短,调查的内容和范围往往受到局限,如果时间太长,被调查者往往会产生厌烦心理以致影响问卷调查的效果。

(3)问卷的回收。问卷回收时要当场粗略地检查填写的质量,主要检查是否有漏填和明显的错误,以便能及时纠正,保证问卷有较高的有效率。因为问卷收回去后再发现问题就无法更正了。无效问卷一多,就会影响调查质量。一般认为,问卷回收率在80%以上,调查结果才有意义。调查时调查者本人最好亲自在场指导,或者必须向委托人提出明确的要求。影响问卷回收的因素主要有:组织工作的状况,课题的吸引力,问卷填写的难易度,对问卷回收的把握。调查问卷回收率和有效率的计算公式如下:

回收率＝回收问卷的数量÷发放问卷的数量×100％

有效率＝有效回收问卷数量÷回收问卷的数量×100％

（二）访谈调查

访谈就是访问者与被访问者面对面地交谈。访谈调查就是调查者通过与被调查者面谈了解情况、获取信息和收集资料的一种调查方法。

教育研究中的访谈是一种研究性交谈，是两个人（或更多人）之间的一种谈话，由研究者引导被访者回答问题，以此了解被调查对象的行为或态度，最终达到调查目的。研究性访谈是一种有目的、有计划、有准备的谈话，它的针对性很强，谈话的过程紧紧围绕着研究的主题展开，而一般情况下的谈话，是一种非正式的谈话，它没有明确的目的，随意性较强。

1. 访谈的特点

（1）操作灵活。访谈一般有两种形式：一种是研究者提问题，被访者根据要求回答问题；二是研究者和被访者就某一问题进行讨论。访谈调查操作比较灵活，方便可行，研究者可以与被访者直接交往或通过电话、网络间接交往，适用范围广，可以按照研究的需要向不同类型的人了解不同类型的材料；可以根据被访者的反映，对调查问题作调整或展开。

（2）信息可靠。由于访谈比较灵活，研究者既可以让被访者在愉快轻松的氛围中，作周密思考后再回答问题，也可以加快流程，不给被访者深入思考的机会，让被访者自发性地回答，这提高了信息的可靠性和真实性。研究者可以适当地控制访谈环境，避免其他因素的干扰，灵活安排访谈时间和内容，控制提问的次序和谈话节奏，把握访谈过程的主动权，有利于被访者更客观地回答访谈问题。一般来说，访谈的回答率较高，即使被访者拒绝回答某些问题，也可大致了解他对这个问题的态度。

（3）调查深入。访谈时研究者可以有适当解说、引导和追问的机会，可探讨较为复杂的问题，获取新的、深层次的信息。

访谈调查法更多用于个性、个别化研究；它适用于调查的问题比较深入、调查的对象差别较大、调查的样本较小等情况。访谈也存在成本较高、记录困难、没有标准化答案、访谈结果处理分析比较复杂等缺点。

2. 访谈的类型

访谈的类型主要有结构式访谈、非结构式访谈和半结构式访谈。

（1）结构式访谈。结构式访谈是研究者事先将访谈的内容设计成调查表或访谈问卷，然后根据问卷逐一提问并做记录，被访者按要求口头回答，因此又称标准化访谈。结构式访谈对访谈的具体项目、程序、重点、提问的方式分类方式和记录表格等要事先设计好。结构式访谈容易控制、操作相对简便,收集的资料可以像问卷调查那样分析整理。

(2)非结构式访谈。非结构式访谈又称无结构式访谈、自由式访谈,是一种自由、随意的、开放式的访谈方式。非结构式访谈不预设访谈程序,不使用调查表格或访谈问卷,对被访者的回答也没有任何限制,研究者在访谈前只是确定访谈的目的和问题等大致内容。访谈中研究者可以自由提问、交谈、灵活掌握。非结构式访谈可以围绕一个主题或中心,有针对性地获取信息,也可以无重点地、对访谈内容不做任何提示和引导地提问。非结构式访谈可以做一些比较深入的调查,但访谈过程不易控制,也难以记录。

(3)半结构式访谈。半结构式访谈是介于前两者之间的一种访谈形式,通常是对被访者提问事先准备好的问题,然后比较自由地交谈,可以弥补上面两种访谈形式的不足。

例如,对班主任教育方式的调查,可以设计以下半结构式的访谈题目:

a. 学生犯错误后,您通常怎么做? 有没有打骂过学生?

b. 您对学生错误行为的容忍度怎么样? 与学生的性别、年龄有关吗?

c. 您会不会用羞辱的方式惩罚做错事的学生?

d. 您会把学生的问题行为及时通报家长吗? 为什么?

微型课题研究通常使用结构式访谈和半结构式访谈。

从被访谈的对象来分的话,访谈还可以分为个别访谈和集体访谈:个别访谈是研究者与被访谈者一对一地面谈;集体访谈是指研究者邀请若干个被调查者,通过开座谈会的方式收集有关研究信息。从访谈的途径来分的话,还可以分为直接访谈和间接访谈:直接访谈是指研究者和被访者面对面地直接沟通和交流;间接访谈与直接访谈相反,是研究与被访者通过电话、网络等工具和媒介进行交流和沟通。从访谈的次数来分的话,访谈可以分为横向访谈和纵向访谈:横向访谈是指一次性收集研究对象资料的调查;纵向访谈是指多次收集固定研究对象有关资料的跟踪调查。

3. 访谈的一般程序

(1)制定访谈计划。访谈前要制定好访谈计划。访谈计划包括访谈的目的,访谈的对象,访谈的方法,访谈的地点、时间和问题设计等内容。制定访谈计划应考虑:

一是根据研究的目的选择合适的访谈方式。如果研究的目的是验证某一假设或要调查多数人的某种反应,可选择结构式访谈,编制好标准的访谈问卷;若是探索性研究,可选择无结构式访谈,编写一份粗线条的访谈提纲即可。

二是根据研究的时间、经费、人力和物力等因素综合选择访谈方式。一般来说,为了节约时间和经费,研究者更多地会选择团体访谈(开座谈会)和间接访谈(电话访谈)。

三是考虑具体的访谈的时间、地点和场合等因素。一般来说,访谈时间最好是被访者工作、学习不太繁忙,并且心情比较舒畅的时候。访谈的地点和场合的选择要从被访者方便的角度考虑,要有利于被访者准确地回答问题,有利于形成畅所欲言的访谈气氛。

四是要有时间进度或工作进度安排。为了使访谈规范,能获得实效,须事先安排访谈行程,将访谈人员、被访者、访问日期和时间作适当安排,并准备访谈所需的工具,如访谈记录表、各种证明材料、证件和录音机等。

(2) 实施访谈。实施访谈主要包括提问、倾听和回应三项工作。

提问是访谈的核心环节,贯穿于访谈的全过程。提问的质量是访谈能否顺利进行的关键。提出的问题可以分为实质性问题和辅助性问题。实质性问题是指研究者为获得希望得到的信息资料而提出的问题,一般包括事实性问题、意向性问题和建议性问题。辅助性问题是指研究者为了保证实质性问题回答质量而提出的问题,包括寒暄、营造访谈氛围的接触性问题,检验被访者是否真实回答了实质性问题的验证性问题等。

提问的方式多种多样,可以开门见山,可以投石问路,应尽可能自然地结合被访者当时的具体情况,或以被访者熟悉的话题导入访谈。提问的过程中要注意以下几点:一是提问要坦诚、礼貌、谦虚。提问的语气和态度要平和,尤其是对学生提问,不能居高临下,咄咄逼人。二是提问要清晰、流畅。提问尽可能口语化,表达清楚,过程流畅。三是耐心听取,不作评价。

追问是指研究者就受访者回答提问中的某个观点、概念、词语和事件等进一步询问。追问可以更多地、更深入地了解研究所需要的信息。追问要做到适时适度。所谓适时就是追问的时机要合适。一般而言,不要在访谈的起始阶段频繁追问,访谈初期应该为被访者营造一个轻松表达的氛围。适度就是追问就是要考虑到被访者的情绪和状态,不要穷追不舍,引起被访者的不满和反感。追问应尽可能用被访者使用过的语言或概念,如,被访者在回答问题的过程中多次提到"有效教学"这个词,为了进一步了解,就可以追问:"你刚才谈到'有效教学'这个词,能否请你解释一下这个词的意思?"

倾听是访谈中无形的工作。虽然无形,但听在一定程度上比问更重要,因为,听决定了问的方向和内容。

回应就是在访谈的过程中，研究者要将自己的态度、意向和想法及时传递给被访者。研究者的回应会直接影响到访谈的内容、时间以及节奏和效果。一般来说，回应的方式主要有以下几种：一是通过语言和非语言的形式对被访者的谈话表示认可，希望对方继续说下去。二是重复被访者所说的事情，既可以检验自己有没有准确理解被访者的回答，也可以提醒被访者谈到什么地方了。三是被访者没有听清的问题可以重述一下，避免被访者答非所问、文不对题。四是被访者谈到与研究者相同的经历时，研究者可以通过自我暴露做出回应，进一步缩短与被访者之间的距离。五是转移话题，当被访者的回答离题太远时，研究者要转移话题，将访谈引向正题。

另外，访谈的过程中，研究者要认真做好记录。访谈的目的是通过收集资料解释问题，而访谈记录是获取资料的主要途径。因而，熟练掌握记录的技能是做好访谈工作的必备条件。

（3）结束访谈。访谈要在预定的时间内结束，尽量不要延长时间，避免引起被访谈者的不满。访谈要以轻松、自然的方式结束。如果此时被访者对研究还有疑虑，研究者还要做一些解释和承诺。如果是纵向访谈，可以初步约定下次访谈的时间、地点。最后，别忘了对被访者的支持与合作再次表示感谢。

每次访谈结束后，要对记录的资料进行初步整理，看看是否获得了研究所需的信息，是否需要重新访问。因为在访谈过程中原以为搞清楚的问题，在整理资料的过程中会发现有些问题的回答还不清楚，有些问题被遗漏了。这时不能凭自己的主观愿望决定答案。为保证资料的准确性，需要对关键性问题进行重访。

采用不同的访谈方式可得到不同性质的资料，结构性访谈通常可以获得数据资料，可用统计方法处理；非结构性访谈获得的是描述性资料，对这类资料的处理，要做到条理清楚，主次分明，准确分类。根据研究的目的对加工处理过的资料进行分析综合。在对问题产生的原因作深入的分析和论证之后，得出研究结论，撰写研究报告。

四、调查研究的一般步骤

依据调查过程的顺序，调查研究一般有以下几个步骤：制定调查计划、选择调查对象、确定调查内容、实施调查和整理资料。在这个过程中，每个步骤都有各自特定的具体活动和要求，研究者应根据实际情况进行适当的调整，以保证研究的顺利进行。

（一）制定调查计划

制定调查计划的目的是事先对如何实施调查做一个全面的考虑,明确调查的目的、调查的对象、方法和操作程序。调查计划的作用主要在于确保研究过程的科学性和合理性,使调查能顺利进行。一个合理的调查计划能最大限度地降低误差,以较少的人力、物力获得满意的效果;而一个不合理的计划不仅浪费人力和物力,也会影响到研究的进度和效果。调查计划的内容一般包括课题名称、调查对象及其范围、调查途径和方式、调查时间地点、调查步骤及日程安排、调查人员分工和资料处理的方法等。

（二）选择调查对象

选择调查对象是调查研究一个非常重要的环节。微型课题研究所进行的调查一般都是抽样调查,是在全体研究对象中抽取一部分具有代表性的对象组成研究样本,然后对样本进行调查,再根据调查结果推断整体的情况,如果抽取的样本不具有代表性,就不能从样本获得的结果对整体进行推断。要保证样本具有代表性就必须保证样本的数量和抽样的科学性。抽样主要有四种方法:

一是简单随机抽样。简单随机抽样就在研究对象的总体中任意抽取一部分对象作为研究的样本,并保证每一个对象都有同等中选的机会。这种方法适用于研究总体中的个体差异不大。一般有抽签、计算机随机去数等方式。抽签的做法是:先把研究总体中的每个对象用小卡片编号,然后把卡片打乱,从中随机抽取所需卡片数。

二是机械抽样。机械抽样是在研究的总体中相隔若干个体抽取一个样本。如果在 500 个人当中抽取 50 个人进行调查,就将学生编号后分成 50 个组,每组 10 人,然后用随机抽号的方法决定每组学生中取第几位,假如取第 6 位,第 6、16、26、36、46、56……号学生就是被抽中的对象。

三是分类随机抽样。分类随机把研究对象的总体分成不交叉的类别,然后再从每一个类别中选取一个随机样本。分类可以按性别、年级、地区分,也可以按学习水平、学习成绩分。例如,要在 300 人中抽取 50 人作为研究样本,可根据学习成绩将其分为四个层次,如果优等生占 20％、中上等生占 40％、中等生占 35％、后进生占 5％,那么,就应该从优等生中抽 10 人,从中上的学生中抽 20 人,从中等生中抽 17 人,从后进生中抽 3 人。按照这个限额在各类学生中随机抽样,就可以获得研究所需要的样本。分类随机抽样是一种比较科学的抽样方法。

四是整群抽样。整群抽样就是抽取研究对象总体中的集合体,而不是一个对象一个对象地抽取。例如,"××小学高年级学生识字量的调查研究",如果这所小学高年级有 30 个班，可以随机抽取 10 个班作为调查的样本。

（三）确定调查内容和调查工具

确定调查内容是调查研究的核心环节。所谓调查内容是指调查目标具体化后，可以实施调查的具体项目。一般包括选择项目、明确指标、确定分类标准。调查内容只有全面、科学、具体才能获得研究所需要信息。

调查工具是调查所采用的方式和手段。通常来说，调查研究主要采用问卷和访谈两种方式，用什么方式要根据调查的范围、内容及其指标体系来定。

（四）实施调查

根据调查计划所确定的调查对象、类型、内容和工具开展调查。在调查中要注意以下几点：

一是严格根据调查计划选定被调查对象，统一调查指导语，认真做好调查记录，不浮于表面，不流于形式。

二是争取被调查者的密切配合。调查中常常会遇到一些被调查者不配合的情况，有的被调查者可能因顾虑而提供虚假的信息，导致调查结果失真。因此，研究人员要采取有效措施，打消被调查者的顾虑。

三是在调查中不要使用暗示性和引导性的语言文字。因为暗示性和引导性的提问会误导被调查者，例如，"课后不复习就不能提高学习成绩，这种说法你赞成吗？"类似这样的问题很容易让被调查者尤其是学生作出肯定的回答。

四是调查者要为所有的被调查对象提供相同的信息，包括态度、调查内容和方式等，从而尽可能减少调查操作产生的误差。

（五）调查结果分析

1. 资料的整理。对资料的真实性、准确性和完整性等进行审查，并通过分类、分组，将原始资料简化、系统化、条理化，以便进一步分析。收集资料主要有两种途径：一是直接的途径，即通过观察、访问、问卷、测验及量表的实施，直接与研究对象接触，获取资料。二是间接的途径，即从现成的资料着手，在相关的文件、档案中收集所需资料。

2. 统计分析。把初步分类的调查结果编制成分类统计表，完整地登记被调查对象的各种资料，然后再统计出样本的群体资料，如平均数、人数百分比、绝对数和相对数等。为进一步分析研究对象的现状、特点以及相互间的关系提供准确、系统的数据。

3. 思维加工。对整理后的文字资料和统计分析后的数据进行分析研究。分析研究资料一定要紧扣研究问题和研究假设，概括研究的发现，说明现象的因果关系和规律，检验原有的研究假设，得出结论。如果是应用性的调查，还应进一步提出对策和建议。

4. 撰写调查报告。调查报告是调查研究的主要成果形式。调查报告的内容包括研究问题、研究方法、研究结果、讨论与分析、结论与建议等部分。调查报告的主体要阐述研究的结论，对研究过程、研究方法以及研究中的一些重要问题或下一步研究的设想等也要进行简要的叙述和说明。调查报告的写作要求简洁明了，客观可靠，通俗易懂。

第二节　用"个案研究"分析典型

个案研究就是通过对单一的对象进行深入的观察、调查、分析，从而了解、认识其现状与发展变化过程的一种研究方法。个案研究法是微型课题研究最适用的基本方法。它不仅易于掌握，而且便于一线教师对学生个体或小群体、个别教育事件或个别教育现象等进行深入细致的考察、分析和研究。个案研究法可以独立使用，也可以与观察法、调查法和实验法等研究方法结合，综合使用。

一、个案研究法的特点

（一）研究目的的针对性

个案研究往往是针对单一个体在某种情境下的特殊事件进行研究，比如，对优秀学生、学习困难的学生、学习后进的学生、有心理问题的学生、留守儿童以及单亲家庭学生等典型对象的研究。通过观察、调查等手段收集典型对象的个人资料，并以此作为诊断及推理的依据，提出辅导、矫正策略，帮助研究对象解决问题。通过个案研究，可以客观、详细地掌握典型对象的基本特征，既可以检验教育教学方法、策略的可行性和有效度，为改进工作、提高效率积累经验，也有利于因材施教，促进学生的全面发展。当然，个案研究不是孤立地研究单一的个体，因为个别必定是整体中的个别，是与其他的个别相互联系的。对于这些个别的研究，必然在一定程度上反映其他个体和整体的某些特征和规律。个案研究法往往在特定的范围内选取特定对象。所选的研究对象应当具有典型性。

（二）研究手段的多样性

个案研究收集个案资料的方法是多样、综合的。研究中常常要综合运用调查法、访谈法和观察法等多种手段，从多角度把握研究对象的发展变化。只有这样才能比较全面、系统地考察研究对象的特点及其发展变化的过程和规律,从而得出比较科学的结论。例如,研究一个"学困生",首先要调查了解他的学习动机、学习目的以及学习环境等。其次,要观察他的学习行为,了解他的学习态度、方法以及学习能力等。最后,要采取相应教学措施和矫正策略,必要时还要做一些对照实验。

(三) 研究过程的深入性

个案研究的对象往往是一个人、一件事或一个小组(班级),相对单一,只要具有典型意义的人和事都可以成为个案研究的对象,而这种典型的人和事在日常的教育教学中非常多。个案研究既可以研究个案的现在,也可以研究个案的过去。个案研究既可以做静态的分析诊断,也可以做动态的观察追踪。由于研究的对象和内容比较单一,研究者在时间和空间上都能集中精力对其进行深入的研究。例如,对优秀学生个案的研究,不仅要对学生个人的智力、学习目的、学习兴趣和态度等进行调查、观察和分析,还要对其家庭的生活、教育环境以及班级的学习环境等做深入的研究。研究的内容越全面、过程越深入,采取的教育措施才更有针对性。如果仅仅对个案进行了局部的、肤浅的研究,结果只能是"只见树木,不见森林",甚至是盲人摸象。

(四) 研究成果的可操作性

个案研究针对性强、操作简便的优势与微型课题切口小、内容少的特点相契合,对一线教师来说是切实可行的研究方法与研究类型。个案研究的对象一般都是一线教师身边的,研究的内容也是其教育教学实践中的具体问题,研究是在实际的工作情境中进行的。因而,研究成果对研究者自己和同伴都现实的指导意义和应用价值。在大多数情况下,尽管个案研究以某个或某几个个体作为研究的对象,但这并不影响将研究结果推广到一般,也不影响在个案之间作比较后在实际中加以应用。对个案研究结果的推广和应用属于判断范畴,而非分析范畴,个案研究的任务就是为这种判断提供经过整理的经验报告,并为判断提供依据。在这一点上,个案研究有点像历史研究,它在判断时常需描述或引证个案的情况。因此,个案研究法亦称"个案历史法"。

二、个案研究的基本类型

(一) 个案跟踪

个案跟踪研究,就是在一定时期内研究者根据研究的目的和内容,对某一研究对象进行有意识的跟踪,收集相关资料,揭示现状以及发展变化的过程。个案跟踪是对研究者进行长期(6个月以上)而连续性的观察,研究者能真实而直接获得研究对象发展变化的第一手资料,能深入了解个人或某一教育现象的发展情况,弄清发展过程中的个别差异现象。它对于研究青少年学生身心发展的顺序性、阶段性、成熟性和关键期等都具有重大的意义。

(二) 个案追因

追因研究是指由已经存在的事实去追溯和探究形成事实的原因。例如,对某学生孤僻行为的研究,就可以根据其孤僻行为的特点去调查、分析其形成孤僻行为生活过程,包括家庭环境、学校环境和社会环境等。追因研究与实验研究的因果关系正好相反。实验研究是先假设原因,然后就此原因求出其产生的结果。追因研究则是由既成事实分析研究其产生的原因。简言之,实验研究由因导果,追因研究则由果溯因。两者过程恰恰相逆,但都是微型课题研究常用的方法。

(三) 个案谈话

又称临床谈话法,是通过谈话的形式进行的一种个案研究。这一方法既适用于问题儿童的研究,也可用于正常儿童的研究。前者目的不在于发现一般的行为倾向、规律或关系,而是在于通过观察、面谈收集资料等方法,分析、诊断陷入困境的特殊儿童,从而帮助他解决面临的实际问题,使这类儿童得到帮助,走出困境;后者旨在由特殊个案发现儿童成长的一般规律。临床谈话可以是面对面的口头谈话,也可以是书面谈话的方式。研究者可根据具体情况确定运用何种谈话方式。

(四) 个案会诊

个案会诊是研究者通过集体讨论,就某一学生的行为、某一教育问题或某　教育事件进行分析研究,从而发现研究对象的特点以及发展趋势,并拿出改进工作方案的一种研究类型。个案会诊研究的适用范围比较广泛。既适用于学生个体,也适用小组或班级;既适用于学生负面行为的研究,也可以用于学生正面行为的研究。

个案会诊通常针对的是学生的思想品质及学习方面的问题。个案会诊通常由班主任或任课教师详细说明个案的情况,并提供书面材料,经过集体研讨后作出鉴定意见,并提出有针对性的教育措施。由于个案会诊研究充分发挥了集体的力量,吸纳了集体的智慧,因而所得结论与提出的措施都有较强的针对性。同时,会诊不仅可以提供有关学生思想、品德、行为、学习方面的比较客观的信息,而且会诊过程也是提高教师素质的过程。

(五) 个案作品分析

个案作品分析又称活动产品分析,主要是通过分析研究对象的有关作品来了解其观念、态度、能力和水平等。例如,通过对一所学校的工作计划、工作报告、报表、总结、会议记录、统计资料和规章制度等材料的分析研究,可以了解到这所学校的工作现状和发展趋势,并有针对性地提出改进意见。

再比如,通过对教师的工作计划、教案、班主任日志、日记和教学工作总结、听课笔记和班会记录等材料的分析研究,可以基本了解其教育教学工作的基本情况;对学生的各种作业、实验报告、试卷分析、记分册,日记、作文、书信和绘画等材料的分析,可以了解学生的学习情况、知识水平和思想状况。

个案作品分析不仅可以了解到个案的外在状态,还可以了解作品产生过程中个案的各种心理活动。例如,通过对儿童绘画作品的分析研究,不仅可以了解其认知水平,还可以了解其心理特征。研究表明,智力落后学龄儿童的图画,其内容通常是原始的,而且惊人地千篇一律。在儿童的绘画中,还鲜明地表现出儿童对周围环境的态度,他们的态度既影响主题的选择,也影响绘画方式,特别影响对物体和人物的着色,儿童往往倾向于把"坏人"和动物涂上黑色。

三、个案研究的一般步骤

个案研究的一般步骤有确定研究的对象、了解问题的背景、提出解决问题的方案并付诸实施、检验方案的有效度和形成最佳方案。

———————— / ————————

案例1:儿童早期多重人格矫正的个案研究

(一) 确定研究对象

1. 个案姓名:王××,性别:女;年龄:8 岁;就学年级:小学三年级。

2. 问题简述。该生父母陈述,女儿脾气坏,不听话,学习差,常有一些令人无法理解的异常行为(如有时对父母说话时,突然像换了一人似的),怀疑其大脑出了问题。

老师和同伴反映:该同学行为古怪,经常精神恍惚;人际关系差,不愿意跟人合作,不受欢迎;学习成绩不好,时常逃课,一个人在外游荡。

根据研究目的,选定具有某一典型特征的学生作为研究对象。例如,"学困生"学习方法的研究、"学困生"个性特征的研究、"学困生"不良行为习惯的研究等。

(二) 收集研究资料

1. 身体及心理特征:足月顺产,早期发育正常,常有上腹部不适及头痛。注意力不集中,精神迷乱,脾气暴躁,任性,骄横,精神紧张,拘谨,行为及语调多变,对自己过去喜爱的玩具、衣服、事物感到厌烦,3 岁时夜里醒来哭 10—20 分钟。

2. 家庭背景:2 岁父母离婚,由外祖母收养,4 岁时母亲再婚,继父对其态度严厉,一次其将新买的玩具弄坏,继父狠狠地打她的头,扯她的头发,从此她非常恨她的继父。

3. 学校记录:上课注意力不集中,经常出外游逛,学习成绩不良,常用混乱的人称说话,将"我"称"她",老师叫她回答问题时,她经常说"她不会回答,我会回答",弄得父母及老师经常莫名其妙。

4. 测查结果:经《韦氏儿童智力量表》(WISC - R)测定,其智商为 98,言语得分 109,操作得分 86。广泛成绩测验,其词语认识 4.4 级,拼写 5.4 级,算术 3.3 级。该生曾在神经科接受过检查,神经系统正常,无阳性发现。

收集个案资料是进行个案研究的前提。研究个案的行为特征,主要是从个案的历史资料中找出某些行为的发展脉络。一般收集个案的资料可包括:个人简历、家庭情况、主要问题、入学前教养情况、智力发展情况、社会适应能力以及个性发展等方面。收集的方法可用访谈、调查、观察和作品分析等。根据研究的需要,可编制专门的调查登记表,以便日后进行定期调查。

诊断与因果分析是进行个案研究的基础。收集资料,并加以整理的目的是要研究产生异常行为的原因,理清问题发展的脉络,发现各种因素中有哪些主要因素对个案有影响。对于以提高教育效果为主要目的的研究者除认识问题产生的因果关系外,还需花气力,确定问题出现的症结所在,对个案进行必要的诊断。个别学生生理、个性、心理品质和行为等方面问题的原因,有的容易发现,有的不容易发现;有的很复杂,有的较单纯;有的始于婴幼儿期,有的经历过曲折变化。因此,研究者在诊断问题原因时,应该谨慎行事。有条件的地方,要依靠专门的仪器诊断、标准化的测量工具进行诊断;无条件的地方可采用经过实践确定的简易筛查方法、手段进行初步诊断。

(三) 分析与指导

1. 分析阶段

问题形成的外部因素：由于父母离婚，外祖母抚养，养成骄横、任性的脾气；母亲再婚，继父态度严厉，方法简单粗暴，使其长期精神紧张、焦虑；学校未能及时发现和疏导。

问题形成的内部因素：依恋母亲，对家庭生活无法适应，产生了心理困扰，采取了不正确的逃避和保护方式；未能及时向他人求助。

上述两种内外因素导致该对象精神紧张、拘谨、脾气暴躁、情绪不稳定、精神迷乱，常以两个人的身份与性格讲话，出现了轻度的人格分离和迷乱行为，可初步断定为童年早期多重人格。

2. 指导(矫正)阶段

针对王某的症状，决定采用游戏治疗和"墙壁会面"的方法来帮助她将内心焦虑、问题发泄出来。主要过程如下：

第一阶段：游戏治疗(每周一次)。我们布置了一个治疗室，里面有形象和她相似的塑料娃娃，还有同她继父模样相似的男性塑料人像。王某在母亲的陪同下初次进入时，显得惶恐不安，哭喊着要回家。指导者和蔼可亲地对她的行为加以解释和引导，并不时地摆弄塑料娃娃，以王某的经历来解释娃娃，王某逐渐开始反应。经过四次游戏治疗以后，王某已能回忆起来以往的遭遇，言语对答无误，但仍坚信自己是两个人。

第二阶段：墙壁会面(每周一次)。在游戏治疗的基础上，将两个象征王某和李某的电动娃娃用一种障碍物隔开，指导者当着王某的面不停地讲："李某非常想念王某，想和她会面交个知心朋友。"开始王某显得紧张，站着不动，当指导者反复演示多次之后，王某则带着微笑跨越障碍物主动与象征李某的电动娃娃会面，并高兴地说："现在我们是好朋友了。"连续四次墙壁会面后，王某变得较为活泼，人格分离和迷乱行为消除。

第三阶段：巩固治疗(每周一次)。经过两个月即八次的巩固治疗，王某进步较快，通过心理测查显示，其(韦氏儿童智力量表)言语得分109，操作得分100，智商为105。在随后的追踪研究中，经过六个月的追踪观察，家长及老师都反映王某表现得更为活泼，能承担一些家务，学习成绩上升，不良行为消除。

问题的矫正与指导是个案研究的关键，即在诊断与分析的基础上，针对学生存在的问题，设计一套因材施教的方案加以实施。矫正与指导可以从内因与外因两方面入手。一方面是对学生的内在因素进行适应性训练与矫治，使其与学校、社会环境的要求相适应。例如,通过对听残儿童进行听说训练,对视残儿童进行定向行走训练,对智残儿童进行智力训练,提高随班就读儿童交际能力,独立生活的能力和智力水平;通过一些心理辅导与矫治,改善这些学生的情感、情绪、人格倾向等,改善孤僻、焦虑畏缩、攻击性强、意志薄弱等性格;通过思想教育,提高他们的世界观、人生观、价值观和道德观等。另一方面是尽可能改变其外部条件,营造适合儿童生活与学习的氛围,为儿童的发展与成长搭建平台、创造条件。这里主要考虑学校教育措施,家庭的气氛与影响,父母对子女的教育态度和方法,校外教育的作用以及学生间人际关系等因素。教师在进行上述矫正指导中,一方面需要得到有关专家的帮助,另一方面要加强教育学和心理学等基本理论的学习,掌握指导个案研究的技巧。

由于个案研究对象问题的矫正与指导是一项复杂的工作。因此,仅靠一次诊断是难以保障准确性的。另外,对问题行为的矫正与指导是一项长期的工作,某些教育措施的实施往往要在一段时间以后才能比较全面地看到效果,因此,对于所研究的个案对象,特别对那些实施过矫正与个别指导的问题儿童,有必要用一段较长时间的追踪观察与研究,以检查矫正补偿是否有效。如果有效,个案研究工作就算告一段落,如问题还没有解决,那就要重新诊断和重新矫正,继续研究下去。

————————/————————

案例 2:小学生不良行为矫正策略的个案研究

(一)确定研究对象

男生 A,11 岁,上课时坐立不安,捣乱课堂纪律;作业从来不做;性格情绪化严重,容易兴奋激动;并且喜欢撒谎、骂人、打架;经常拿同学的橡皮切成一小块一小块当子弹来弹同学,还把同学的书和作业本藏起来;还有着严重的自卑心理,为了引起同学的注意,他常表演各种滑稽动作或恶作剧,甚至以捉弄人为乐。

研究者应根据个案研究的目的和内容,以及对个案问题行为的界定,选择典型的学生为研究对象。例如,研究的目的是了解儿童问题行为的特点,探索儿童问题行为的成因,那么就应该选择有问题行为的学生作为研究对象。在微型课题研究中,个案研究的对象可以是有生理和心理障碍的学生、学习成绩后进的学生、行为偏差学生、情绪异常学生和优秀学生等。

(二) 收集个案资料

A 在 8 岁时亲生母亲离家出走,父亲长年走运输不在家,偶尔回家教育方式也是拳脚相对,根本不能给予一点点父爱。平时 A 只在爷爷的关心下生活。奶奶又中风常年卧床不起,也需要爷爷的照顾,而且爷爷除了照顾他和奶奶外,还要每天去做苦力(挑砖头),心情经常不太好。

一次,英语老师拿着 A 的课堂作业本和英语书怒气冲冲地跑到办公室,原来 A 这几天不仅不做作业,上课时还捣乱,从第一桌爬到最后一桌,让他下来就是不肯。任课老师都认为:"这个孩子是没办法了! 已经无药可救。"

研究中,应尽可能全面系统地收集个案的资料,包括身份资料,如姓名、性别、年龄、出生年月和籍贯等,学习成绩、作业和作品等,操行评语,奖惩情况、师生及同学关系、教师和学生的评价等,身高、体重、生长发育情形、健康情况以及能力、兴趣、态度、习惯和情绪等。个案的家庭和社会背景资料也是研究的重要信息。这方面的资料一般涉及父母的姓名、年龄、健康状况、教育程度、职业和社会经济地位,以及家庭成员间的关系情况等。资料的全面完整有助于对个案形成整体认识。

(三) 诊断与分析

父亲因整天忙于生计,继母很少与 A 进行交流。爷爷的管教简单粗暴,常常为了一件小事把他暴打一顿。在学校里,A 很少与师生交流,老师歧视他,同学们疏远他,从而使他对自己也失去了自信,于是产生了自暴自弃的情绪。

学校教育忽视了学生的全面发展,个别老师只关心学生的学习成绩,对学习成绩差,平时表现不好的后进学生缺乏正确的引导,忽视了他们的心理健康教育以及学习成绩的提高。

在广泛收集个案资料的基础上,常常还需要对相关问题作进一步的测试,以诊断问题的症结所在,推论原因,包括主因、次因、远因、近因等,形成初步的假设。诊断的类别包括:对影响学生行为的各种动力的研究,了解学生烦恼的生理、心理和社会原因;通过现场询问、了解、交流进行诊断。个案研究的诊断不只是对问题症状和现象的认识和了解,更重要的是掌握问题本质及原因。

个案的描述与分析是个案研究的关键一环。个案问题的描述与分析是否符合科学方法的要求,关系到整个研究的正确性和可靠性。在对个案进行分析时,不能将事实资料与意见资料混为一谈,必须明确哪些是事实资料,哪些是有关的证据,哪些是研究者的推论和价值确定。个案调查中"事实"资料是涉及个案真实发生的事件,而"意见"资料则涉及主观的感受和价值判断。"事实"资料比较容易被确定,"意见"资料则往往难以确定。例如"她考试得了满分,她对此很满意"。"她考试得了满分"是"事实","她对此很满意"属于"意见"。

(四) 个案指导

(1) 在班级中,我有意让他帮助同学拖地板、擦黑板、排列课桌椅,只要他认真做了,我就会及时在同学们面前表扬他,帮助他在同学们中间树立一个良好的形象。

(2) 给他机会带学生早读;课堂上,创造机会让他回答问题;他的作业只要能完成,我就会在班上表扬他。

(3) 成立帮扶小组,安排优秀学生帮 A 解决学习上的疑难问题,以提高 A 的学习兴趣。

(4) 规定 A 每天写日记,以掌握其行踪。

(5) 与 A 形成惩罚协议,事先说明处罚规则,一旦他违规,将给予惩罚。限制他的不良行为。

(6) 与 A 的爷爷进行了多次交流,建议他配合学校对 A 进行纠正,严格规范他的行为,同时提醒其爷爷注意管教方式,多给孩子些温暖和关怀。

(7) 安排任课老师每周与 A 见面 1 次,多半在学校,偶尔在老师家,时间多半在下午放学后或中午休息时间,以便建立良好的师生关系。

(8) 班主任与家长保持联系,及时观察、交流 A 的言行。

个案研究不仅仅要提出问题,还需要提出解决问题的策略和指导性意见,通过跟踪、观察、记录等方式验证先前的诊断和假设。个案问题一旦确诊,接下来是如何解决问题。解决问题的方法和途径是多种多样的,研究者可以在分析各种方法利弊后,做出最佳的选择。常用的方式有决策树图和网络关系图等方式。

例如,研究某一儿童的攻击性行为。为了解决课堂上该生攻击性行为过多的问题,我们可以将研究目标逐级分解,从而提出解决问题的多种途径,然后采用行为矫正的方法进行治疗,如图4-1。

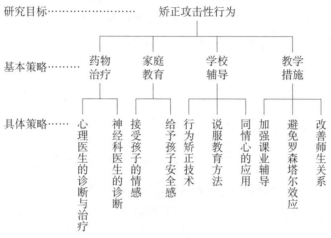

图4-1 提出解决问题策略的决策树

(五)指导效果与结论

经过一段时间的观察,我觉得A在慢慢地改变自己,在班上搞恶作剧的次数减少了一些,对同学的攻击性言行也少了许多,他也经常主动爱护教室的卫生和公共财产了。平时低垂的头也能抬起来了,他增强了自信心、树立了自豪感。

对个案的表现进行讨论和评估,提出建议,得出结论,撰写个案调查报告。

个案研究除了收集个案相关资料外,还需与个案进行沟通,以达到辅导、咨询、解决问题的目的。沟通方式可以是一对一的,也可以是多对一的。沟通形式可以是正式场合,也可以是非正式场合。在沟通过程中,研究人员要特别关注个案的非语言信息,如动作、表情等,以全面、真实地了解个案。

个案研究成果可以是论文或研究报告。个案研究报告是个案研究成果的主要表现方式,是个案研究过程中必不可少的一环。个案研究报告的撰写应具体、明确,不可笼统、模糊不清。陈述事情应客观,不可作过于主观的解释、说明,以免造成误导。个案研究报告的表达方式多种多样,大致可分为以下几类:一是描述性报告,比较详细地叙述个案资料,直接而精细,可以将一些片段并列或串联,不用转述而用原话,尽可能用客观描述来呈现对个案的解释。二是简介性报告,着重反映个案的主要特征,比较简洁。三是分析性报告,对论点进行直接的论述,对论点均需提供论据,并需说明个案的各种可能现象及推理历程。

个案研究报告的基本格式大致涉及个案的基本资料、个案来源、个案的背景资料、主要问题的描述、诊断和分析、实施指导策略、实施结果和跟踪及讨论等方面。

——————— / ———————

阅读材料一:

自闭症儿童融合教育干预的个案研究

程秀兰　王　莉　李丽娥　张晓艳

一、问题提出

自闭症的主要症状表现为"社会交往障碍,言语或非言语的交流障碍和局限性的兴趣、重复刻板的行为方式等"。让自闭症儿童和普通儿童一起接受教育的融合教育方式已成为国际教育发展的趋势。融合教育能够给这部分儿童提供更多的机会与普通儿童进行沟通和社会互动,从而能有效促进自闭症儿童社交和沟通技能的发展,使之"在融合情境下受益"。在我国,受理念、师资和具体操作层面等因素的局限,"特殊需要儿童在普通幼儿园接受教育的比例很低,绝大多数普通幼儿园教师不赞成特殊需要儿童上普通幼儿园",致使自闭症儿童通常被安置在特殊学校或康复教育机构中,这对于他们将来回归主流社会十分不利。鉴于目前国内学前儿童融合保教的实践还比较缺乏,我们尝试运用综合的方法对一名自闭症幼儿进行融合保教的干预训练,以进一步证实融合教育的效果,并唤起社会对特殊需要儿童的进一步关注和对融合教育的认可。

二、个案背景分析

儿童A,女,2001年8月生,西安市人,出生时未见任何异常,出生时体重6斤。出生后主要和父母生活在一起,父母皆为博士学历,目前为高校教师,重视对孩子的保育和教育。2岁时发现异常行为，因为A有一位患有较严重自闭症的姐姐，所以她的父母一直不愿相信这个孩子也存在异常，带着恐惧的心理在西安儿童医院和附属二院等多家医院进行咨询、诊断，都确诊A为自闭症患者。2004年9月入幼儿园小四班，父母积极与幼儿园协商，表示努力配合幼儿园对A进行教育。

本研究运用《自闭症行为量表》(ABC)对研究对象实施诊断性评定。这一自闭症行为量表1978年由库如格(Krug)编制，1989年引入我国，采用问卷形式，由养育人填写。该量表共有57个项目，分为5个维度：生活自理(S)、语言(L)、躯体运动(B)、感觉(S)和交往(R)。

运用《自闭症治疗评估量表》(ATEC)对研究对象实施前后测，以评估自闭症儿童的发展状况和干预的疗效。自闭症治疗评估量表由美国自闭症研究所编制，量表分为语言、社交、感知觉、行为4项，总分为0—179，分值越高，表示自闭症症状越严重。评分标准分五个等级：轻微、中上、中等、中下、严重。

同时，本研究使用了参与式观察法。每周随机选取3天，对A一天生活和学习中发生的所有行为进行详细的观察和记录；对A的家长单独进行了非结构性访谈，了解幼儿的成长历程、家长的教育观念和对孩子教育的态度与指导等。另外，在取得了家长对干预方案的认可和支持后，在干预实施过程中针对幼儿的问题多次与家长进行讨论和协商。针对被干预幼儿的问题，还多次与教师进行非结构性访谈和讨论，目的是了解教师如何评价A，以及A在幼儿园的表现。研究者还通过与班上其他孩子的交谈，了解同伴对自闭症儿童的接纳程度及看法。

三、干预前的评估

我们先运用自闭症行为量表对A进行了诊断性评估，再应用自闭症治疗评估量表对孩子进行了干预前的评估，结果表明A在语言、社交、感知觉、行为方面存在中等程度的障碍，评估得分是99分。

通过对家长、幼儿园老师以及小朋友的访谈和实地观察记录，对A在幼儿园的初期表现评定如下：语言方面，A从不主动与人说话，被老师问急了会鹦鹉学舌般地重复老师的原话，如问她："我是谁？"她会答："我是谁？"经常自言自语，且特别爱说一些广告词。社交方面，A从不主动与人交往，老师和她说话时，她东张西望，对老师的问话置之不理，和其他小朋友也努力保持一定的身体距离。感知觉方面，对周围环境漠不关心,性格比较急躁,稍不如意就会通过哭闹、叫喊宣泄情绪,不能够理解别人的解释、体谅他人。行为方面,A经常乱扔东西;有自虐现象,喜欢咬自己的手,不敢和人目光对视,喜欢旋转,自己能够转很长时间;上课的时候,她也经常大喊大叫,或者大声唱歌,喜欢一个人跑出教室去玩,喜欢被老师拥抱,听到嘈杂的声响喜用手捂耳朵。

四、具体干预过程

本研究采取的具体干预过程即是对A实施融合教育,让她大多时段都和普通儿童一起生活、学习和活动,部分时间接受专业教师的干预训练。在实施教育干预之前,我们首先对融合班的普通教师进行了培训,目的是让他们了解自闭症儿童和正常儿童的差别,并能够根据这些差别对自闭症孩子进行个别化教育。为了满足自闭症孩子学习和教育的需求,幼儿园在该班又增加了一名特殊教育教师,特教老师每天对A在幼儿园的教育状况进行记录,同时要求家长对A在家的表现进行反馈。教师根据家长反馈,及时和家长协商、调整教育策略。另外,我们还通过教导、录像带示范、角色扮演等手段对班级其他孩子进行训练,让普通孩子了解与自闭症孩子沟通、回应的技巧。根据A的发展状况,我们对她进行的融合教育干预共分四个阶段:

(一) 第一阶段(2005年3月—2005年7月)

主要干预目标是与A建立亲情关系,和她一起玩耍,引逗她发出声音,逐步训练A与人进行交往。具体来说,一是建立情感依恋关系。新的环境必须满足孩子的基本需要,让她感到舒适和安全,能主动地去适应环境,这是促进自闭症孩子正常发展的先决条件。为此,教师在日常生活中经常赞扬她、鼓励她、拥抱她,让她体会到老师对她的爱。有时教师利用她喜欢的音乐、绘画为切入点,做一对一的交流,使之对周围人的恐惧感在频繁交往中消失,逐步对周围的人产生好感。二是培养初步的社交能力。如果孩子没有社交的动机和技巧,即使孩子有再高的学业能力,也只能说他是一个自闭儿童。对于A来说,初步的社交训练重点放在正确表达要求、按次序等待和正确使用礼貌用语上。为此,教师要求A在有需求的时候,不仅要表达出来,而且要完整地、正确地表达,并尽量使用礼貌用语。

(二) 第二阶段(2005年9月—2006年7月)

主要是进行感觉和语言训练,纠正不良行为习惯。具体来说,一是进行了感觉统合训练。感觉统合训练是一种运动训练矫正法,它通过特定的运动器械对幼儿的感觉和运动能力进行有目的、有计划、有针对性的训练,包括听觉训练、视觉训练、触觉训练、嗅觉训练和触动觉机体平衡觉训练等。实验证明,"感觉统合训练能促进幼儿动作、体质、机体协调、注意力、理解力、记忆力、创造力、表现力、人际交往能力和语言表达能力等的发展,培养幼儿自信心"。自闭症孩子的感觉器官接收到的信息通常不能准确地传递到"感知觉"系统因而发生系统障碍。针对 A 对感官刺激反应冷漠的现象,选择适当的活动进行感统训练,能够促进其神经系统的发育,从而对患儿的发展发挥积极的作用。为此,我们每周抽出两天时间对 A 进行"感统训练",每次训练时间 1 小时。训练的内容包括爬滑梯、滚球、玩羊角球、涂色、翻滚、走平衡木、荡秋千、钻山洞和蛙跳等。这些活动和训练让患儿获得更多的感知觉刺激,逐步改善她的认知加工、反应能力以及行为能力。

二是进行了语言表达训练。根据孩子的语言发展水平,给孩子提供丰富的语言刺激,如重复学习简单的儿歌、故事,就 A 感兴趣的事情主动与之对话,帮助孩子积累语言素材。A 的语言能力有了一定的提升,但还是不能主动表达。这时,我们用了奖励、强化等方法继续进行训练。

三是进行了问题行为矫正。针对自闭症儿童的一些问题行为,我们采用强化、塑造、消退和惩罚等多种方法来纠正。当孩子做出正确反应时,我们及时给予积极的正强化,反之,给予负强化。强化的目的就是使正确的行为继续出现,不适当的行为因负强化而逐渐消失。很多自闭症儿童都有自虐现象,对此自虐的原因还不是很清楚,但是帮助孩子改变这种问题行为是确定无疑的。如 A 情绪激动时喜欢咬自己的手,每当我们看到她咬手的时候就说:"你再咬手老师就不爱你了。"这时,A 会马上停止咬手,并说:"我爱你,我不咬。"次数多了,A 就会在"老师不爱自己"和"咬手"之间建立一个负强化反应,从而逐步改变自虐咬手的习惯。

(三)第三阶段(2006 年 9 月—2007 年 1 月)

主要是进行情感训练,目的是让 A 能够理解他人的行为,同时也能和他人分享自己的情感。人的成长都要经历由生物人向社会人的转化过程,自闭症儿童在这一点上存在着明显的滞后。在沟通和语言方面,他们很少与他人分享经验或情感,也不会用肢体语言向他人传递信息;他们对周围的人熟视无睹,不需要伙伴,喜欢独自玩耍。为改变这种状态,我们进行了如下有针对性的训练:一是努力提高 A 对情感的认知能力。通过讲故事，引导 A 对故事隐含的情感内容加强理解，如提高对想念、讨厌、喜欢等情感的认知能力。故事的题材可以多种多样，但要图文并茂，内容要通俗易懂，在 A 能理解的基础逐步提升难度。

二是让 A 学习适当的情感表达方式。A 的情感表达方式与同龄孩子是不同的。她高兴的时候会大声唱歌或者在院子里乱跑，生气的时候就大喊大叫或者咬自己的手，老师提醒她注意听课的时候她会在教室里尖叫。这些情感表达方式给他人和 A 自己带来了不良影响，对此，我们帮助 A 学习适当的情感表达，告诉她高兴的时候可以对老师或者伙伴轻声微笑，生气的时候就对老师说出来，这种认知教育开始效果不佳，我们就耐心地一遍遍告诉她，她偶尔做到一次，我们就及时鼓励、表扬；必要时伴以负强化，有意识地不去关注 A 的不当情绪表现，以消退替代惩罚，效果虽不是立竿见影，但有利于我们与 A 建立良好的关系。

三是创设、引发 A 的情感体验。我们利用各种节日，如妇女节、儿童节、教师节和生日宴会等，有目的、有计划地将儿童家长请到幼儿园，与 A 一起参加节日活动，适当时邀请 A 当主角，充分体验爸爸、妈妈、老师和小朋友对她的关爱。

（四）第四阶段（2007 年 1 月—2008 年 1 月）

主要是重视同伴交往，进行交往训练，最终目标是帮助 A 主动和他人交往，提高其社会互动和沟通的能力。国内外研究一致表明良好的同伴交往有助于幼儿认知、情感和社会性的发展。维果斯基认为"儿童通过模仿从合作中得到发展，模仿是儿童产生一切人类特有的意识特点的源泉"。社会学习论者也认为"同伴是许多社会化学习的来源"。这对自闭症儿童来说也是一样的。为此，我们非常重视同伴交往对 A 的作用，鼓励同伴带动她融入集体生活，让 A 在自然的相互作用下不经意地模仿、学习一些社会行为，逐步走出封闭的自我。具体来说，我们首先充分利用 A 的智能强项。帮助她主动与人交往。A 喜欢绘画，而且她的绘画水平明显高于其他小朋友，如 A 能够把早晨要做的事情用连环画的形式表达出来，可以说绘画是 A 放松情绪和表达自我的主要手段，也是我们与之交流的契机。在她绘画期间，与她沟通、问她一些问题，她都能够和我们进行简单的交流，而且 A 爱听老师和小朋友的表扬，如"你画得真好看"等，这时 A 的脸上会露出自豪的笑容。绘画由此成为我们与 A 进行非语言表达和沟通的主要手段，在干预过程中起到了重要作用。

其次,我们运用游戏疗法进行了干预训练,提高 A 和同伴的交往次数和交往质量,增强其自我效能感。游戏疗法"即以活动为媒介,让儿童有机会很自然地表达自己的感情,暴露问题,并从中自我解除困扰的一种治疗方法"。研究表明,"游戏干预不仅改变了退缩幼儿的交往质量,而且提高了其适应水平,特别是角色游戏能提升幼儿的自我效能感"。为此,我们有意识地安排有合作意识、懂得谦让、关爱他人的小朋友与A 一起游戏,并让 A 扮演她喜欢的角色,同时不允许小朋友过多指责、批评、嫌弃她,慢慢地。A 开始愿意与其他小孩子一起做游戏了。

总之,对自闭症儿童进行干预的方法是多种多样的,关键在于适时合理地利用这些方法,并敏锐地觉察孩子的变化,依据其发展与需要及时调整、灵活运用。

五、研究结果与分析

通过长期的教育干预,A 在各方面的发展取得了很大的进步。2008 年 1 月我们运用自闭症治疗评估量表对 A 实施了后测,两次测验结果对比如下:

两次测试结果表明 A 在语言、社交和行为方面进步较大,语言得分从干预前的 22 分降到 17 分,社交得分从干预前的 26 分降到 20 分,行为得分从干预前的 25 分降到 19 分,而感知觉发展相对缓慢,干预后评估得分比干预前只降低了 2 分,不过还是有一定的进步。总体来说,我们设计和实施的融合教育及综合干预措施对该儿童产生了较好的效果。这与我们参与式观察的结果是一致的。

六、结论

通过幼儿园融合教育和家庭教育的紧密配合,我们看到了 A 的明显改善,基本上能够回归到正常的儿童生活中,达到了预期的干预目的。通过对 A 长期的教育干预,我们得出以下几点结论:融合教育是治疗和改善自闭症儿童症状,帮助其回归生活主流的有效方式;教育者要以多方联合的方式对自闭症儿童进行教育,研究者与教师和家长、教师与教师、教师与家长的沟通都很重要,特别要重视与家长的配合,应与家长共同制定并执行融合教育方案;幼儿园应为自闭症儿童提供适宜的环境和条件,如小班额的学习生活环境、特殊教育师资、感统训练场地及器材、安全宽敞的室外场地、同伴接纳的心理氛围等;对自闭症儿童进行教育训练的方法不是唯一的,应根据孩子的具体情况综合运用多种方法对自闭症儿童进行有针对性的训练;从事特殊教育是一项需要爱心、耐心和细心的工作,这对自闭症教育训练者提出了比其他教师更高的要求。

第三节　用"观察研究"探究真相

观察研究是研究者有目的、有计划地运用自己的感官及有关工具直接从教育教学情境中收集资料的一种研究方法。教育研究所进行的观察与日常的观察是有区别的,日常的观察是人们在实践中有意识或无意识地自然习得的一种能力,而研究中的观察是一种有目的、有计划、有方法的技术,对教育问题、教育现象洞察的深度和广度是日常观察无法达到的。就微型课题研究而言,观察研究主要是在课堂中进行的,因此,我们把观察研究又称为课堂观察。课堂观察是微型课题研究常用的基本方法。

一、观察研究的特点

(一) 目的性

我们不可能观察到一堂课的所有东西,课堂观察要围绕明确的研究目的和针对一定的教育问题和现象。所有的观察工作都要围绕特定的研究目的进行,观察对象的选择、内容和方法的确定、记录的方式等也都要事先安排好。

(二) 选择性

有目的就会有所选择,侧重点也会有所不同。例如,要对教师行为进行课堂观察,那么我们的观察视角就应有教师的讲解行为、课堂教学时间分配和任务布置的有效性等方面。课堂观察的选择性能够帮助我们在有限的时间内搜集到研究课题所需要的内容。

(三) 情景性

课堂观察就是在教育的现场进行的活动,它记录着课堂当时的情景并在第一时间取得现场资料,观察者在现场记录的同时受到课堂教学氛围的影响,还会产生相关的体会和感受。

(四) 能动性

观察的主要任务是认识了解某一教育问题或教育现象的状态以及发展的条件;详细描述所观察的现象;科学地分析和说明所研究的对象。为此,在观察之前,研究者要根据研究的目的和内容,制定好计划,包括确定观察对象、观察条件、观察范围和观察方法,以保证观察有目的地进行。

二、观察研究的基本类型

从不同的角度可以将观察研究法分为以下几种类型。

(一) 直接观察与间接观察

从观察的方式可以分为直接观察和间接观察。直接观察就是观察者凭借自己的感官对观察对象进行感知和描述。间接观察就是观察者利用录音机、摄像机等技术手段对观察对象进行考察。相比较而言，直接观察直观而具体，间接观察可以避免观察者的主观性，扩展观察的深度和广度。

(二) 参与性观察与非参与性观察

这是从观察者是否参与观察对象所从事的活动来分的。参与性观察就是研究者参与被观察对象所进行的活动，在一起活动中观察、了解和分析被观察对象的思想观念和行为表现。非参与性观察是指研究者不介入被观察对象的活动，只是作为一个旁观者观察、了解被观察对象的行为表现。

(三) 结构性观察与非结构性观察

所谓结构性观察就是研究者根据研究的目的和研究的内容，进行有计划、有步骤、有方法的观察。非结构性观察只有总体的目的和大致的内容，没有周密的观察计划和严格的观察过程。结构性观察计划严密、过程规范严谨，能获取大量翔实的研究资料；非结构性观察灵活、适应性强，简便易行，但观察材料不太系统，不便进行统计分析。

(四) 时间抽样观察、场合抽样观察和阶段抽样观察

时间抽样观察指在选定的时间内对研究对象的各种行为表现和现象作观察和记录。场合抽样观察指有意识地选择某个自然场合，观察研究对象行为表现。阶段抽样观察则指研究者选择某一阶段，对观察对象的状态进行观察。

(五) 定量观察和定性观察

从收集资料方式的角度来分，可以分为定量观察和定性观察。定量观察指研究者运用一套定量的、结构化的记录方式进行观察；一般有一定的分类体系或具体的观察工具，对预先设置的分类下的行为进行记录，这种观察记录的结果一般是一些规范的数据。定性观察是指研究者依据粗线条的观察纲要，收集对课堂事件进行细节描述的信息材料，资料收集的规则是灵活的，是基于需要在观察的过程中形成的；在观察后根据回忆加以追溯性的补充和完善，并通过描述性的和评价性的文字记录现场感受和领悟。

根据观察者之间的合作关系可分为合作观察与独立观察。前者指将观察的目标和重

点分配到多个人,每一个观察者负责同一量表的某一或某几部分;也可以把观察者分成几个小组,每个小组负责一项或几项观察项目,由大家合作完成观察活动。后者是指观察者以个人为单位,独立完成对观察项目或主题的观察活动。

根据对观察对象或内容的选择来分,可分为集中观察和分散观察。前者指观察者选定一位或几位学生或选定一个观察点进行集中观察,对其他学生和目标则不做观察。后者无固定观察对象和目标,整个课堂中的人和事都可能成为观察者的观察对象和目标。

就课堂观察而言,还可以分为自我的课堂观察和对他人的课堂观察。在自我的课堂观察中,观察者即上课的教师。教师在开展课堂教学的同时,对自己的课堂进行的观察;观察对象主要是学生的行为,包括学生的学习行为、人际间互动情况、对教师授课的反应等学习性行为表现,以及有关学生穿着、仪容、携带的物品等非学习性行为表现。在对他人的课堂观察中,观察者主要观察他人的课程资源运用、讲解能力、提问技巧、学生行为管理、教学准备、组织、评价和学生学习的情感表现、认知程度以及目标达成程度,以及课堂文化等。

以上分类都是相对的,在实际研究中往往是交叉、重叠的,同一个具体的观察活动也可以包含多种观察类型、具有多重属性。因此,对于这些不同类型的课堂观察,教师应灵活对待,综合运用。

三、观察研究的一般步骤

从目前的研究和实践看,大家把课堂观察的程序主要分为课前准备、课中观察和课后总结。

———————— / ————————

案例1:信息技术教学中师生互动有效性的观察研究

一、课前准备

在实施观察前,课题组召开了课前会议,授课教师李静进行了说课,对课堂观察的角度和分工进行了细致的安排。

(一)李静老师说课

本课是泰山版《小学信息技术》第二册(下)第一单元第四课"我是邮箱好管家"。

1. 教材分析(略)

2. 学情分析(略)

3. 学习目标(略)

4. 教学重难点(略)

5. 教法与学法(略)

6. 教学准备

7. 教学过程

本节课的教学设计,我采用"情境感知,揭示课题——积极探索,学习新知——知识拓展,探索提升——回顾总结,深化主题"四个环节。

1. 情境感知,揭示课题

2. 积极探索,学习新知"删除邮件"

3. 知识拓展,探索提升

4. 回顾总结,深化主题

布置学生填写"评价表",包括学生自评和组员互评,填写后由教师进行综合评价,评价后发送到学生的邮箱,作为学生的成长记录。

班级:_____年级_____班_____组   姓名:_____

项目	评 价 内 容	个人评价	组员评价	教师评价
删除	两种方法都学会了吗?			
	你把"无用邮件"都删除了吗?			
移动	学会"移动"邮件的方法了吗?			
	你了解邮箱有哪些文件夹了吗?			
	你知道遇到"垃圾邮件"该怎样处理了吗?			
邮箱功能	你明白邮箱各种功能的用途了吗?			
	你在小组合作学习中积极参与了吗?			
总评	你可以称为优秀的"邮箱管家"了吗?			

评价标准:优秀:A 良好:B 合格:C 需要努力:D

本节课设计的创新之处：

1. 让学生成为知识技能的"探究者"、难点问题的"突破者"，使学生真正成为学习的主人；不是教师领着学生去学，而是让学生主动地获取知识，教师只起到一个组织者、指导者、合作者的作用。

2. 尊重学生的个体差异，鼓励各层次的同学都积极参与到课堂中来，让每一位同学都学有所得。引导各小组内成员在操作中充分发扬"互帮互助"的精神。

3. 学习评价表设计合理。

本节课设计的困惑之处：

1. 这节课学生主要采用小组合作的方式开展学习，对小组合作学习的指导关涉这节课的成败。但我对小组合作学习的指导不论是经验还是理论都很不足。何时介入小组学习，怎样介入，怎样才能收集到有效的教学信息，感觉不好把握。

2. 按预期的设想，这节课的学习目标是在学生的自主探究中实现的。而丰富多彩的探究活动，必然带来耗时较多的问题，如何有效地分配教学时间，使得学生既能充分探究，又能完成学习目标，感觉不好把握。

3. 因采用以学生为中心，学生的自主性大，必然会生成很多教学设计时不能预料的问题，针对学生的问题和错误，如何高效地引导，促进学生的全面发展，又能有效地聚焦核心问题，达成教学目标，感觉不好把握。

4. 从教学内容上来看，本课的课容量较大，重点在于"新知"的教授，我认为有必要再安排一堂"第二课时"，设计综合性实践活动。例如，教师可创设情境，请学生分组整理几个"问题重重"的邮箱，来巩固旧知，并从整体的角度来整理邮箱。再就是"邮箱空间"知识点的新授，让学生提高对"邮箱空间"的责任感。

我希望大家观察我教学设计中的创新与困惑，为我下一步的改进提供帮助。

（二）讨论确定观察点

观察内容一：学生对知识、技能的理解和运用。

观察人：谭艳玲、孙继玉

观察内容二：课堂教学中教师对学生的错误的纠正与指导。

观察人：刘国庆、张建昆

观察内容三：教师、活动、指导（"教师的提问方式"和"学生的应答方式"）。

观察人：王玲、周钦杰

（三）研制观察量表（准备观察工具）

见课后总结部分的统计、分析观察结果表格。

课前准备是指观察者和被观察者在开课之前进行商讨,确定本节课的观察研究目的、观察内容、观察点及制定相应的观察量表。在进入课堂观察之前重点解决几个问题:观察的对象、观察的原因、观察的时间和观察的方式。如果是定量研究就要选择合适的观察工具,例如观察量表。在进入课堂前,研究者需要做好课堂观察前的规划、准备以及考虑可能碰到的各种问题。充分的准备能够使观察者在观察时做到行有所指、心中有数,也能提高资料搜集的效率和准确率。

观察总是依据一定的线索进行记录和解释,这种线索就是观察维度。我们一般可以从两个维度来观察。一是物理维度,即学生某一行为的频率、比率、持续时间、潜伏期及强度等;二是内容维度,即学生某一行为的内容,如,我们所说的学生的道德行为、迟到行为和顺从行为等。只有将行为的物理维度和内容维度综合起来分析,才能对学生行为作出更全面的解释。

学生行为的不同物理维度可以提供不同的信息,我们可以根据所观察行为的特点和观察目的的需要选择不同的行为观察视角。

一是频率。频率是学生行为观察最经常使用的一种维度。频率指一段时间内行为发生的次数。如果要将某一次的频数与另一次进行比较,那么,这两次的观察时间必须相同。如,观察一个学生的课堂违纪行为,发现第一天他有3次违纪,第二天有4次违纪,若要对这两个频数进行比较,那么这两天观察持续的时间必须相同。如果第二天延长了观察时间,就不能得出这个学生第二天违纪行为更多的结论。

二是比率。比率即单位时间内行为发生的频率。如,对某一学生观察了10分钟,发现该生出现3次交流行为,那么,该生交流行为的比率就是0.3。由于比率记录的是单位时间内的行为发生率,因此,即使观察时间不同,也可以对所观察到的信息进行比较。如,对上述学生又观察了20分钟,发现该生出现6次交流行为,则该生交流行为的比率仍然是0.3,因而可以得出该生出现交流行为的比率没有变化这一结论,而如果教师只是注意了频率,那么,就很可能得出该生交流行为成倍增长这种错误的结论。

三是持续时间。观察时,我们不仅要关心行为多久发生一次以外,还要注意某些行为一旦开始以后会持续多久,或者表现出某种行为需要花多少时间,此时就需要收集行为持续时间方面记录。特别是在对沉默、倾听和注意力等连续性行为进行观察和记录时，持续时间是一个非常重要的维度。如，刚送进幼儿园的孩子常常会哭闹，如果某孩子第一天哭闹达 15 分钟，而第二天只有 8 分钟，那么，其每天都哭闹的频率信息就不能对其行为提供一种完整的描述，因为这种哭闹行为的持续时间从第一天到第二天有显著下降。教师如果只记录其哭闹行为的频率，那么就很难注意到其行为的这种变化。

四是潜伏期。潜伏期是指学生接受指示之后、开始行动之前所花的时间。当教师关注的是与接受指导有关的行为时，潜伏期就是一个非常有用的维度。如，在小组合作学习结束后，教师要求学生收拾相关学习用具和资料，从最初提出要求到学生真正开始收起资料这几秒钟或几分钟就是要记录的潜伏期。当教师想要帮助那些趋向于不配合的学生时，目标就是要缩短其接受要求的潜伏期。有时教师还会想延长潜伏期，如低年级学生往往还没有听完老师的陈述就急着回答教师的问题，由于思考时间太短就可能犯错误，当这种问题出现时，教师就可能需要采取一定的策略，延长潜伏期。

五是强度。强度指的是行为的程度。对于像反抗性、攻击性、口头反应及身体运动所表现出现的行为来说，对行为强度的记录是非常有意义的。如，如果一个学生经常在课堂上出现离座行为，教师想要观察这个问题，除了测量频率外，还要考虑离座的强度。该生可能每堂课都有离座现象。这只是记录了频率，却不能感知其具体的情况。但如果记录了强度，就可能会记录到学生从"围着教室转"到"前后移动"这种行为上的显著变化。行为的程度可以划分为不同的等级，如：被动、一般、主动；从不、一般、经常；非常符合、符合、不符合、非常不符合；等等。教师可以根据不同的行为类型加以选择。

学生行为的内容维度有助于教师把复杂的行为根据观察目标的需要转化为可以数量化或可限制的行为类别，从而提高观察的针对性和有效性。内容维度"描述观察的方向，是从完整的观察对象身上抽取出来的、具有辨别性的特征，是观察主体对观察对象的特征进行评价而产生的认识。在这个意义上，从完整的观察对象来看，观察维度不应是对随意的发现，而是观察主体对于观察特征信息的结构性识别"。观察维度不应是对观察目标的随意分割，而应是在整体上把握观察对象的特征之后对观察目标的一种有序分类。根据观察目标的需要，我们可以从不同角度对要观察的学生行为进行分类，这些角度可以是行为类型、行为层次、行为过程或行为关系等。如，按照行为类型，课堂中的违纪行为可以分为外向的攻击型行为和内向的退缩型行为两类；按照行为层次，学生的参与行为可以分为负向参、不参与、被动参与、尝试性参与和成功参与五个层次。

观察的重点要具体明确、要突出，范围不宜大。如果进行课堂观察，我们不可能观察课堂的所有环节和细节，只能有目的、有针对性地观察某一方面，可以观察学生在课堂上的学习行为或教师的教学行为，即便观察学生的学习行为，也应在学生的学习准备、倾听、互动、自主等维度方面有所侧重。

二、课中观察

（一）选择观察位置（★学优生　▲学困生）

1. 王玲、周钦杰两位老师分别观察"教师的提问方式"和"学生的应答方式"，需要合作观察，所以选择坐在一起观察，以便观察时能相互协调。

2. 谭艳玲、孙继玉老师观察的分别是"学生对知识、技能的理解和运用"和"教师对学生学习的指导"，根据李老师提供的学困生和学优生的分布图，特地选择了学困生和学优生相对集中的位置观察。

3. 其他老师的观察维度主要是老师的教学，为减少对课堂教学和学习的影响，均选择在教室中学生座位背后就座，开展观察。

		王玲	周钦杰　谭艳玲	孙继玉	张建昆	刘国庆	
			▲	▲	★		
★			★	▲			
		★	▲		▲	▲	
				★		★	
		★					
	▲				★		
前门			讲台				

（二）实施观察

观察者于上课前5分钟进入教室，与学生进行了短暂的交流，翻阅了学生的课本和学案，了解他们的预习情况和学习笔记。谭艳玲老师询问了两位学困生和一位学优生的课堂感受，没有理解的知识怎么处理，有没有机会提问等情况。

上课中。各位老师根据自己选择或开发的观察表进行记录，有数据的记录，也有根据自己的需要对师生对话、现象描述、教学细节和即时反思的记录等。

上课后。谭艳玲老师询问了四位学生的学习情况，其中两位是学困生、一位学优生、一位中等生，重点了解了他们对垃圾邮件的删除和移动的知识结构掌握情况，以及对情境教学方法的感受。

课中观察是指观察者进入研究情境，按照课前事先准备的计划记录所需要的信息。观察者进入课堂后要迅速选择合适的位置做好观察的准备，使用观察工具详细记录要观察的内容。现场的记录要尽可能具体、详细，观察者还可以将自己的思考记下，课后再与被观察者交流做讨论。下课后还可以与学生进行交谈，了解记录学生的感受作为研究资料。对于多个观察点的研究，可以几个观察者一起分工合作、各司其职，使课堂观察更加全面。

三、课后总结

（一）李老师课后反思

这堂课的教学以学生为主体，让学生成为知识技能的"探究者"、难点问题的"突破者"，使学生真正成为学习的主人；尊重学生的个体差异，鼓励各层次的同学都积极参与到课堂中来，让每一位同学都学有所得。引导各小组内成员在操作中充分发扬"互帮互助"的风格。

从教学内容看，本课容量较大，重点在于"新知"的教授，我认为有必要再安排一堂"第二课时"，设计综合性实践活动，例如，教师可创设情境，请学生分组整理几个"问题重重"的邮箱，来巩固旧知，并从整体的角度来整理邮箱。再就是"邮箱空间"知识点的新授，让学生提高对"邮箱空间"的责任感。最后，组织"好习惯、坏习惯"小讨论活动，在活动中，将课内知识延伸到课外，与生活实际联系起来，引导学生培养良好的生活、学习和卫生习惯。

（二）统计、分析观察结果

1. 研究内容（子课题）：学生课堂学习目标达成度的观察研究

　　观察维度：学生对核心知识、概念、技能、方法的掌握

　　观察人：谭艳玲、孙继玉

　　观察表及观察结果：

观 察 内 容	频次（人次）	百分比%	排序
用自己的话去解释、表达所学的知识	8	22	1
通过自学教材或运用已有经验解决现有问题	8	22	1
基于这一知识作出推论和预测，从而解释相关的现象、解决有关的问题	8	22	1
运用这一知识解决所面临的问题	3	8.3	3
综合几方面的知识解决比较复杂的问题	2	5.6	4
将所学的知识迁移到实际问题中去	7	19.4	2

　　2. 研究内容（子课题）：学生的错误与教师应对策略的观察研究

　　观察维度：教师应对学生错误的教学机智

　　观察人：刘国庆、张建昆

　　观察表及观察结果：

教师对学生错误后的反应分类		频次	百分比%	排序
学生的错误	1. 知识性错误	0	0	3
	2. 表达的错误（文字表述、图形等）	0	0	3
	3. 不合理的错误（甚至学生哄笑）	1	16.7	2
	4. 思考不全面	3	50	1
	5. 教师无法判断正误（如异想天开型）	1	16.7	2
	6. 未把握问题的指向	1	16.7	2
教师的反应	1. 赞许（如虽然错误但有想法的情况）	3	50	1
	2. 接纳（微笑，偏肯定性语气）	1	16.7	3

教师对学生错误后的反应分类		频次	百分比％	排序
	3. 中性(指令)	2	33.3	2
	4. 尴尬(不知如何应对)	0	0	4
	5. 气愤	0	0	4
教师的行为	1. 鼓励	1	10	3
	2. 引导	2	20	2
	3. 换其他学生回答	3	30	1
	4. 教师自己指正	1	10	3
	5. 进行解释和说明	3	30	1
	6. 由学生评价	0	0	4

3. 研究内容(子课题)：教师的引导是如何展开的

观察维度：教师活动引导

观察人：王玲、周钦杰

观察表及观察结果：

观察内容		频次/程度	百分比％	排序
行为	1. 用直白的语言描述观点	10	14	4
	2. 借助例子描述观点	5	7	7
	3. 借助其他方式描述观点	8	11	5
	4. 重复等强调方式	4	5.6	8
	5. 在整个讲解过程中给学生提问的机会	7	10	6
程度	1. 用生动有趣的语调	30	30	3
	2. 呈现信息的速度恰当	33	33	2
	3. 步骤清楚,有逻辑性	4	4	8
	4. 用眼光接触保持注意	37	37	1

（三）观察人报告观察结果

1. 刘国庆、张建昆：我们观察的是"课堂教学中教师对学生的错误的指导"，从"学生的错误""教师的反应""教师对学生错误行为的指导"这三个方面进行了观察，观察结果如下。

（1）关于学生出现的错误，思考不全面占 50%，这说明问题的设计有一定的难度，同时也有效地暴露了学生的思维误区，生成了较好的教学资源。未能把握问题指向的占 34%，这说明教师设计的问题不够明晰，问题链的创设应该更符合学生的思维发展水平。另一方面也说明教师的课堂机智需要提高。知识性和表达性类错误占16.7%，这说明需要加强指导学生的预习，老师应注意培养学生规范表达的习惯和能力。

（2）关于教师对学生回答问题时的态度，接纳和赞许占了 50%，这与整堂课老师所追求的民主、对话的课堂氛围是一致的，实际上，本堂课的探究氛围和效果也的确很好。

（3）关于教师应对学生错误的行为，"鼓励、引导"占 30%，这充分发挥了学生主体性，体现了老师作为学生学习的促进者、帮助者和指导者的角色定位，说明老师较好地把握了新课程的基本理念。

（4）关于解决问题的过程，大量采用小组讨论的形式和多人回答的方式，培养了学生的合作能力，体验了合作所带来的好处，但明显存在介入小组讨论迟，反馈学情不及时、不全面的情况，这也是老师在引导时针对性不够的重要原因。

2. 王玲、周钦杰：我们观察的是"对学生识别理解图形的指导"。李老师对邮箱垃圾文件管理的目的要求很明确，但在引导学生理解垃圾文件处理时不同的邮箱支持平台，在操作方法上有较大的差异。这说明教师在备课过程中考虑不周。所以，后来出现了学生使用新浪邮箱时与教师所说的网易邮箱管理操作方法不一。老师当时也说不出两种操作的区别。并没有及时解决学生的困惑。

3. 谭艳玲、孙继玉：我们观察的是"教师的提问方式"和"学生的应答方式"。我们发现"提问后，学生齐答"的方式占 56% 左右，这说明学生的学习积极性还是较高的。但学生齐答的问题难度都不大，这在一定程度上影响了教学目标的达成度。"提问后，未叫举手者答"占 26%，其中教师有意点了第二组第 1 位、第五组第 3 位、第七组第 1 位和第四组最后 4 位学困生回答。前两位学生表现不理想，后来在李老师的耐心引导下,他们看书回答了问题。这说明在教学中教师还是关注学困生的。

整堂课,李老师都表现得有条有理,亲和力较强,较好地利用了该班学生思维非常活跃的特点。针对这节课的特点,李老师创设了以问题为驱动的教学情境和学习策略。这节课在教学设计和课堂组织上比以前有了很大的进步。相比以前教学语言也简练了不少,也是一大进步。

（四）本次观察形成的结论

1. 这节课通过创设问题情境引领学生思考,通过情境中的问题链引导学生学习,并逐步帮助学生形成知识体系,收到了很好的效果,情境教学策略非常适合这种课型。

2. 这节课通过问题导课并解决问题,使学生在不知不觉中学会了管理邮箱的操作方法。这对学生理解概念、原理和操作的过程帮助很大,收到了比以往更好的教学效果。李老师有条不紊的风格和较强的亲和力也是取得教学成功原因之一。

3. 每次探究结束后,应进行必要的总结,要留时间给学生提问,让学生有机会解决还未理解的内容。特别是要给学困生这种机会,帮助他们树立学习的信心,使他们能有更多的兴趣参与到课堂中来。

（http://www.dyqyz.net/articleshow.php?id=9120）

课后总结就是观察者与被观察者在观察结束后在一起针对课堂教学现象、问题进行深入的讨论和总结。包括自我反思、分析和讨论结果、总结经验、提出改进。在对课堂进行评价时要遵循客观公正的原则,对被观察者的交流要保持礼貌、合作的态度,并争取能够为教学提供实质性的建议。

————————/————————

案例 2：小学语文习作教学的微观察研究

一、课前准备

（一）确定研究的目的、内容和方法

1. 研究目的：习作是小学生从写话开始转向写作的过渡期,在这一时期的学生将会面临大坡度的写作训练,如果在关键时期没有培养学生良好的写作习惯,学生会因害怕而对写作失去信心。因此笔者决定对这一学段进行课堂观察研究，找出存在的教学问题以解决小学生写作难的现象，并为小学语文教师提供建设性的意见。

2. 研究内容(子课题)：根据教案的设计，本节课是以问题驱动的，因此会有大量的师生对话。笔者根据平常实习观察发现该班人数较多，学生活跃，但课堂纪律有些差。教师在课堂开展教学时会产生许多的教学行为，比如教学环节的安排、教学方式以及对话，这些对小学生来说，如果教师处理不当，都会影响学习效果。笔者想要了解本班教师的教学环节、理答情况与学生的倾听情况有何关联。因此，依据本节课的特点和该班情况选取了以下观察点(研究内容)。

第一，教师课堂理答情况。新课标要求建立促进学生全面发展的评价体系，发挥评价功能帮助学生发展自信和多方面的潜能。在这里通过对课堂观察记录教师对学生理答情况分析课堂评价是否得当。在这堂课当中，重点就这几点进行记录。

第二，教学时间分配情况。观察本节课每个教学环节的时间分配，做出时间比例分析教学时间分配是否合理，为教师提高教学的效率提供依据。在表中除了对教学内容时间的记录，还将教学行为分为了三种：教师讲解、学生发言、师问生答。

第三，学生倾听与表达。观察点主要从学生学习视点出发，在课堂中的每个时间段对学生行为的典型表现进行捕捉，通过学生的行为引发教师反思并改进教学策略。

3. 研究方法：本研究采用定性与定量相结合的观察法，利用录像、观察量表两个主要工具以及描述方式全面记录课堂收集信息。

(二)准备观察工具

观察量表见观察结果统计表。

(三)教师说课

1. 学习对象：某学校四年级三班的学生。

2. 教学内容：苏教版《语文》四年级上册"习作四"，这次习作的重点就是运用生活中的象声词写作文。

3. 学情分析：四年级学生对象声词很感兴趣，但是往往受方言的影响，很难准确把握使用方法，需要做好引导。

4. 教学目标：

（1）懂得象声词的意义和用法。

（2）能够将生活中听到的声音用象声词描写下来。

（3）能用上几个象声词叙述一件事或描写一个场景。

5. 教学重点：学会在习作中使用象声词，使习作更为形象生动。

6. 教学难点：如何恰当、准确地使用象声词。

7. 教学过程：

环节一：创设情境，激发兴趣，初识象声词。

环节二：联系生活，积累体验，学用象声词。

环节三：明确要求，选择素材，运用象声词。

实施观察前，要根据观察的要求做好准备工作，如果观察需要借助有关仪器，如照相机、录音机和摄像机等，就必须事先调试、安装好，需要专业技术人员帮助的话也要事先安排好。及时做好与被观察对象的联系、沟通工作，说明观察研究的有关安排，争取对方的配合与支持。做好参与观察人员的培训指导工作，让他们了解观察的目的、内容和重点，熟悉观察的方法和记录的要求以及观察过程中的注意事项。

选择什么样的观察记录工具，要考虑三个因素：一是观察点。如果想观察"教师提问的数量"，则应该采用定量的观察记录工具；如果想观察"问题的认知层次"，那么应该采用定性和定量相结合的工具；如果想观察"情境创设的效度"，就应该采用定性观察记录工具。二是观察者自身的特征。如观察"学生活动设计与开展的有效性"，若想从学生参与活动的人数和态度来判断，那么在界定不同态度表现行为的基础上，采用定量的记录工具是合适的，但这要求观察者有较好的视力、良好的反应能力、快速的判断能力；若想从活动的难度系数及学习目标达成情况来判断，那么需要记录一些教学片段中的行为、对话和情境等细节，则需要观察者有快速记录的能力和较好的记忆能力。三是观察条件。如观察"课堂对话的效度"，除了要有快速记录的能力外，还需要一些音像记录设备，否则，对话过程中的语调和神态等对话要素很可能无法记录。

二、课中观察

（一）选择观察位置

观察人员分三组，每组两个人，课前三至五分钟进入教室，根据研究内容的特点和要求选择观察位置。布置好摄像和录音设备。

（二）实施观察

观察人员各根据分工进行观察、记录。

下课后，根据老师提供的学生名单选取部分学生做简短交流，了解记录学生的感受，主要包括对老师提问和理答的评价以及自己在课堂上的具体行为表现。

观察者进入现场之后，要遵守一定的观察技术要求，根据事前制定的观察量表，采用录音、摄像和笔录等技术手段，将定量和定性方法结合起来。如果没有既定的任务与可用的工具，观察者所获得的只是一般印象或对某个问题的表面了解，不可能就所观察的问题做出基于数据或文字实录的深入分析，就有可能使课后总结成为各抒己见的妄议或空谈。

观察者要根据观察的类型和目的选择观察的角度。如果是直接观察或参与性观察，观察者就要选择离被观察对象较近的位置，以便了解实际情况。如观察小组合作学习中学生参与的情况，选择的角度和位置就要便于走动，这样才能观察到小组的整体状况。如果是利用技术手段进行间接观察，那选择的角度和位置就更要有针对性，要便于录像和录音以采集资料。一般来说，观察者所选定的角度和位置在一定时间内通常是固定的，应以不分散学生的注意力为宜，尽量避免与教师的课堂走动发生冲突。

实施观察就是进入研究情境，依照事先的计划及所选择的记录方式，对所需的信息进行记录。观察者要如实地记录所看到的与听到的种种现象，在需要连续记录时，一般不宜当场花时间对现象进行分析或做出判断，以免影响记录的进程，或遗漏一些重要的信息。

不管用哪一种方式记录都要做到以下几个方面：一是及时记录，尽可能当场记录，避免事后回忆甚至主管臆断。二是客观真实，记录要准确无误，尊重事实，避免用自己的观念修改事实，更不能凭空想象，无中生有。三是记录要全面，不能有遗漏和取舍，记录材料与分析材料是两个不同阶段的工作，不宜混淆。四是记录要有条有理，记录要按顺序进行，不能随意颠倒,打破事物原有的内在联系和规则,造成混乱。五是记录要连续,保持事件的时序和情境,有利于日后对资料的分析与查找。

在观察过程中,观察者的行为不应影响被观察对象正常的活动。一是要善于辨别重要的和无关的因素,把注意力集中到能获得有价值材料的重要因素上,不为无关的、次要的因素所纠缠,提高观察效率。二是要善于抓住引起各种现象的原因,使获得的观察材料具有研究的价值。三是要善于抓住观察对象的偶然的或特殊的反应,虽然说明本质问题的是一贯性的东西,但是如果我们想要全面正确地了解问题,就要记住偶然的或特殊的东西不是无足轻重的,它对于研究问题的动向,更具启示意义。四是要善于与观察对象建立良好的关系,观察对象往往是人,因此在观察中陌生感容易改变观察对象的常态,良好的关系有利于观察对象保持常态。

三、课后总结

(一) 统计、分析观察结果

1. 关于教师课堂理答情况。通过课堂观察与记录,本节课共记录了 52 条理答话语。根据观察量表,得出以下结论:

(1) 激励性理答:描述性肯定 15.4%;

(2) 诊断性理答:重复回答 28.9%,简单肯定 32.7%;

(3) 提升性理答有:追问 3.8%,探问 1.2%,转问 15.4%;

(4) 没有意义的理答:没有针对性的回应 1.92%,而直接纠正和简单否定为零几乎没有不给予学生反馈信息(见表一)。

2. 关于教学时间分配情况。通过观察记录了本堂课每个教学环节、教学内容和教学行为所用时间的百分比,教学时间分配比例为:教师讲解 44.66%,学生发言 25.38%,师问生答:29.96%(见表二)。

3. 关于学生倾听与表达的情况。把一堂课分为 8 个时间段,每段 5 分钟,通过观察、记录学生在每个时间段的行为表现,得出学生在课堂上倾听与表达的大体人数与比例。

表一　教师课堂理答情况表

教师理答方式 记录问题统计 教师提问问题	简单肯定 （肯定回答，如：对的，是的）	重复学生的回答 （重复学生说的话）	描述性肯定 （有描述性肯定的反馈）	追问 （对正确的回答再次进行追问）	探问 （面对错误的回答，将问题简化，再次发问探讨）	转问 （第一个学生提供答案后，将问题转问其他人）	直接纠正 （对学生的错误直接进行纠正）	简单否定 （面对错误答案直接否定，如：错了，不对）	没有针对性的回应 （对正确的回答不作回应，对错误的回答转问他人）
1. 你来模仿声音表表情。	4		3			3			
2. 你们说老师这是什么声音？	4	4							
3. 这些象声词的使用对吗？	3								
4. 台风的声音是什么样的？		1	1		1	1			
5. 足球射进门框的声音是什么样的？		1				2			
6. 爸爸炒菜的声音是什么样的？		1				2			
7. 用象声词说一句话。	3	6	3	1					
8. 如何使用象声词？	2	1	1	1					
9. 用象声词写文章有什么要求？	2	1	1	1					1
总数	17	15	8	2	1	8			1
比例	32.7%	28.9%	15.4%	3.8%	1.2%	15.4%			1.92%

表二 教学时间分配情况表

教学环节	教学内容	教学行为	教学时间	教学用时	用时百分比(%)	课堂管理(次)
第一环节	1. 放录音	教师讲解	0′—3′36″	3′36″	9	
	2. 让学生模仿象声词	学生发言	3′36″—11′45″	8′9″	20.38	5
第二环节	3. 列举生活中的象声词	教师讲解	11′45″—13′50″	2′5″	5.21	
	4. 象声词的辨别	师问生答	13′50″—14′48″	58″	2.42	
	5. 象声词的重要性	教师讲解	14′48″—15′55″	1′7″	2.80	
	6. 解说四幅图课本	师问生答	15′55″—18′50″	2′55″	7.30	3
第三环节	7. 教师举例用象声词造句	教师讲解	18′50″—24′45″	3′35″	8.94	
		师问生答		2′20″	5.83	1
	8. 请学生用象声词说一句话	学生发言	24′46″—26′45″	2′	5	
	9. 总结象声词的使用方法	教师讲解	26′46″—29′6″	1′05″	2.71	
		师问生答		1′16″	3.17	
	10. 如何使用象声词写文章	教师讲解	29′7″—36′1″	2′25″	6.04	
		师问生答		4′20″	10.83	
	11. 教师朗读几篇象声词的短文	教师讲解	36′2″—38′55″	2′54″	7.25	
	12. 总结象声词的用法	教师讲解	38′56″—40′	1′5″	2.71	

表三 学生倾听与表达观察表

上课时间分段	学生课堂行为表现								
	倾听	观察	兴趣	走神	小动作	讲话	举手	个人发言	集体发言
	比例			数量					
1—5分钟	A	A	A	0	2	1	11	2	3
5—10分钟	A	A	A	2	3	5	12	7	6
10—15分钟	A	B	B	4	6	3	8	6	4
15—20分钟	B	B	B	5	5	6	9	7	6

续 表

上课时间分段	学生课堂行为表现								
	倾听	观察	兴趣	走神	小动作	讲话	举手	个人发言	集体发言
	比例			数量					
20—25 分钟	B	C	B	7	6	5	6	3	7
25—30 分钟	B	C	B	6	8	8	9	5	1
30—35 分钟	B	C	C	6	9	6	5	1	2
35—40 分钟	C	C	C	5	4	0	0	0	0

注 A,绝大多数的学生;B,半数以上的学生;C,一半的学生;D,少半数的学生;E,极少数的学生。

(二) 讨论与建议

1. 从教师理答的情况看,老师每次都积极理答,很注重激发学生的兴趣。在描述性记录中,她做的重复回答不是机械地重复学生的话,相反每次都有意识地只强调了那些正确、精彩的部分,并且喜欢用"是不是?""对不对?"询问全班同学、征求意见,这种反问的方式每次都能得到大部分学生的积极回应。

本次教师以诊断性理答为主要方式,需要加强提升式理答。从表一中可以看出诊断性理答比例最高占了61.6%,而提升式理答只占了20.4%。提升式理答不仅是能肯定学生的答案,而且让学生对问题进行深入的探讨寻求不同的答案,这样能够打开学生的思维,让学生更有批判性和创造性。因此,在这里给老师的建议是,不要局限于寻求正确的答案,而要引导学生的生成性回答,在写作当中学生更需要发挥想象、发散思维,才能使文章更丰富。提升式理答运用得当也是需要教师具备一定的素养和智慧的,教师要不断提升自身的知识能力和语文素养。

本次理答以学生为主体,语言简练。教师的理答是以学生为中心、为主体的,对学生不予回应仅占了1.92%,绝大多数的理答反馈都关注学生。另外,教师课堂上没有过多的啰嗦的话语,非常简练,提高了教学效率。

2. 从教学时间分配情况看,学生发言时间以及老师与学生的交流时间占了一大半,教师注重学生的课堂表现,是以学生为主、教师为辅的教学模式,能够体现出学生作为课堂小主人的地位。在第一环节中,教师给予学生20%的发言时间模仿体会生活中的象声词,让学生有充分的体验感和参与感,使课堂更活泼、生动。

教师重视口头作文训练,轻视书面作文训练。在这节作文课中,从教学环节上看,教师花了充足的时间让学生找出自己觉得新奇有趣的象声词,把握新课标对第二学段的目标要求,让学生留心观察周围的事物收集丰富的写作素材,增强写作信心。"语文"中的"文"不能离开"语",因此口头表达能力的训练是作文教学必要的阶段。然而,老师似乎忽略了培养学生的写作习惯,在这一课时的习作教学中没有出现让学生动笔的环节。在新课标的要求中强调要让学生"能不拘形式地写下感受、见闻、想象""乐于书面表达,愿意将习作读给他人听"。新课标多次强调对作文的书面训练,要使学生不仅能乐于说而且要乐于写,因此希望老师能在课堂中加强学生书写训练。

课堂活动形式不够丰富,缺乏合作、探究性学习。本节课教学行为分为三种:教师讲解、学生发言、师问生答。课堂中没有小组合作学习时间,自主探究时间相对较少,自主练习的时间显然也是没有的。语文是一个综合性的学科,应该注重听说读写的综合训练,依据不同的学习需求和个体差异,积极倡导自主、合作和探究的学习方式。例如,可以组织学生开展小组讨论学习可以加强学生之间的相互交流、探讨,让学生真正成为课堂的"主人"。本节课由于多媒体设备出现故障,所以教师没有充分地利用到教学辅助工具,而多媒体的合理运用能够为课堂增添亮丽的一笔。

3. 从学生倾听与表达的情况看,课堂总体比较活跃,也有少部分学生有不良的听课习惯。本班有74个学生,从整堂课学生的典型的行为来看,这个班的学生比较活跃,表中举手、发言的人数在每个时间段都不少。大部分学生非常活跃,对老师提出的问题很感兴趣、踊跃参与。然而对于中年级阶段的学生来说,过度活跃的课堂在某种程度上容易引起学生的亢奋,使学生容易开小差。因此,教师要注意把握本班学生的优缺点,帮助学生养成良好的倾听习惯。

教学环节设置的不足对学生倾听的影响。从表中可以看出,学生在新授课的20分钟之前注意力集中,随着授课时间的推移,活跃人数逐渐下降。特别值得注意的是教师在本次课进行了9次课堂管理,尤其是在第一环节让学生模仿象声词时。这一环节设置的时间为20.38%,教师的课堂管理就有5次,教师留给了学生过多的思考时间,并且当中有几次,课堂是相对沉寂的。说明这一环节设计不紧凑,使学生的状态过于放松。另一个需要注意的时间段就是学生发言环节,学生们在这一环节易开小差,原因是这一时间段教师正在关注他人,这个问题需要教师格外重视。在这里给教师的建议是:教学环节要紧凑,可以设置符合四年级年龄特征的多种学习方式;适当增加生生互动，充分利用本班同学活跃的特点，因势利导地发挥全班同学的优点；对没有主动提问的同学，教师要鼓励参与，可以通过生生互评的方式激发学生的学习兴趣。

教师课堂管理对学生课堂行为的影响。每次课堂管理教师都说一句"腰挺直"，学生回答下一句"脚并拢"，同时学生也及时调整了自己的坐姿。这是一种非常有效的管理方式，一个共同的管理口号，口号一出学生便自觉审视自己的行为。但是笔者发现，这个口号刚开始三四次效果很明显，如果在这之后频繁地使用就会使其失去原有的效果，学生在短时间内听多了会变得麻木。所以，教师不能使用这样单一的行为管理方式来管理课堂，应该通过不同的教学方式吸引学生的兴趣，从而避免学生开小差。

观察活动结束后，要及时梳理、筛选和整理，然后对有价值的典型材料进行分析研究，并得出研究结论。处理记录的信息一般要经历三个步骤。

一是整理观察资料。首先要统计记录的数据，如学生迟到、早退的情况，上课发言的次数等，可以从记录中推算出一些能说明问题的百分比、频率或排序，呈现在相应的观察量表上。对于用测量表记录的比较复杂的数据，如师生语言互动分析，可以通过计算频率和百分比，绘制出可以说明问题的图表，也可以通过电脑，利用 Excel 等电子制表软件开发数据表，利用电脑进行数据分析，然后再根据需要用电脑绘制出不同的图表。对记录的文字材料要进行整理，按观察量表的设计意图逐条核对文字，或补充、或删减、或合并，转换成简洁、明了的语言表达，真实地复原当时的情境。如果是多人合作观察同一个内容，应统计或整理所记录的信息，在交流、讨论的基础上对各自的信息进行必要的合并。

二是归类。统计、整理好观察资料后，要对统计或整理的结果按不同的问题进行归类，把具体的事实与数字集合到相应的问题或观点中，寻找、发现可以陈述的问题或观点，建构分析框架，为下一步的解释作好准备。

三是分析。分析就是分析数据所反映的问题，对数据背后的原因及意义作出解释，并提供相应的改进建议。分析要依据观察实录，必须针对此人此事、此时此境，不要进行过多的经验类推或假设。推论要基于证据，推论程度要适当。而传统的听评课所做的判断、建议绝大部分是基于经验和印象的，缺乏足够的证据支撑。

四是观察报告。观察报告一般分为标题、前言、正文和结尾四部分，标题要明确，观察的主题要清晰具体，一目了然。前言是报告的开头部分，主要写出观察目的和计划，其次是写明观察的时间、地点、对象、范围、经过和可能取得的第一手技术资料的测定及记录方式等。正文是报告的核心部分，这一部分首先要对观察得到的各种第一手资料进行叙述，然后分类并进行归纳、整理。某些情况和数据应尽可能采用表格方式表示，这样可以避免文字叙述的烦琐，使人一目了然。同时，通过对图表的研究分析，有时还会发现新的问题。最后再将归纳、整理的情况进行分析和综合，得到正确的客观事物的运行规律。结尾为观察报告的结束语，该部分常用理论对被观察的客观事物运动规律作出总结，并与传统的理论作比较，看是否有可弥补或创新之处。

第五讲
用什么方法研究微型课题(二)

第一节　用"经验总结"提炼工作

所谓经验总结法,就是通过对所研究的教育问题或教育现象进行深入、系统的分析、归纳和提炼,寻找出规律性的东西,由局部"经验"发掘其普遍意义,并以此预测、指导今后工作的一种研究方法。经验总结既可以是个人总结,也可以是集体总结;既可以总结自己的经验,也可以总结别人的经验。经验总结既是教育研究活动的一种基本类型,也是一种常见的、行之有效的研究方法。

一、经验总结的特点

教育经验是教育工作者对自身工作的认识和体会。教育经验来源于教师的实际工作,但又高于教育实践,它既包含教育实践这一客观存在,又含有教师个人对教育工作的主观认识,而认识水平的高低则取决于教师的文化水平和教育科学素养。教师的教育实践水平和对教育的认识水平共同构成了教师的教育经验。经验总结法具有以下特点。

(一) 反思性

经验总结是根据已经开展的教育教学工作及成绩,追索工作过程中各种因素的影响作用,从而揭示教育教学的规律。经验总结不是在对教育教学实践活动研究的过程中进行的,而是在研究工作已经结束、经验事实已经形成后才进行的。也就是说,教育经验总结是对已经产生的教育事实、材料、感悟和体验进行"反思式"和"回溯式"研究,即事物发生在前,思考总结在后。当然这并不排斥在研究的过程中将回溯研究与对现状的考察结合起来。

(二) 实用性

从经验总结法的应用来讲,它具有实用性、适用性的特点。经验总结法的技术环节不复杂,操作程序简单易行。研究者不需要提出研究假设,也不需要操纵、控制研究变量及相关的因素,不要求研究者具备任何特殊条件。相对其他研究方法,经验总结法费时少、工作量小,教师可以在教育教学实践中获得第一手资料,把自己工作的心得体会、体验和感悟记录下来,加以总结、分析、提炼,形成经验,从而丰富自己的理性认识,提升自己的教育科学素养和教育教学水平。经验总结法适合中小学教师,与教师工作性质和特点相匹配,运用经验总结法不仅不会影响教师的日常工作,而且会提升教师的工作能力和工作水平。

(三) 科学性

教育实践中存在的许多问题,往往是在它们发生之后我们才能感觉到它,而感觉到了的东西也不一定能认识、理解,不一定能看清它的本质。因为,感觉只是一种感悟,一种体验。这种感悟和体验虽然是客观教育事实的真实反映,但它们只是表象的、浅显的、朦胧的、杂乱无章的。经验总结就是将这些潜意识的、朦胧的、零散的感悟和体验进行整理、归纳,用科学的方法进行去粗取精、去伪存真、由此及彼、由表及里地加工改造,再经过主观的思考分出层次,找出规律,这时的感悟和体验就上升为了经验。

(四) 实践性

经验总结的事实源自实践。一般说来,经验总结多是针对教育实践中的具体问题,包括教育教学原理、原则在实际操作中运用中的问题,也包括教育实践中的突出矛盾、典型事例和个别现象。这些都是教师在微型课题研究中积极探索并力图解决的课题。从实践的角度看,一线教师只有在实践中探索,在探索中总结,才能从感性认识上升到理性认识;从研究的角度看,一线教师的研究必须立足本职工作、扎根课堂,在教育现场调查、访问、观察和思考,获得丰富的感性材料,才具备教育经验总结的物质基础。另一方面,经验总结的成果还要回到教育实践中接受实践检验,先进经验的推广,就是对事物再认识、再实践的过程。

二、经验总结法的基本类型

(一) 具体经验总结

具体经验总结又称为实践性总结,它是以具体的实践事实为基础,总结一次教育或教学活动的经验。具体工作经验总结的内容一般包括三个方面:

一是教育活动的目的、内容、筹备和过程以及师生参与的情况等;

二是活动的效果,主要是师生参与活动后的反应和收获等;

三是活动的心得体会。

具体经验总结是经验总结的初级层次,是对具体经验最简单的记录和描述,方便易行,是广大一线教师积累资料的重要方式。具体经验总结接近教育教学实践,为进一步解释教育事实和抽象教育事实提供了素材,奠定了基础。例如,微型课题"小学复习课设计策略的研究"所形成的经验总结:

一、复习的意义

上好复习课,对学生系统掌握知识、发展思维能力是极为重要的。同时,复习课对于教师弥补教学中的欠缺、提高教学质量来说也是不可缺少的环节。真正上好复习课并不是轻而易举的事。如果不认真安排,不精心设计,就达不到预期的效果。如,顺次复习,重复旧课,这样既浪费时间,又会使学生感到索然无味;再如,不分主次,学生会做的题做的多,不会做的题不认真讲解,会使学生学无所得,学习的兴趣降低;还有把学过的内容罗列堆积不加整理,使学生面对一大片知识茫无头绪……这样上复习课,不但收不到良好的效果,还会适得其反。

二、如何设计一节复习课

首先,我们要明确:为什么而复习?复习的内容是什么?如何进行复习?这样复习有效吗?

其次,认真、切实地根据学生学习水平与年级的教学目标,全盘考虑目标、内容和策略,以达到一课一得、课课有得的目的。基本结构如下:

1. 设计精当而具有概括性的问题(内容);

2. 开展研学分享评价活动(所悟、所依、所得);

3. 巩固运用所学(依据学习方法,举一反三)。

三、复习课设计举例

案例1:写作指导复习,可设计:

1. 设计学生日常的优与劣的文章进行自读与互读;

2. 组织学生互动评价(抓好为什么);

3. 以依据帮助学生进行评价(文体特点、写作方法、描写方法、语言、心理、动作、神态等);

4. 训练(修改、片段、开头或结尾等)。

案例2：解决问题复习，可设计：

1. 提出具代表性的问题(例题)；

2. 互动研学(方法的多样性、错误信息的收集等)；

3. 反馈评价(从方法中做出分析，对比、优选)；

4. 训练应用(基本、变式、拓展)。

总之，复习课既不像新授课那样有新鲜感，又不像练习课那样有成功感。最重要的是，到目前为止，复习课还不像新授课有一个基本公认的课堂教学结构(模式)，如果有了这个课堂教学结构，就等于有了可供操作的教学程序。大家知道，结构的优劣决定功能的大小，井然有序的课堂教学结构就像阶梯一样使教者能胸有成竹地带领学生拾阶而上，进而更好更快地掌握知识。因此笔者设想是否可设定一个课堂教学模式：亮标—回忆—梳理—沟通—训练。

(http://www.xxjxsj.cn/article/69571.html)

(二) 一般经验总结

一般经验总结是指从一般经验中概括出经验的一般形式。一般经验总结的主要内容有：教育活动的基本原则和举例，教育活动的指导思想和优越性，教育活动的使用范围和实施的具体建议。一般经验比具体经验更有普遍性，可以成为一类教育的参考和借鉴。例如，微型课题"引导教师开展教科研策略的行动研究"所形成的经验总结：

引导教师进行教育科研"三步走"(节选)

我校是一所农村初级中学，近年来发展很快，学生数由原来不足千人，到现在的近5 000人；教师也从原来的50人发展到现在近200人。每年90%的学生考入市级示范高中以上级别的学校，考取学生数连续多年居我市第一名，成为皖北闻名的农村中学。很多关心我校发展的各级人士，都在询问我校发展如此之快的秘诀。我的回答是"教育科研"。

前几年，我们学校数学组的"五步教学法"获得全国"苏步青数学提名奖"就是一个强有力的佐证。现在我校的教育科研开展得很有生气，形成了"科科有课题，人人乐参与"的良好局面。为引领教师走科研之路，我们结合学校现状，提出了"只有搞教科研，才是学校的唯一出路"的口号，并分三步引导教师进行教育科研。

引教师上"路"

学校科研不仅是推动教育发展和全面提高教育教学质量的需要,也是提高教师自身素质的需要,一名教师要从"教书匠"成为"学者型教师""专家型教师",必须插上教育科研的翅膀。我们邀请了在教育科研上获得很大成绩的县城老师给我们上课,让老师坚信自己有能力涉足教科研而且能出成果。我们组织各学科教学骨干,大胆实验,从本校、本学科和自己的教育教学经验总结为科研切入点,不求轰轰烈烈,但求扎扎实实。

扶教师上"马"

我们看到教师有了参与教科研的热情,于是决定为教师创造条件,经过多方筹资,为每学科订阅了相关教育教学报刊,建立了图书室,订购了上万元的图书。我校是全县农村中学中第一个上了宽带,建立了"校园网"的学校。如今包括校长在内的行政领导都全力支持教师进行教科研,不仅自己要率先示范,还要为他们"保驾护航"。

送教师一"程"

结合农村中学实际,教师选择并确定了课题,并请市县教研部门给予论证。我们不仅在学校评优晋级方面给予照顾,还给予物质上的保障,为他们解除后顾之忧,助他们全身心投入科研。教师在教科研中遇到的困难,我们积极帮助解决,一旦取得成绩,我们就大力宣传并组织全校教师学习。数学组的"五步教学法"经过三年的实践探索,得到市县教研部门的认可,并在全县推广,还获得了全国"苏步青数学提名奖"。在一所农村中学获得这种成绩,几乎是可望不可及的,可是在全体数学教师的共同努力下,我们把梦想变成了现实。现在我们又把数学组的"五步教学法"推及到全校所有学科并申报省级课题。相信在全体老师的积极参与下,又将取得丰硕成果。

(安徽省濉溪县南坪中心学校 黄 渊)

(三) 科学经验总结

科学经验总结是在一般经验总结的基础上,进行理性的、逻辑的分析,揭示教育教学行为与效果之间的关系以及在教育实践中的地位和作用。科学经验总结是把对教育实践的感性认识上升到理性认识,是对教育事实的抽象概括,并归纳出具有普遍意义的规律,是经验总结的最高层次。例如,微型课题"高中语文单元整体目标教学的微实验研究"所形成的经验总结:

整体安排，目标导向

提高语文教学效益（节选）

长期以来，语文教育界一直为语文教学效益不高的问题所困扰。的确，我们的学生从小学入学到大学毕业，几乎没有离开过和语文打交道，但大学毕业生中语言水平不高、作文能力不强的大有人在。其原因当然是多方面的，教材、教法、学法等方面的因素都可能有。为此，近几年来，我们着重在教法和学法上开展了"单元整体目标教学"的实验研究，变革传统的单篇教学的一般模式，从单元教学中寻求提高语文教学效益的出路，取得了一定的成效。

（一）充足的理论依据，明显的教学效益——深刻认识单元整体目标教学的基本特征

所谓单元整体目标教学，简而言之，就是在语文教学中以单元为单位，着眼于整体，着力于目标，合理组织教学过程，科学调控教学活动，优化组合各篇教学，全面提高整体效益的教学思想和教学方法。

单元整体目标教学，以辩证唯物主义与现代系统化、控制论为基本理论基础。系统理论的基本思想是整体性、层次性，讲求整体效应；控制论强调信息反馈；目标调控，而"整体""目标"，则正是单元教学的两大要素。实践证明，相对于以篇为单位的单篇教学来说，系统、节约、高效、优化，是单元整体目标教学的最显著特征。

所谓"系统"，是指知识传授和能力培养的全面性。单元整体目标教学，能够使学生更加系统、更加全面地学习和运用一定的语文基础知识和基本技能。单元整体目标教学，并非单篇课文教学的简单相加，而是要最终取得 $1+1>2$ 的整体效能，这是传统的单篇教学所难以实现的。

所谓"节约"，这里是指用较少的时间、花较小的气力而取得较明显的教学效果。一般说来，以篇为单位组织教学，整个过程单调呆板，缺乏灵活性和节奏感，课堂结构比较松散，某些环节往往重复累赘，难免"事倍功半"。而单元整体目标教学则可在一定程度上避免此类弊病。研究表明，单元整体目标教学相对于单篇教学来说，可节约时间 $20\%—30\%$。

所谓"高效"，一是指由于时间、精力的节约而取得的高速度，二是指由于时间的缩减、速度的加快而要求备课、上课具有高质量，进而直接导致教学的高质量。调查表

明，实行单元整体目标教学，学生的能力可以得到较快、较大的发展，特别是自学能力、综合概括能力、逻辑思维能力等都有明显的提高。

所谓"优化"，一是指教学目标的优化，单元有教学总目标，各篇有教学分目标，分目标为总目标服务，构成一个完整的目标体系。二是指教学内容的优化，单元整体目标教学，不允许教师在讲授中面面俱到、平均使用力量、平均分配时间，这就要求教师必须分清教学任务的轻重缓急和教学内容的主次难易，作出科学的安排。三是指教学过程的优化，教师依据学生思维发展的规律以及语文学科自身的特点，合理地安排各项教学活动，充分体现教学活动的层次性，使教学有一个紧密高效的结构。四是教学方法的优化，没有科学的教学方法，要想达到"系统""节约""高效"的目的，达到前三个"优化"的要求是不可能的，这就迫使教师精心设计教学方案、选择教学方法，这是由单元整体目标教学的本质特征所决定的。没有方法上的保证，其他都将成为一句空话。

（二）系统传授学科知识，全面训练语文能力——充分发挥单元整体目标教学的主要优势

怎样才能搞好单元整体目标教学呢？关键在于辩证认识单元整体目标教学的特点，充分发挥其两大主要优势：

1. 根据单元整体目标教学的整体性特点，对学生进行系统的知识传授和能力训练

单元整体目标教学之所以优于传统的单篇教学，首先就在于其具有鲜明的整体性。实施单元整体目标教学，要求教师高瞻远瞩，胸怀全局，统筹安排。而传统的单篇教学，未能很好地处理部分与整体关系，造成了部分游离于整体之外，就单篇而教单篇，往往使系统的知识被割裂得支离破碎。

······

2. 根据单元整体目标教学的方向性特点，始终围绕教学目标组织好教学双边活动

单元整体目标教学着重追求的是整体优化目标，它比以前所说的单元整体教学具有更加鲜明的方向性。

······

（三）全面体现教学要求，有效落实教学任务——科学制定单元整体目标教学目标体系

制定教学目标，是进行单元整体目标的首要环节。单元整体目标教学，必须有一个完整的目标体系，它包括：

1. 单元教学总目标

单元教学总目标是整个单元全部教学活动的指向和集中。众所周知,评价语文课教学质量的高低,首先是要对教学效果作一个总的估价,即看其教学目标是否明确,教学活动是否围绕教学目标进行,每一教学过程是否能够达到预期目的。因此,要想搞好单元整体目标教学,获得最佳教学效果,其先决条件就是要有一个准确而明晰的单元教学总目标。

那么,应当如何确定单元教学总目标呢?

(1) 通盘考虑,具体安排

……

(2) 突破重点,兼顾其他

……

2. 篇教学分目标

各篇教学分目标是通过单元中每一课文的教学,对学生进行思想政治教育、语文知识教学、语文基本功训练等方面的要求。单元教学总目标规定或制约着各篇教学分目标的确立,各篇教学分目标则是单元教学总目标的具体化。

……

(四)切实遵循教学规律,精心设计教学流程——灵活掌握单元整体目标教学的方法步骤

目标确定以后,必须科学设计单元教学的全部流程。所谓科学设计,即按照语文教学科学化、最优化的要求,对教学的各个方面作出合理的安排;具体地说,就是围绕完成单元教学目标这个中心,确定单元(或各篇)的教学任务与要求,安排教学内容,组织教学过程,选择教学方法,制定完整的教学方案。

设计单元整体目标教学流程的基本指导思想是:从整体着眼,由单篇入手,向目标努力。根据这一指导思想,单元整体目标教学的一般流程大致为:整体感知—目标导向—分篇讲授—信息反馈—单元总结—目标检测。

……

(五)问题讨论

根据以往单元整体目标教学的实践,有些问题需要进一步展开讨论。在这里谈一谈我们的认识。

1. 关于比较方法的运用

比较是人们从事教学或教学研究所经常采用的方法之一。它主要通过对不同课文从不同的角度、不同的范围、不同的时间和不同的风格等方面辨异、识同，达到深刻理解的目的。单元教学中的比较，应该是教学过程中的分散比较而非集中比较，是穿插比较而非切块比较。比较所采用的方法应当主要是渗透法而非拼块法，要相机制宜、有机结合，不能为比较而比较，也不能将相关的事物割裂开来机械地进行比较，这样才能因势利导、水到渠成。总之，单元教学需要比较，但比较并不等于单元教学。

2. 关于联系机制的建立

整体教学要瞻前顾后，强化联系机制。要设计纵向、横向网状交织的、立体化的教学思路，解决好教学内容结构的点、线、面、体的问题。以单元为单位进行整体目标教学，其一切活动都不是孤立的，它是一个联系密切、结合紧凑的教学体系。正如画家画一个人的眼睛，他决不会只见眼睛而不见其他，孤立地为画眼睛而画眼睛，必须综合考察其在整个面部的位置是否恰当，与五官的比例是否相衬，与整个面部的表情是否协调。同样的道理，教学活动的各方面要想联系得好，就要学会"画眼睛"，使每一个知识点成相互间形成有机联系，使每一项教学活动都能共同达到教学目标。

当然，单篇教学也讲联系，但那是一种局部的或个别的联系，而这里主要是指单元教学的整体的、全方位的、多角度的联系。前者将是另一个范围内所要讨论的问题，这里就不再赘述了。

3. 关于正确处理整体教学与目标教学的关系

在以往的实践中，有人将单元整体目标教学视为整体教学与目标教学的简单相加，往往造成顾此失彼的局面。因此，单元教学要同时提及整体与目标双重要素，二者不可割裂，更不可偏废。这里的所谓整体是保证达到目标前提下的整体；这里的所谓目标是服从整体要求的目标。因此，教学中应当把握单元整体目标教学的整体性原则，系统地教授学生知识，全方位地训练学生的能力；同时，还应把握单元整体目标教学的方向性原则，实行目标调控。实际上，语文教学由单元整体教学发展到单元整体目标教学，便是进一步突出了教学的方向性特征，只有方向明确，才能有效地达到目标。

此外，单元整体目标教学非常强调学生的自学。单元教学开始之前，教师要引导学生先行粗知单元内全部教材的大概内容，明确学习的主要任务、重点难点和基本要求。同时,还要十分重视单元教学结束之前的综合练习,力求达到全面把握教材、掌握新知、提高能力的目的。

三、经验总结法的一般步骤

经验总结的步骤大致有设计研究方案、收集事实资料、整理分析资料、解释经验事实和撰写经验总结报告。

(一) 设计研究方案

1. 确定经验总结的主题。选题要与微型课题研究的方向、内容相一致。

2. 查阅文献资料。经验总结的主题和对象确定后,就要围绕主题,广泛收集、翻阅有关资料,包括有关教育方针政策、上级的文件指示、国内外研究动态,以及总结对象的有关历史和现实的资料等。

3. 确定经验总结的程序。根据研究对象的性质和特点以及总结的目的、任务和基本要求,设计工作程序,包括总结的准备工作、实施、分析和综合。总结程序要翔实具体,充分考虑实施的可行性,并对可能出现的问题进行应变的考虑。

(二) 收集事实材料

经验总结要以具体事实为基础,如实地反映事物的本来面目。因此,通过各种方法收集能反映先进经验全面情况的材料,这是总结工作的主要、基础阶段。从收集材料的范围看,既要收集整体的材料,又要收集局部和个别的材料;从收集材料的类型看,既要收集量化的材料,也要收集非量化的材料、文字材料以及声像材料等;从收集材料的性质看,既要收集正面材料、主体材料和历史材料,也要收集反面材料、背景材料和现实材料等。

收集资料的手段一般有现场观察、调查访谈和查阅资料等。材料收集的范围、方法、途径要根据研究对象、内容的特点和性质来定。如果是总结他人的经验,要取得被总结对象的信任和支持,使其能够提供详尽的材料和具体的措施;如果是总结群体的经验,要了解事实材料的人员、途径和方法等。如需要查阅资料,要事先制定有关需要查阅的资料的详尽内容(如会议记录、工作计划等),了解材料存在的地点,摘录的要点等;如果需要通过访谈或调查了解资料,要事先制定好访谈(调查)对象、访谈提纲和调查问卷等。

(三) 整理分析资料

收集的原始资料只是一些杂乱无章的表象资料,有些可能与"经验"有着直接的联系,有些可能与"经验"只有间接的联系,有些甚至可能与"经验"并无联系。因而,需要按一定的逻辑关系进行编排、归类。资料整合是从收集材料阶段过渡到研究阶段,由感性认识上升到理性认识的重要环节,直接关系到经验的可信度与准确性。首先,要对照研究的目的和内容,对收集到的事实资料进行检查,剔除那些与研究无关的资料,整理、完善不完整的、有缺陷的资料,保证资料完整全面,使事实资料系统化、条理化。整理资料要细致,不要遗漏一些微小的、表面的、不易引起重视的材料,更不能凭自己的主观印象或喜恶对材料进行取舍,保证材料的客观性。其次,根据研究的具体要求,将整理好的资料按时间顺序或事物发展的顺序,或按事物的不同性质分门别类地进行编排、归类,使资料能够清晰、全面地反映出研究对象的现状或发展的脉络。整理资料一定要弄清总结的目的和要求,准确把握总结的主题即经验的核心,使资料的整理紧紧围绕总结的主题逐步展开。

整合资料不只是对原始资料进行整理、归类,还要进行分析。所谓分析就是对事实材料的价值和实际效果进行认真分析,从而以现象作为向导,揭示具体事实的内在本质联系,分析哪些材料反映的问题是主要的,哪些是次要的,哪些是有所创新的,哪些还需要进一步观察。通过初步综合分析,为总结提供比较可靠的论据。分析综合事实材料,为抽象概括、推理判断打好基础,以便将丰富的经验上升到科学理论的高度。

(四) 解释经验事实

所谓解释经验事实,就是从经过整合的事实材料中提炼、概括出经验性的命题,也就是揭示经验事实可能具有的符合科学的规律。对教育经验事实的提炼,就是根据经验总结的主题,从教育经验事实出发,依据教育基本理论,对事物或现象做出科学的概括和界定,揭示它们之间的本质联系。从局部经验中发掘其普遍意义,使感性认识上升为理性认识,探讨事物发展的客观规律。没有理性提炼的经验总结,就如同一般的工作总结。因此,进行科学经验总结,必须对经验事实进行必要的理性提炼。

从经验事实中概括出经验总结的主题是解释经验事实的关键。主题是指贯穿于某项经验形成全过程,起着主导作用,反映经验本质特征,具有自己特色的某种思想观念、原则或方法论原理。主题是经验总结的"灵魂",是经验的"纲"。任何经验的主题都不是外加的,而是其本身所固有的。主题只有经过研究者的思维加工,才能从基本事实和感性认识中被概括出来。主题使经验"纲举目张",也使总结能围绕一个中心,实现观点和材料的有机统一。主题概括的成功,既反映了总结者认识的深化,也使"经验"具有了更普遍的指导意义。

解释经验事实面对的问题以及解决问题的过程,说明教育问题或现象发生变化的事实，揭示解决问题的思想观念、方法和策略所蕴涵的规律，探求经验形成过程中的各种因果关系，告诉人们怎么做才能取得好的工作效果是解释经验事实的核心。能否科学地从经验事实中提炼、概括出规律性的东西，或者说，能不能从教育科学的角度解释教育事实，很大程度上取决于研究者的理论素养。如果研究者的教育思想陈旧落后，缺乏一定的教育基本理论，就是拥有再多的实践经验或丰富的事实材料也不可能总结出有价值、有意义的经验。

（五）撰写经验总结报告

经验总结是以改进实践为目的，对已经发生过的教育教学工作进行反思式的研究，通过对教育事实的分析、提炼，总结出为人们可以借鉴的经验。教育经验总结报告一般包括以下内容：

一是说明经验总结的目的、内容以及寻求经验的价值和意义。

二是概括提炼出教育事实内在联系的规律，即经验。经验要先进，要新；论点要科学，要正确，看问题的角度要独特；论据要充足，要有层次，可信度要高。

三是通过对教育事实资料的归纳和分析，阐述经验结果产生的过程及条件，说明教育事实的现状以及发展变化的因果关系。经验必须清晰、明确，不仅要说清楚是怎么做的，还要说清楚为什么这样做；经验必须与当前的教育教学实际相吻合，能够推广和使用，给人以可操作感。

四是表明研究者对经验及其产生发展过程的认识、看法和理由，目的是提高经验的理论层次和被认可的程度。同时提出对推广应用经验的建议。

经验总结报告的撰写没有固定的格式，通常来说，有以下几个部分：

1. 题目。题目是一篇文章的标志，应准确概括出总结的中心思想和研究主题，要简洁、新颖。经验总结报告的题目可以有很多表述形式，从经验总结的内容看，一般有以下几种类型：一是说明经验的主题，如，《提高教学效率首先要转变教学关系》。二是介绍经验的主要做法，如，《以集体备课为抓手，培养青年教师的教学能力》。三是说明经验的意义或作用，如，《小组合作学习是提高学生学习能力的有效途径》。

从经验总结的类别看，题目还有以下几种表述方法：

一是以集体名称、时间、内容和文体作为题目。如，《语文组 2017 年度集体备课的经验总结》《××小学 2018 年度微型课题研究的经验总结》。集体的经验总结常常使用这种形式的标题。二是以成功的经验作为标题，如，《"快乐写话本"让小学生快乐写作文》；也可采用副标题的形式,如,《方寸天地缀华章——如皋市开展微型课题研究的实践与思考》,这样的标题表述生动、有活力、不呆板。三是以研究的问题作为题目,如,《如何培养初中数学后进生的学习兴趣?》《留守儿童问题行为的成因及对策》。经验总结报告题目的表述形式很多,研究者可根据总结的具体内容灵活确定。

2. 研究概况。研究概况一般有两种写法:一是简要地介绍研究的基本情况。这种写法一般用于整体性的、全面性的经验总结。如,班级管理工作的经验总结、学校教学工作的经验总结等。二是作为经验总结的前言,说明该总结的背景、目的和意义,即研究的问题是怎么提出来的,问题的现状如何。为了体现该问题研究的价值,还要简要介绍该问题研究的现状以及本研究的特点及新意。同时,还要突出说明经验总结研究的成果及其应用价值。这种写法多用于专题性的经验总结。研究概况或前言应简洁明了,不可长篇大论。

3. 正文。正文是经验总结报告的主体和核心部分,主要是把从事实材料中归纳、提炼和概括出的共性的、规律性的内容以及研究者的主要观点阐述清楚。正文必须围绕教育经验总结的中心论点组织材料进行论证,通过对教育事实材料的分析与综合,把教育经验的价值和意义体现出来。正文部分主要是经验的概括。首先,思路要清晰。论证经验的资料要一一对应,经验是什么、经验是怎么产生的、经验产生的原因是什么等都要清清楚楚。第二,对经验的表述要明确、具体、全面;经验概括得要准确,要与研究的实际情况相吻合;语言要精练、概括、简洁。第三,经验要有依据、有新意。经验要有理论支撑,充分体现经验的科学性、新颖性和深度。第四,正文部分引用的事实材料要精选。要选用那些有说服力的、可信度高的、能充分说明教育事实因果关系的材料,以突出经验的先进性、合理性和可信度。使用事实材料要适量,避免削弱主题。

正文的写作形式很灵活,大致有以下几种方法:

一是顺序法。这种行文方式是按照经验总结构成的几部分顺序依次进行的,逐步推进,深入展开。例如,经验总结《校本视导:促进学校发展的新机制》,采用的就是这种写法。文章分三个部分:第一部分主要说明了校本视导产生的背景及特点;第二部分介绍了校本视导的组织和运行流程,阐述了校本视导的组织形式和工作流程;第三部分概括提炼出校本视导的功能与价值。

二是并列法。这种写法是将整个工作过程以及经验体会经过整理后分为若干部分来写,各部分之间是并列关系,若干个部分集中说明整个文章的论点。文章除了总标题之外,每一部分也可以有一个醒目的小标题。这种写法在经验总结报告中也较为常见。

三是倒叙法。先列出所取得的成就,再介绍经验。这种写法也常使用。

正文除了要充分总结成绩和成功经验外,也要总结存在的问题,这样不仅便于日后深入研究,也有利于改进工作。

4. 结尾。结尾部分一般是建议或小结。通常有两种写法:一是对所论述的经验再简要地进行总体概括,突出对效果的描述,即浓墨重彩地强调经验总结的意义和经验的价值;二是表达研究者的体会及对经验发展的看法,并对今后经验的推广及使用提出建议。第一种写法也可以在正文部分进行小结。

5. 附录和主要参考文献。附录是一些不能列入总结报告正文但又有必要交待的重要材料,如调查问卷等。主要参考文献是指报告中引用的论点、论述和有关材料,要注明作者、文献标题、出处、卷期或出版时间等,以供查证。罗列参考文献,不仅是学术研究的需要,也有利于进一步展示经验总结的相关背景,便于读者查证和研究。

值得注意的是,一线教师常常将经验总结写成工作总结。工作总结是对过去工作的梳理和评估,主要侧重于对工作过程和方法的介绍,并通过定性描述和量化统计的方式反映工作的成效。工作总结的主要目的是检查有没有完成工作目标和任务,反思工作过程中的得失,让他人了解你的工作情况和成效。工作总结回答"做了什么"和"有什么效果"的问题,一般只是罗列一下工作的内容和成绩,对今后工作指导借鉴的意义不大。而经验总结则是对已经发生的教育事实(工作结果)进行分析研究,探讨结果形成的原因、机制,寻求行为与结果的内在关系,也就是通过对客观存在的教育事实的研究,获得某一方面的系统的认识,回答"是什么"和"为什么"的问题。这种认识可以对今后的工作起到指导和借鉴的作用。经验总结更多的是用教育科学的理论解释教育行为,或者说从教育实践中总结、提炼出教育规律,因而,不能就事论事,对教育事实的认识要有一定的高度,对道理的阐述要有一定的深度,关键是把从感性的教育事实到理性的思想认识过程描述清楚。也就是说,要把研究者对经验总结过程的指导思想、思考过程、原因道理讲清说透。

第二节 用"实验研究"求证假设

实验研究是一种通过控制一个或多个自变量并引起因变量变化,以检验假设的研究方法。作为自然科学研究的基本方法之一,实验研究是最早被应用到教育领域的一种传统的、科学的、经典的研究方法。掌握实验研究的基本方法，是中小学教师开展微型课题研究乃至教育科研的重要条件，因为，只有通过实验才能认识、理解并改进我们的工作。当然，微型课题研究所进行的实验并非严格意义上的实验研究，而是一种准实验（非标准实验）研究，相较而言要简便得多。

一、实验研究的特点

在微型课题研究中，实验研究是一种"假设"与"求证"的活动。研究者先假定如果采用某种新的教育教学方式、手段或措施（自变量）就会导致教育、教学效果等教育因素（因变量）发生变化，然后将这种假设付诸实践并以测量和统计的方法观察、分析自变量与因变量之间是否具有某种因果关系。

如，微型课题"用'快乐写话本'提高小学生写作水平的研究"中，自变量为"快乐写话本"，因变量为"小学生写作水平"，研究假设"采用'快乐写话本'的小学生的写作水平要高于不采用'快乐写话本'的小学生"。在研究之前这只是一种假设，需要实验结果来验证这种假设是否成立。

从这个例子可以看出教育实验研究具有以下特点：

一是假设。实验研究以"假设"为起点。教育假设是一种因果关系的陈述，它假定某些自变量（如某一种教学策略）会导致某些因变量（如学生的学习成绩）的变化。"假设"是实验研究的前提，没有假设就没有实验研究。实验研究的过程是围绕验证假设展开的，假设是航标，指明研究的方向。研究者可以验证自己提出的教育假设，也可以验证他人的教育假设。

假设是研究者对某些问题进行思考、分析后得出的看法，是对问题之间相互关系的设想，具有一定的猜测性和假定性。但假设要有一定的事实或理论根据，假设不是凭空瞎想，它与幻想、迷信有本质的区别。一个科学的假设，答案必须是存在的、可以预测的，而且是可以被实验所验证的。如学生某门学科学得不好，可能有几种假设：学生缺乏兴趣、学生的态度有问题、教师的教法有问题、学生的学法有问题、教学内容有问题、家庭的问题等。这里的每一种假设都是可以直接检验的。尽管假设是一项严肃的、严谨的、具有挑战性的研究活动，但在研究构思阶段，一个充满想象力的假设，常常决定了一项实验研究的意义、价值和品位。

其实，假设就是研究者对所研究的问题预先赋予的答案。对日常工作中遇到的问题或困惑,我们会根据自己的理解,或查阅有关资料,或请教有关人员,然后提出假设,对问题或困惑作一种临时性的回答;假设与定理或结论本没有很大的区别,只不过假设是有待证实的定理或结论,定理或结论是已经证实的假设。二者只有程度上的差异,没有性质上的区别。

二是验证。教育实验研究是使用测量和统计的方式对假设进行"验证"。研究者在实验开始时往往需要对因变量进行测试(即前测);在实验结束后再对因变量进行测量(即后测)。比较前测与后测的差异值就可以"验证"假设。如果没有差异,就说明自变量对因变量没有影响,从而推翻假设。如果有差异,则可证实原假设,即自变量对因变量有影响。

如"用'快乐写话本'提高小学生写作水平的研究",实验前对学生的写作水平进行检测,实验后再对学生的写作水平进行检测,看看采用"快乐写话本"的小学生的写作水平是否有明显的提高,如果有明显的提高就验证了"采用'快乐写话本'的小学生的写作水平要高于不采用'快乐写话本'的小学生"这个假设。如果没有什么变化,就说明"快乐写话本"对学生写作水平的提高没有帮助,也就是假设不成立。

三是控制。实验研究以"控制"的教育情境作为验证的前提条件。为了排除其他因素的影响,实验者必须采取一定的"控制"措施,比如使所选定的实验组具有一定的代表性并使之保持一定的稳定性和封闭性;或者在实验组之外另设定一个控制组以便排除某些干扰因素。在设置实验组和控制组时,实验组和控制组最好是随机选派,并尽可能使它们的所有特征和条件都相同。不同之处只是在实验中实验组接受实验刺激,而控制组则不受实验刺激的影响。

实验研究除了自变量(也称原因变量)和因变量(也称结果变量)外,还有一个要素被称为无关变量,无关变量与实验假设没有直接的关系,但却能影响实验效果。在"用'快乐写话本'提高小学生写作水平的研究"这个微型课题中,教师的教学水平和能力、学生原有的写作水平、师生关系、教学时间、师生对实验的态度等都是无关变量,这些无关变量都有可能影响实验效果。比如,实验班(实验组)教师和对比班(控制组)教师应该是同一个人,如果不是同一个人,就无法准确地判断和说明学生写作水平的变化是由"快乐写话本"造成的,也而非受教师的教学水平等其他因素的影响。也就是说因变量的改变可能是无关变量造成的,而不是研究者事先设计的自变量造成的,实验便失去意义。所以控制好无关变量对实验的有效性至关重要。

二、实验研究的基本类型

实验研究根据研究的性质、目的等可以分为不同的类型。根据实验设计的不同,可分为标准实验和非标准实验;根据实验研究场所的不同,可分为实验室实验和实地实验;根据研究的目的可分为探索性实验和验证性实验;根据实验设计的形式,可分为单组实验和等组实验等。

(一)标准实验和非标准实验

标准实验也称"真实验"。标准实验比较规范,对实验条件的控制比较严格,一般具备以下要素:随机选择和分配被试;两个或多个相同的组;前测和后测;封闭的实验环境,实验刺激的控制和操纵等。

非标准实验也称"准实验"。非标准实验不具备标准实验所要求的所有条件,根据研究的需要可以进行必要的省略或者特殊设计。在微型课题研究中,限于能力和条件,研究者很难对自变量进行有效的设计与操纵,对无关变量的控制也很难严密,在选取研究样本方面,很难将原来的班级打乱,进行随机分组。不过,进行非标准实验要以标准实验为依据,在设计和操作上向标准实验靠拢,尽可能做到科学、规范、合理。

(二)实验室实验和实地实验

在实验室进行实验可以进行比较好的条件控制,可以集中配置所需要的实验设备,而且不受场所变化的影响,所以自然科学的实验研究基本上都是在实验室中进行的。微型课题研究也可以在实验室做一些简单的实验。比如,如皋市东陈初中化学教师冒北林在研究"酸碱指示剂的探究"时,为了寻找制取酸碱指示剂的物品,他带领学生在实验室做实验,发现木槿花、月季花、一串红、紫扁豆荚、扁豆花、苹果皮、紫牵牛花和红萝卜皮等农村常见的花果都可以作为制取酸碱指示剂的替代品,从而解决了花钱买鲜花做实验的问题。

实地实验是指研究者在自然、真实的环境中观察、测量被研究对象的行为。比如,有一位教师为了了解哪些学生细心、注重环境秩序,趁学生外出做操时,在教室门口横放了一把笤帚。做操回来后,大多数学生都是从笤帚上跨过去,有的学生用脚把笤帚往旁边踢踢,有个学生进来时,顺手把笤帚捡起来放回了原来的位置。这就是一个非常简单的自然实验。

(三)探索性实验和验证性实验

为了探索一个新的教育规律或解决教育实践中的新问题,从事具有开创性的研究实验,称作探索性实验。要揭示的规律是教育研究人员尚未认识的。严格地说,探索性实验实际上是一种试验,因为探索性实验的假设是不完善的,变量难以控制,只能边尝试、边改、边完善。

验证性实验是指以验证已取得的认识成果或实践活动方法为目的的实验。通过实验对已经揭示出的教育活动规律进行验证,检验其科学性程度,并对其进行修正和补充。微型课题进行的实验一般都属于验证性实验。如,有教师通过研究得出结论:在识字教学中,生字只要抄写 4 遍小学生就能记住,不是抄写得越多越好。为了验证这个结论是否科学、具有普遍意义,我们可以通过实验来验证,并加以修正、补充。

(四) 单组实验、等组实验和轮组实验

1. 单组实验。单组实验是一种向一个或一组实验对象施加一个或几个实验因子(自变量),然后测量因变量产生的变化,借以确定实验因子的效果的实验方法。

单组前后测设计的基本模式如下:

组别	前测	实验处理	后测
实验组	√	√	√

单组前后测设计只有一组实验对象,而且不是随机选择,没有控制对照组,实验者对实验对象进行实验前的测试,然后进行实验处理,再对实验对象进行一次实验后测试,最后比较前测与后测的分数。通常,通过检验两个相关样本平均数差异的显著性,检验前测与后测平均数的差异。

2. 等组实验。等组实验是一种以不同的实验因子(自变量)分别施行于两组或两组以上情况基本相同或相等的实验对象,然后比较实验因变量发生的变化,借以确定实验效果的实验方法。

进行等组实验设计必须使各组条件尽量相等,即各组除实验因子(自变量)外,其他所有能影响实验的因素,特别是实验对象的原有水平,必须基本相同或相等。等组前后测设计的基本模式如下:

组别	前测	实验处理	后测
实验组	√	√	√
控制组	√		√

等组实验由于有对比组的参照,所以它的内在效度更高,更客观,更有说服力。

3. 轮组实验。轮组实验是对两组或两组以上的对象,轮番循环两个或两个以上的实验处理,如甲组——A法、B法;乙组——B法、A法等。这样能有效地平衡和抵消无关变量的影响。如,金蕴玉、冯健两位老师进行的"一年级学生抄写生字4遍与8遍的效果比较试验",他们把50名学生平均分为两组,每组均包括好、中、差三类学生。整个实验分成两个阶段,每两周为一个阶段。第一阶段甲组学生每天抄写生字4遍,乙组抄写8遍,两周后默写检测。第二阶段,甲组学生每天抄写生字8遍,乙组学生抄写4遍,两周后默写检测。

甲乙两组学生两次检测成绩比较表

	第一次检测		第二次检测	
	甲组(4遍)	乙组(8遍)	甲组(8遍)	乙组(4遍)
平均数 X	99	98	97	96.5
标准差 S	1.63	2.96	3.28	5.28
差异系数 CV	0.02	0.03	0.03	0.05

三、实验研究的一般步骤

实验研究大致可以分为以下几个步骤:根据假设提出实验课题,实验方案的设计与实施,实验资料的整理。

(一)根据假设提出实验课题

例如,"通过激励措施提高初中生数学学习能力的研究",这一课题是研究者基于在初中数学教学中,通过"激励措施"可以提高学生的学习兴趣和学习成绩而提出的。在确立实验课题时,需要进一步阐明自变量与因变量以及二者之间的关系(实验假设和实验课题实际上已经蕴涵了相关的"自变量"与"因变量")。当将"激励措施"作为自变量时,实验研究的因变量可以是"学生的学习兴趣"和"学生的学习成绩"。再如,"改变小学数学单元测验方法的实验研究",这个微型课题的实验假设是"让学生参与单元测验的命题和阅卷可以大面积提高学生的学业成绩"。

自变量要具有可操作性。自变量是由研究者操纵的一些措施,如果模糊不清,就无法准确操作。例如上面提到的这个实验,研究者将学生分成四个等组,其中三个组同在一间教室学习,另一组单独在另外教室学习,每天这四个组同时做15分钟的数学练习,共5天。在上述安排下,其自变量为:每天练习后,点名表扬第一组学生的优点,点名批评第二组学生的缺点或错误,第三组学生在同一教室随班听老师对第一、二组学生的表扬或批评(即老师对第三组学生出现的优缺点不予评论),而第四组学生在另一教室学习,做完练习后,不受表扬或批评,也听不到对别人的表扬或批评,最后比较四组学生成绩的差异。其自变量十分明确并可操作。

在实验研究中,因变量是研究者最关心和感兴趣的指标,因变量的指标既要能反映操纵自变量引起的变化,又要能反映实验的目标。微型课题研究的目标,一般是指向学生的素质、能力、智力、知识、品德和个性等,因变量往往与这些因素有关。

为了便于观察和测量,在确定实验课题时,要将因变量分解为可测量的指标。如前面提到的微型课题"用'快乐写话本'提高小学生写作水平的研究",研究者将因变量"写作水平"分解为四个指标:主题明确、内容具体,条理清晰、分段表述,语言流畅、用语准确,感情真实、不写错别字。

再如林崇德主持的"小学生运算思维品质培养的实验研究",将因变量思维品质分解为四个指标:敏捷性、灵活性、深刻性和独创性。分别编制测验题目测量这些指标,根据测验分数将每个思维品质分成四等予以度量。其中敏捷性等级为:正确—迅速、正确—不迅速、不正确—迅速、不正确—不迅速;灵活性等级为:灵活、较灵活、不太灵活、呆板;深刻性等级为:逻辑抽象性强、逻辑抽象性较强、逻辑抽象性不太强、逻辑抽象性弱;独创性等级为:创造力强、创造力较强、看不出什么创造力、死板。

分解因变量的指标要注意以下几点:一是指标与实验目的要密切相关,如实验是以培养学生劳动习惯为目的,则必须有衡量其劳动习惯变化情况的指标。二是指标必须具有一定的客观性,如以客观题型测试所取得的成绩等作为评价指标,而一些主观材料如社会、家长、学生的反映等可作为分析结果时的参考。三是指标必须具有一定的区分度,即因变量指标的变化能明显地反映自变量的变化。

(二) 实验方案的设计与实施

实验设计就是对实验的过程进行全面规划,其内容包括两个方面:

一是实验操作部分。确定实验自变量的内容以及操作方法和实施程序;规定实验对象的选择原则、分组方法和实施程序;制定无关变量控制的方法与程序;对因变量的指标进行分解以及观测设计;确定实验资料的积累要求、实验数据的处理方法。二是实验管理部分。制定以上述内容为核心的实验工作计划,包括组织保证、规章制度、设备筹划、经费使用和时间进程的安排等具体方案。

1. 选择实验组和控制组(确定实验对象)

如果是等组实验的话,在实施实验时,选择实验组和控制组往往要采用"匹配"和"随机指派"两种方法。由于找出两个完全相同的实验对象几乎不可能,所以教育实验研究更多地采用"随机指派"的方式。比如,研究者若要将 50 名学生分到实验组和控制组,可以将这些学生随意地按顺序排列,然后将号码为奇数的学生分到实验组,将号码为偶数的学生分到控制组。也可以用两个平行班级,一个班级作为实验组,一个班级作为控制组。

如果是单组实验就不需要选择控制组,只要确定实验组就行了。

2. 实施实验刺激并对实验组和控制组进行前测和后测

在实验研究中,结果一般需要用数量度量(如学习成绩等),因为最终要通过与因变量有关的数据来证明实验假设,因此,对因变量要进行前测和后测。

前测又称作事前测验,指实验之前为了解被实验对象的某些特质的现有水平而对被实验对象进行的测验。例如,"用'快乐写话本'提高小学生写作水平的研究",就要在实验前对因变量"写作水平"进行检测(把指标量化后打分),从而了解学生在实验前的写作水平。

前测在教育实验中虽具有非常重要的作用,但并非所有的实验都要进行前测。如果一个实验的目的在于比较几种不同的实验处理的效果,各实验组别在所研究的特质上是相等的,那么只要比较它们在实验处理后的测量结果,就可判定各实验处理效果的优劣。所以,这种实验可以不进行前测。通常实验都会安排前后测,因为通过前后测指标之差来判定会更明显。

后测是指实验实施之后为了解自变量对因变量影响的效果,对被研究者进行的测验。后测是必不可少的。如果没有后测,也就无法得出实验结论。

后测和前测必须是同质测验,即后测所测的特质必须和前测的特质相一致,这是比较两次测验结果的基础。例如,在"用'快乐写话本'提高小学生写作水平的研究"实验中,前后测都必须是对学生目前写作水平的测验。通过比较分析两个组前后两次测量结果之间的差别,可以判断出实验刺激的影响。

实验刺激的影响=实验组的前后测的差分-控制组前后测的差分。其基本结构如下所示:

实验组：前测 1·············实验刺激············后测 1

控制组：前测 2·······························后测 2

单项实验（"准实验"、非标准实验）的基本形式是只有实验组而没有控制组，单项实验一般有两种结构，一种如下所示：

实验组：前测 1·············实验刺激············后测 1

还有一种是只有后测而没有前测，这种做法一般被称为"仅后测实验"，如下所示：

实验组：实验刺激····························后测 1

虽然"仅后测实验"既没有前测也没有控制组，使后测的结果缺乏基本的参照而几乎无法比较。不过，在真实的教育情景中，实验者总能从不同的渠道（比如学生入校前的成绩或者参与实验前的某次的考试成绩）考察实验组的原有状态，并以此作为后测的比较参照对象。例如，实施"自学辅导教学实验"的研究者没有实施前测，但前测实际上已经隐含在实施"自学辅导教学"前学生的各类考试、练习或行为表现中。这是一种"看不见"的、"隐性"的前测，因此这种做法也被称为隐性的"单组前后测实验"。

"仅后测实验"不仅是一种隐性的"单组前后测实验"，而且也是一种隐含了"控制组"的实验。比如，某校实验班以"自学辅导教学"作为实验刺激，并以实验班参加本地区统一命题考试成绩作为后测结果。虽然该实验研究事先未指定对比班，但却选择了参加同题考试的本校同年级自然班学生的成绩作为比较的依据，以此来考察"自学辅导教学"与传统讲授法的教学效果之间有无显著性差异。

虽然"仅后测实验"因缺乏"前测"而不便于"前后测比较"，又因缺乏"控制组"而不便于"参照"，但也有其可取之处。比如，它因没有安排实际的"前测"而避免了"前测"可能给实验带来的干扰；又因没有安排实际的"控制组"而在某种程度上避免了实验研究中可能出现的"亨利效应"和"霍桑效应"。

可见，"仅后测实验"实际上隐含了"假设""验证"和"控制"等基本特征，也隐含了自变量与因变量、前测与后测以及实验组与控制组等基本要素。从这个意义上说，此类"准实验"依然具有实验研究的基本精神。"准实验"是在保持一般实验研究的基本特质的前提下,根据教育实践的特殊性所做的变通与调整。

3. 控制无关变量

教育实验中,无关变量会影响实验结论的准确性,因此,要加强对无关变量的控制,将其影响减少到最低限度。控制无关变量可以从以下几个主要方面考虑:

一是对研究者自身的控制。首先,研究者对该实验的自变量应无明显的偏向,如果存在偏向,自变量就缺乏科学性和可操作性,将会影响实验结论的效度和可信度。在等组或轮组实验中,各组主试(研究者)若不是同一人选,则必须注意他们各方面条件的对等,如教育思想、业务水平和工作态度等必须相当,不能有明显的差异。

二是对被研究者的控制。首先,被研究者必须处在自然状态之下,不能使他们知晓自己是某一实验的对象,特别不能让他们知晓实验的自变量,否则就可能出现他们对实验自变量的偏向影响实验的结果。

在等组实验中,最重要的就是尽可能使各组被试等质。在确定对某一组实施某一自变量时,应尽可能采用随机分组的办法,以消除主观因素可能产生的影响。在单组或轮组实验中则应注意由于周期长所带来的学生自身的发展所造成的干扰。

三是对实验环境的控制。要防止各种偶然因素对实验结果的影响。例如,在单组和轮组实验中,各阶段的实验必须在同样的环境下进行,如果第一阶段在一个十分安静的教室中进行,而第二阶段却在一个环境嘈杂的教室中进行,显然就出现了条件不等。在等组实验中,各等质组所处环境也应相当。

四是对实验时间的控制。时间也是影响实验结果的重要因素。实验时间应该很明确,如一个学期、一个学年等,但在实验过程中,各组实际所用去的时间是不等的,如实际教学、辅导、练习的时间,家长辅导的时间,都可能存在差异。这势必影响实验的结果。因此,对这些时间上可能出现的差异,也要进行严格的控制。因此,在实验前以及实验中,要将实验组和控制组的课时、上课时间、复习要求、课外辅导、作业、考试次数和试卷难度等因素都规定好。总之,对于无关变量的控制,是提高实验科学性的关键,凡与自变量无关而又可能影响因变量的各种因素,都要自觉地、尽可能地加以控制。

(三) 实验资料的整理

整理研究资料是对前面工作的总结,也是对实验结果的陈述,同时也是实验目的的体现。它一般分为两个部分的内容:一是整理汇总实验材料、对观测记录进行统计、分析,描述实验结果,检验假设,提出理论解释和推论。二是撰写研究报告。根据实验的结果和前期的文献资料撰写研究报告。研究报告是实验的最终成果。

第三节　用"研究课"解决教学问题

这里所说的"研究课",是指"围绕微型课题研究展开的教学活动",是根据微型课题研究的目标、内容,在学科教学中,运用一定的方法、策略等,有针对性地解决教与学实际问题的课堂教学活动。作为微型课题的研究活动和研究现场,"研究课"与"行动研究"一样,并不是一种具体的研究方法,而是一种研究的类型,也是研究的平台和载体。

之所以把研究课放到研究方法这部分来讨论,是基于两个原因:第一,微型课题研究的内容大多与学科教学紧密相连,微型课题研究方法的应用,大都是在课堂上进行的,离开课堂和具体的教学过程,研究方法也不复存在,更谈不上所谓的研究;第二,微型课题研究是一种行动研究,而行动的主阵地和现场就在课堂,只有植根课堂、立足课堂,跟学科教学紧密结合起来,在课堂上有目的、有方法、有针对性地解决问题,微型课题研究才能落到实处,才能真正做到在教中研,在研中教,也才能发挥微型课题研究的价值。

一、研究课的特点

(一) 研究性

研究课与常态课、竞赛课、示范课等其他课型的区别在于,研究课的设计与实施必须依据、紧扣课题研究的目标和内容。所谓研究性是指"研究课"要有研究意识,要有清晰的研究内容、研究目标、研究方法和研究过程,要在课堂上有针对性地解决某一具体问题。研究课使学科教学有了研究性,也使课题研究与学科教学融为一体,让课题研究落地并生根开花结果,在很大程度上解决了研究和教学两张皮的问题。

尽管研究课不能脱离学科教学而独立存在,但研究课的价值指向又是相对独立的,它的聚焦点和着力点不仅仅是教学学科知识和相关的技能,更关注教学的思想、观念、方法、手段、策略、途径以及支撑教学的非智力因素等等。设计和实施研究课,教师不仅要考虑教什么,更要思考怎么教和为什么教。如果把课堂比作是一个"场",那么,源于课堂内核的"研究",就是一条条磁力线,它产生于课堂现场,萦绕着教育场,影响并引领着我们的教学行为。

(二) 实践性

从课题研究的角度来看研究课,它的实践性主要表现在两个方面,一是突出做课题,而不是说课题、写课题。不少一线教师误认为做课题就是写文章(论文),只要写得好就能结题,因而,课题研究不是围绕工作、立足课堂去解决问题,而是脱离实践去编造所谓的研究成果。做课题是要写文章,但文章是实践的总结与提炼,是研究的心得体会和报告,只有做得好才能写得好。上好研究课既可以解决教学实际问题,又可以为撰写研究成果积累丰富、鲜活的素材。二是强调"研究课"本质上还是教学实践活动。研究课的研究内容、目标等不可能脱离或游离于学科教学之外独立存在,研究目标、研究内容和研究活动必须融合在学科教学过程中,也就是说,要在学科教学的过程中解决课题研究的问题,实现课题研究的目标,因而,没有教学实践活动,也就没有所谓的研究课。

人们对教育的认识最初是从获得感性经验的实践开始的,但这种感性经验必须经过思考上升到理性的阶段,而这种理性认识是否符合实际,又只有通过实践来检验,如此不断地循环往复,我们的认识才一步一步接近规律,这样获得的知识也才真正是属于自己的。"研究课"就是这样一个在实践中提升理性认识和经验的过程。

(三) 连续性

"研究课"不是一堂(节)课,也不只是一种课型,而是持续关注特定教育教学问题的探索过程。微型课题研究的问题都是日常教育教学中一些细小的、具体的问题,但这些问题不是一己的、个别的,而是由点及面、推而广之,成为某一"类型"的问题。这类问题不是一两堂课,一两天就能解决的,它需要在一定时期内持续不断地观察、分析、改进和提高,要通过一系列的"研究课"解决问题。在这个过程中,通过运用某种教学方法、手段或策略,不断教学某一知识,强化、训练有关技能,从而提高教学效率、教学能力和教学水平。

(四) 成果性

在微型课题研究过程中,"研究课"不仅仅是研究的平台、抓手和研究活动,也是研究成果的展示及呈现方式。教育研究的成果一般包括理论和实践成果。微型课题研究是一种应用型的行动研究,即应用教育理论或实践经验改进工作、提高效率,在理论上一般不会有什么大的突破和发展,但在实践上应该有所改进和提升,这种改进和提升就是研究的实践成果,并且通过研究课的形式呈现出来。一线教师的所谓研究,就是把先进的、科学的教育理论、思想及实践经验通过课堂转化为具体的教学行为,使先进的思想、理念成为提高课堂教学效率和效益的"生产力"。"研究课"就是这种转化结果(成果)的表现方式。

二、研究课的基本类型

研究课既是学科教学活动,又是课题研究活动。那么,在研究课的设计与实施中,学科教学与课题研究之间是什么关系? 或者说,怎么处理教学目标、内容与研究目标、内容之间的关系呢? 从两者的逻辑关系和价值取向具体分析的话,它们之间具有重合、从属和并列三种关系,这也就是研究课的三种基本类型。下面我们通过研究课的教学设计或课堂教学实录具体分析、探讨。

(一) 重合型研究课

所谓"重合型研究课",是指研究课的两类目标或内容在特定的教学时空中是一体的,教学目标、内容与研究目标、内容的指向高度一致(或目标一致,或内容一致),两者相互包容、融为一体。"重合型研究课"所研究的内容大多是学科知识与能力训练的重点、难点或关键点,与当堂课的教学内容基本一致,其目的都是帮助学生掌握某一单元教学的知识或技能。

课例1:

"公仪休拒收礼物"教学设计

江苏省如皋市丁堰小学　潘明哲

一、研究课题

通过编演课本剧提高小学生文本理解能力的研究

二、教学课题

公仪休拒收礼物

三、研究目标

1. 通过扩编、分组表演课本剧提高学生的学习兴趣和参与度。

2. 通过角色扮演使学生体会不同人物的性格,感受公仪休的可贵品质,提高文本理解能力。

四、教学目标

1. 能正确、流利、有感情地朗读课文,能分组、分角色朗读课文。

2. 初步了解剧本的特点,学会阅读、表演剧本。

3. 能抓住文中的重点词语品味人物语言、表情、动作,研究人物形象,把握人物性格特点。

五、研究内容

1. 扩编课本剧。

2. 分组表演课本剧。

六、教学内容

1. 学会本课9个生字,理解由生字组成的词语。

2. 了解独幕剧的特点,在认真阅读剧本的基础上扩编剧本。

3. 学习"正因为……所以""如果……就要"等一系列关联词语,联系现实生活,理解公仪休最后一段话的含义,感受公仪休清正廉明、遵法守法的品格。

七、设计说明

(一)在教学"公仪休拒收礼物"时,学生表演时动作比较单一。在演课本剧的过程中,关于书上写出的公仪休或者是子明的神态、动作,学生演得基本到位,但对于课本提示之外的神态、动作,学生要么傻站着,要么就是来回走、原地打转。而他们自己也觉得演得不够过瘾,不够尽兴。之所以如此,可能是因为:第一,文本内容比较简单,学生又没能深入理解课文,难以想象人物的心理活动、神态动作,更谈不上发挥了;第二,学生理解了课文,但平常在生活中不善于观察,所以不清楚不同身份的人物会有什么样的表现;第三,学生理解课文,生活中也会观察,但缺乏一定的想象力,所以演技显得平平;第四,人多怯场,发挥不佳。

(二)在表演的过程中,由于人物有限,场地有限,时间有限,所以只有一部分学生能充当演员,而这些演员之中,平时成绩优秀、能力较强的孩子当主角,平平的孩子,最多只能是当当旁白或者在幕后高喊一声"某大夫的管家求见",至于那些比较后进的学生就只有当观众的份了。于是好的学生更出彩,差一点的学生都没有机会表现自己。

基于以上两点,我觉得引导和指导学生重新编演课本剧《公仪休拒收礼物》,不失为解决问题的一个有效方法。孩子们可以在想象中尽情舒展,可以在创作中快乐成长,可以在表演中不断提高文本理解能力。

八、教学过程

(一)精读课文,收集资料(课前完成)

组织学生精读感悟,采用默读、圈画、讨论、交流、感情朗读和想象情景等方式深入理解课文内容,观看古装戏的影视资料,查阅春秋时期的文献资料。

(二)小组合作,改编剧本(课前完成)

1. 在认真揣摩原作人物的神态、动作、语言,深刻理解剧情与人物形象的基础上进行扩写。

2. 背景设计、舞台布置和道具制作等各个环节都要考虑周全。

3. 采用小组合作的方式进行扩写。小组成员先独立完成,然后由组长进行整合,整合好的剧本再由小组讨论定稿。

新编《公仪休拒收礼物》(独幕剧〈节选〉)

时间:两千多年前的一天下午

地点:公仪休家的客厅内

人物:公仪休(鲁国的宰相)

  子明(公仪休的学生)

  公仪府侍卫

  鲁国李大夫的管家

[幕起。客厅内摆设简洁典雅,一只鸟状红铜香炉内,插着几根香,款款流淌着淡蓝的烟气,子明正盘坐在屏风旁的蒲席上温习功课。

子明:(手持竹简,闭目吟诵)学而时习之,不亦说乎? 有朋自远方来,不亦乐乎? 人不知而不愠,不亦君子乎?

公仪休:(踱着方步从内室上)子明。

子明:(忙起身向老师行礼)老师好。

公仪休:(轻摇羽扇)你已经来了好久了吧?

子明:我刚来了一会儿。

公仪休:最近功课做得怎么样?

子明:谨遵老师教诲,不敢有丝毫的怠慢。

公仪休:那我可要考考你喽。

子明:老师请指教。

公仪休:(略作思量)道之以政,齐之以刑,民免而无耻;

子明:(对答如流)道之以德,齐之以礼,有耻且格。

公仪休:智者乐水,

子明:仁者乐山。

公仪休:智者动,

子明：仁者静。

公仪休：智者乐，

子明：仁者寿。

公仪休：弟子，

子明：入则孝，出则悌，谨而信，泛爱众，而亲仁。行有余力，则以学文。

公仪休：(满意地捋了捋胡须)哈哈哈，果然大有长进！

子明：(俏皮地笑了笑)嘿嘿，是老师教得好。(稍作停顿)老师，您吃过饭了吧？

公仪休：嗯，刚吃过。(回味似地咂了咂嘴)子明，刚刚一顿饭菜，就数鲤鱼的味道最好，实在是鲜美啊！今天买了一条，一顿就吃光了。

子明：老师，我知道您最喜欢吃鱼了！

公仪休：(眉飞色舞)是啊！河里的，海里的，南方的，北方的，我是遍尝天下鱼呀！什么草鱼、鲤鱼、鳙鱼、鲫鱼、黑鱼、黄花鱼、鲢鱼、青鱼、带鱼、墨鱼、大黄鱼、小黄鱼，还有鳝鱼、甲鱼、泥鳅，煎、炒、蒸、煮起来，那真是人间美味呀。(回味)天天有鱼吃，胜似活神仙啊！

[子明忍俊不禁地笑了起来，笑之余，向公仪休请教学识问题。

[管家从幕后上。

管家：(手拎两条鲜活红鲤鱼，轻佻地走着八字步，说唱起来)管家我，送鲤鱼，送鲤鱼。送到哪，公仪府，公仪府。鲤鱼肥，鲤鱼鲜，公仪大人乐开怀！

管家：(发现公仪府门牌，用食指指了指)哦，到了。

侍卫：(发现来者举止轻佻，大喝一声)来者何人？

管家：(不慌不忙)我乃李大夫的管家。请问公仪大人在家吗？

侍卫：我家大人刚刚回府。

管家：(对观众扮了扮鬼脸)来得早，不如来得巧。

管家：我有事求见你家大人，烦您通报一声。

侍卫：好，稍待片刻。

侍卫：(小跑进客厅)报！李大夫的管家求见。

公仪休：知道了，下去吧。

侍卫：是！

公仪休：子明，烦你去带他进来。

子明：(轻盈地迈着步子走至前府)请随我来。

管家：(笑不拢嘴)好好好。

[子明领管家进入客厅。

管家：(满脸堆笑地施了一个礼)公仪大人好！(稍作停顿)大人，恭喜您荣升鲁国宰相。

公仪休：谢了。

管家：(神情谄媚)我家主人说，您为国为民日夜操劳，真是太辛苦了！特叫小人送两条活鲤鱼，给大人尝尝鲜，补补身子。

公仪休：谢谢你家大人的盛情，可这鱼我不能收哇！你不知道，我原来是很喜欢吃鱼的，可是现在我一吃鱼浑身就冒许多小红疙瘩，又痒又痛，难受至极。请你务必转告你家大人，他的好意我心领了。

管家：(试探性地诱惑)大人，这可是淮河活鲤鱼，鲜得很咧！

……

(三)分组表演，课堂展示

利用课后时间排练，课上以小组为单位进行课本剧表演比赛。

……

九、教学反思

本堂课的设计与实施是把课题研究与学科教学进行融合的一次尝试，同时，也是对常态课的一次改进和提高。在之前教学"公仪休拒收礼物"时，虽然也有表演，但只是就文本教学文本，并没有这样有目的、有针对性地通过激发兴趣、提高参与度促进学生深入理解文本。就语文教学而言，怎样从感兴趣的层面上寻觅到情趣，拾掇到意趣，创新教学方法是必要的途径。同学们在课本剧《公仪休拒收礼物》的再创作中兴趣浓厚、热情高涨，并且进行了真正意义上的合作。在创、编、演的过程中，他们考察运用了不少影视资料、网络资料，实现了各类知识的拓展延伸，通过反复研读文本，揣摩人物心理，学习表演技巧，精心设计场景，培养了一定的审美情趣，从而提高了文本理解能力和语文素养。

一次新的尝试，一次丰收的喜悦。同学们演得是那样的活灵活现，那样的意气飞扬。欣赏着孩子们惟妙惟肖的演出，我深深地沉浸在他们的快乐之中。后来，我们新编的课本剧《公仪休拒收礼物》参加了南通市课改特色学校的验收演出和丁堰小学百年校庆的演出，获得了领导专家的一致好评。

从这堂研究课的设计思路和教学效果看，研究目标与教学目标，研究内容与教学内容基本一致，尽管表述有差异，但内在的价值指向以及要实现的教学结果或境地是完全相同的。这个微型课题研究的方向（主题）是"通过编演课本剧提高小学生文本理解能力的研究"，目标就是要通过编演课本剧来提高小学生的文本理解能力。因此，潘老师设计了这样两个研究目标，一是通过扩编、分组表演课本剧提高学生学习的兴趣和参与度；二是通过角色扮演使学生体会人物不同的性格，感受公仪休的可贵品质，提高文本理解能力。两个目标的关键词是扩编、兴趣、参与度、角色扮演、文本理解能力。这堂课的教学目标有三个，一是能正确、流利、有感情地朗读课文，能分组、分角色朗读课文；二是初步了解剧本的特点，学会阅读、表演剧本；三是能抓住文中的重点词语品味人物语言、表情、动作，研究人物形象，把握人物性格特点。三个目标的关键词是朗读课文，了解、阅读、表演课本剧，品味、研究、把握人物特点。两类目标的表述不尽相同，但内在的价值取向都是指向学生文本理解能力的提升。

这堂课的研究内容有两个，一是扩编课本剧；二是分组表演课本剧。教学内容包括三个方面，一是学会本课9个生字，理解由生字组成的词语；二是了解独幕剧的特点，在认真阅读剧本的基础上扩编剧本；三是学习"正因为……所以""如果……就要"等一系列关联词语，联系现实生活，理解公仪休最后一段话的含义，感受公仪休清正廉明、遵法守法的品格。

从研究内容看，扩编也好，分组表演也好，是为了让学生更好地理解文本中的生字、词语；更好地了解独幕剧的特点，学会阅读剧本；更好地体悟人物的个性品质。反过来，在扩编和表演之前要先熟悉并初步掌握教学内容，这是扩编和表演课本剧的基础和前提。很显然，研究内容和教学内容的出发点不一样，着力点不同，但它们是一枚硬币的两面，是一个不可分割的整体。事实上，扩编和表演课本剧是这堂课的表现形式，而学习、理解生字词，阅读、朗读课文，品味、研究、把握人物特点等才是这堂课的教学内容。在逻辑上，内容与形式往往是叠态的影像，在一定条件下是可以互相转化的，作为一定内容的形式，可以成为另一形式的内容。扩编和表演课本剧是本堂课的研究内容，也是本堂课的教学形式，但在实际的教学中，尤其是学生角色扮演时又转化为教学内容，而阅读、朗读课文，品味、研究、把握人物特点等又成为了形式。总之，这堂课的研究目标和教学目标，研究内容和教学内容是重合的，价值取向是一致的。

从教学效果看，扩编的课本剧《公仪休拒收礼物》和原课文相比，不仅内容丰富多了，而且人物的形象也更鲜明了。在扩编和表演的过程中，孩子们走进了文本人物的生活世界，体验课本场景，体悟文本蕴涵的社会形态与生活方式，对课堂生活化，锻炼学生的分析、思考、表演能力等都有很大的帮助。扩编和表演课本剧有效地调动了学生的学习兴趣和参与度，培养了学生的合作能力，帮助学生习得了学习方法，提升了学习能力和学习水平，并初步建立起对是非、善恶、美丑的评判标准和价值取向。心理学的有关研究成果也表明：听和看虽然可以帮助学生获得一定的知识，但远远不如动手操作给人的印象深刻，不如亲身体验那样使人掌握得那样牢固，不如实际参与更能将有关知识转化为实践能力。

（二）从属型研究课

所谓从属是指研究课的研究目标和内容从属于教学的目标和内容，研究目标和内容是为实现教学目标服务的。"从属型研究课"所研究的内容一般是针对特定学生或特定教学内容所应用的教学方法和策略。这些方法或策略的应用首先是根据学情和教学内容而确定的，脱离学情和教学内容的方法和策略都是低效乃至无效的。"从属型研究课"的研究目标就是为了更好地实现教学目标。课例2是一节同课异构研究课，研究课题和教学课题都一样，但两位老师运用了不同预习方法和策略进行了教学。

课例2：

"杜十娘怒沉百宝箱"教学设计

山东省章丘市第七中学　王　英

一、研究课题、教学课题

（一）研究课题

高中生语文预习策略的研究

（二）教学课题

杜十娘怒沉百宝箱

二、研究目标、教学目标

（一）研究目标

通过积累、理解、评价等预习策略的运用，提高学生的积累能力、分析能力和概括能力。

（二）教学目标

1. 通过学习，能说出故事情节的内容和悲剧结尾的意义。

2. 理解杜十娘善良、热情、刚强而又坚定的性格特点及其悲剧的双重性（命运悲剧和社会悲剧），理解小说的主题。

3. 通过分析杜十娘周围的人物（李甲、鸨母、柳遇春、孙富），比照杜十娘的独特人品，促使学生形成向善向真的美好品质。

三、研究内容、教学内容

(一)研究内容

1. 指导学生应用积累、理解和评价等预习策略进行自主学习。

2. 培养学生的预习(自主学习)能力和合作学习意识。

(二)教学内容

1. 了解中国古代话本、拟话本的特点以及二者的区别。

2. 分析文章的结构,了解塑造人物的方法,并以此分析文章中主要人物的形象,体味人物语言,揣摩本文朴实自然、口语化的语言特点。

3. 体会杜十娘的爱情悲剧,理解"百宝箱"的多重含义,理解作者对追求幸福却被迫牺牲性命的妇女的同情,从而体会小说深刻的主题。

四、教学过程

(一)导入

每个人都憧憬美好的爱情,化蝶双飞的梁祝,隔岸相望的牛郎织女,合葬华山旁的兰芝仲卿,他们在家长们的专制下以悲剧结局,可是他们却也享受了爱情的甜蜜,但是还有很多人付出了自己的真情,得到的不是心心相印,而是背叛的悲凉。杜十娘便属于后者,让我们走入小说《杜十娘怒沉百宝箱》,去看看她的悲剧人生。

(二)预习检测(练习题PPT,检查学生课前积累型预习的情况)

1. 下面词语中加点字的读音有误的是(　　　)

A. 粮饷未充(xiǎng)　　纳粟入监(jiàn)　　倏已寂然(shū)　　读书在庠(xiáng)

B. 脸如莲萼(è)　　　　胁肩谄笑(chǎn)　　钟馗老儿(kuí)　　行户人家(háng)

C. 顿开茅塞(sè)　　　翠钿金钏(chuàn)　　十斛明珠(hú)　　一场亵渎(dú)

D. 疏不间亲(jiàn)　　得遂其愿(suí)　　　鸾带绣履(luán)　　囊箧萧条(qiè)

答案:D;"遂"为四声

2. 下列词语中没有错别字的一项是(　　　)

A. 纳粟入监　权作浮居　屏去左右　素性方严

B. 教坊落籍　山水之废　观者如堵　惑于浮议

C. 凑聚将来　剪江而渡　鸾鸣凤奏　萍水相逢

D. 仓猝难范　说得入港　疏不间亲　命之不辰

答案：C;A 纳粟入监,B 山水之费,D 仓促难犯

3. 下列各句中加点的成语使用不当的一项是(　　)

······

4. 下列说法错误的一项是(　　)

······

(三) 概括情节,分析形象(组内互查课前理解型预习的情况,同时进行合作交流,修正问题)

我们读小说,从感知来讲最吸引人的莫过于情节和人物,这在预习案中已经涉及,请小组交流,然后进行展示。

1. 内容：情节梳理概括、人物形象分析。

2. 方法：小组交流,展示。

交流：组长主持,找好中心发言人,其他人进行修正补充;时间 5 分钟。

展示：选好展示人员,注意表达清晰、简洁。

补充订正：其他同学必须认真听,展示人员完成后进行补充订正。

3. 用 PPT 形式将概括内容展示出。

(1) 情节梳理概括：

开端：(1—3)十娘久存从良志,鸨母无义逼李甲。

发展：(4—5)公子借钱不得,柳玉春仗义相助;姐妹相送,十娘真情从公子。

再发展：(6—8)孙富见色起歹意,李甲薄情卖佳人。

高潮：(9)情痴女怒沉百宝箱,薄情郎愧失心上人。

结局：(10)李甲愧悔成狂疾,孙富受惊为怯鬼。

两情相悦——双双离京——怒沉百宝箱——李甲成狂疾,孙富病逝

概括：明朝万历年间,东京妓女杜十娘遇到布政之子李甲,两情相悦,设计用三百两银子赎身后携百宝箱乘舟南下。离家越近忧虑越深的李甲在盐商孙富的诱惑下出卖十娘。第二天,十娘谴责李甲后,怒沉百宝箱投江而死。后李甲发狂,孙富成鬼。

(2) 人物形象分析

杜十娘：一个才貌双全、轻财好义、聪敏机智、刚烈自尊的风尘女子。

李甲：庸懦自私、背信弃义的纨绔子弟。

孙富：邪淫、卑鄙、狡诈、可耻的奸商。

柳遇春：爱憎分明,乐于助人,成人之美,颇有君子之风。

（四）分享阅读体验（检查学生的评价型预习，提高学生赏析文本的能力）

本文作者冯梦龙，在评述当时的说书艺术时说："试今说书人当场描写，可喜可愕，可悲可涕，可歌可舞……其感人未必如是之捷且深也。"其实他的小说也追求这种效果。在阅读小说时，我想大家肯定有"可喜可愕，可悲可涕，可歌可舞"的感受。现在就来让我们分享一下阅读体验。

（1）内容：

① 就你最欣赏或最反感的人物、最快意或最感动的场面、最巧妙的情节设计、最精彩的语言写一段不少于150字的感受。

② 写出阅读后你想弄明白的问题。

（2）方法：

① 组内交流，将自己写的文字和不明白的问题在组内交流，选出最值得研究的问题。

② 每组推选出优秀的评论进行展示。

……

（五）比较阅读

……

（六）小结

……

"杜十娘怒沉百宝箱"教学设计

江苏省如皋市第一中学　李冬梅

【研究课题】高中生语文预习策略的研究

【教学课题】杜十娘怒沉百宝箱

【研究目标】

初步掌握信息筛选、反证的预习方法，提高文本理解和鉴赏能力。

【教学目标】

1. 学会从社会背景、人物性格、人物经历等角度分析杜十娘悲剧的原因，提高学生的文学作品赏析能力。

2. 通过杜十娘这一形象，认识封建社会对妇女的摧残，体会这些悲剧女性的价值。

3. 培养学生敢于提出问题并研究、讨论的自学习惯。

【研究内容】

指导学生运用信息筛选法、反证法从文本中获取信息、处理信息,分析、推理、论证和解决问题。

【教学内容】

1. 了解故事发生的时代背景、情节内容。

2. 分析主要人物杜十娘、李甲的形象。

3. 准确把握小说女主人公的悲剧命运。

【教学过程】

一、导入

莎士比亚在《哈姆雷特》中曾经说过:"女人啊,你的名字叫弱者!"他道出了文学作品中女性大多以悲剧收场的命运。的确,像《孔雀东南飞》里的刘兰芝,《琵琶行》里的琵琶女,《祝福》中的祥林嫂,《安娜·卡列尼娜》里的安娜。今天我们要学习的小说《杜十娘怒沉百宝箱》里的杜十娘也是一个悲剧人物。

今天,我们主要来分析一下杜十娘的人物形象,理解她的悲剧命运。

二、概述情节(检查学生运用信息筛选法预习的情况,指导学生分析、提炼、概括文本。)

首先,哪位同学能为大家概述一下这个故事?

相中李甲——设计赎身——中途被卖——抱匣投江

适时点评:能抓住时代背景、主要人物、主要事件和结局,言简意赅。

三、分析人物形象(检查学生运用信息筛选法分析、比较、综合人物的个性特点的情况,展示交流)

1. 现在,同学们分组交流一下预习题三的内容——杜十娘和李甲的人物形象。(5分钟)

2. 我们先来走近故事的女主角——杜十娘。请同学们陈述自己观点的时候,为自己的观点找到依据,力求有理有据,自圆其说。

学生发言。

杜十娘:美丽漂亮 重情轻财 聪慧机敏 善良痴情 刚烈自尊

3. 杜十娘是一个生活在封建社会底层的弱女子,那么,李甲在你眼中是一个什么样的人呢?

李甲:忠厚(善的一面)见利忘义 懦弱 自私

适时点评:观点鲜明,言之有据;各抒己见,铿锵有力;妙语连珠,精彩;概括准确,理由充分。对一个人的分析应该一分为二,这样才能更全面地了解他。

四、出路设计(检查学生运用反证法自学的情况,促进学生进一步理解杜十娘悲剧的原因)

1. 杜十娘知道自己被李甲转手卖给孙富后,除了投江自尽,她有没有别的路可走?你为她设计了一条什么样的出路?

根据学生答案适时板书:

可能情况:另觅知音、独身生活、生财致富、遁入空门、重结良缘

2. 学生讨论发言:这些出路是否可能?

提示:肯定学生善良本心。提示:人物命运的安排不能违背人物本身的性格特点,不能脱离人物所处的时代背景。

补充时代背景:明代是中国历史上商品经济发展最为充分和繁荣时期,金钱在生活中的地位日益提高,传统的价值观念和意识受到冲击,对金钱的追求使人与人之间的交往成了以利相交的关系,使人对自己和他人都失去了一份最起码的尊重。

另觅知音——久有从良之志,觅得李公子,却遭始乱终弃,"以利相交"。可见万金易得,知音难寻。

独自生活——有百宝箱,早可赎出自己。

生财致富——非爱财之人,想要的不是钱。

遁入空门——追求珍视爱情。问世间情为何物,直教人生死相许。多少痴情人为情而终。

重结良缘——看清薄幸人。性格刚烈,与李公子恩断义绝。

3. 杜十娘要的究竟是什么?

不是一纸婚书,不是家财万贯,而是一份"生死无憾"的真情。

4. 明确:我们设计的出路违背了人物的性格特点,杜十娘的生存也缺乏现实的土壤。

"命之不辰,风尘困瘁,甫得脱离,又遭弃捐",这是怎样的命运啊!她渴望真爱,但这个愿望在当时只不过是一个虚幻的名词。万念俱灰之下,死,成了唯一的选择,唯一的出路。

5. 你能理解作者这样安排结局的意图吗?

鲁迅:"悲剧是将人生的有价值的东西毁灭给人看。"

冯梦龙将杜十娘身上有价值的东西展示给我们,用毁灭她的美好的品质来震撼我们的

内心。

揭示一个受侮辱被损害的人物的悲惨命运,塑造一个光辉的女性形象。

五、总结

回看标题——"杜十娘怒沉百宝箱",理想是那么的高贵,现实是如此的卑劣,杜十娘以了结生命的方式,表达了自己对时代、对社会的愤怒与控诉。

齐读高潮部分。

古今多少事,都付笑谈中。杜十娘的悲剧已离我们远去,然而她向那个社会、那个时代提出的最强烈的抗议,是值得我们深思的。

这两节研究课是我们在山东省章丘市第七中学开展的研究课观摩活动。从设计思路看,这两节课都是检测、展示课,通过不同的路径检测、展示了学生的预习策略和预习效果。

王英老师把预习称为前置性学习(前置性学习可以在课前进行,也可以在课中进行),并分为积累、理解和评价三种类型,这也是本节课的研究内容。所谓积累型预习,就是要求学生在预习时做好语文基本知识的积累,包括字词句的积累,也包括对一些作家作品、传统文化知识的积累。本节课学生根据这一要求,把字词句等内容在预习时整理到自己的笔记本上,在课堂教学的第二环节进行了相应的检查、展示。

所谓理解型预习,就是要求学生在预习时从整体上把握小说的内容,理清思路,概括要点,理解小说所表达的思想、观点和感情。根据语境揣摩语句含义,体会语言表达效果。对小说做出自己的分析判断,努力从不同的角度和层面进行阐述和质疑。灵活运用精读、略读、浏览和速读等阅读方法,提高阅读效率和效果,发展独立阅读能力。在本节课的第三个环节,学生对小说的情节进行了梳理概括,对人物形象进行了分析,先是组内交流预习的情况,然后全班展示。从教学效果看,通过前置性自主学习,学生能够仔细阅读文本,并根据教师的阅读指导方法进行勾画,及时地批注。但在展示时,学生的部分语言表达欠妥当、欠规范。因此,教师及时指出了学生存在的问题,并给予了一定的方法指导,让他们清晰地知道了小说中的情节和人物形象的概括方法及格式,为后面更好地理解文本奠定了基础。

所谓评价型预习,就是要求学生在预习时注重个性化的阅读,充分调动自己的生活经验和知识积累,在主动、积极的思维和情感活动中,获得独特的感受、体验和理解。学习多角度多层次地阅读,从小说中发现新意义,获得新体验;学习用现代的观念和发展的眼光审视小说的内容和思想倾向,提出自己的看法。课前,王老师要求学生就自己最欣赏或最反感的人物、最快意或最感动的场面、最巧妙的情节设计、最精彩的语言写一段不少于 150 字的感受或评价。课堂上先组内交流,然后每组选一个人在全班展示。从教学效果看,学生能在研读文本时发现问题,提出自己的见解,在展示时,敢于交流、碰撞,尽管思维带有他们这个年龄的特点,思考简单甚至有些冲动,但这符合"生本课堂"的要求。

李老师这节课的研究内容是"指导学生运用信息筛选法、反证法从文本中获取信息、处理信息,分析、推理、论证、解决问题"。所谓信息筛选法,就是要求学生在预习时对小说的人物、环境和情节等信息进行分析、概括、判断、组合、提取,并从中选出所需要的信息,以便更好地体会、理解文本。从教学效果看,学生通过提取中心句和关键词语,抓住了时代背景、主要人物、主要事件和结局,言简意赅地概括了小说的脉络:相中李甲——设计赎身——中途被卖——抱匣投江。总结出杜十娘美丽漂亮、重情轻财、聪慧机敏、善良痴情和刚烈自尊的美好品质,以及李甲忠厚(善的一面)、见利忘义、懦弱和自私的人物形象。很显然,指导学生运用信息筛选法进行阅读,既能发展学生的逻辑思维,又能培养学生的自觉性,帮助学生提高阅读效率,增强学生的阅读理解能力。

所谓反证法,就是指导学生运用反证的方法从社会背景、人物性格和人物经历等角度分析杜十娘悲剧的原因,认识封建社会对妇女的摧残,体会这位悲剧女性的价值。反证的思路是:杜十娘投江不是必然的(否定其投江行为),为其设计出路(假设各种可能,进行推理,导出矛盾),否定假设,肯定投江是必然的。

在这一环节,同学们为杜十娘假设了以下出路:另觅知音、独身生活、生财致富、遁入空门、重结良缘,但推理、论证后又一一否定,因为这些出路既违背了人物的性格特点,也与所处的时代背景与社会现实不符。最后认识到杜十娘投江是必然,也是唯一的出路,从而领悟到杜十娘悲剧的原因。

综上所述,两节课的研究目标都是提高学生语文学习的积累能力、分析能力、概括能力、理解能力和鉴赏能力,研究内容都是指导学生运用具体的预习策略解决实际问题。很显然,研究目标和研究内容是依据"杜十娘怒沉百宝箱"的教学目标和教学内容设计的,如果背离了教学目标和教学内容,这两节课的研究目标和研究内容就没有实际意义,因为,无论是积累型、理解型、评价型预习策略,还是信息筛选与反证法都不是适合所有阅读教学的。所以说,从属型研究课的研究目标和研究内容是因教学目标和教学内容而生,是为教学目标和教学内容服务的,是为了提高课堂教学效率和效益而存在的。反之,这两节课如果没有研究目标和研究内容的支撑,也就是说没有如此极具针对性的教学(预习)策略以解决问题,教学目标的达成度必然会降低,教学可能会低效乃至无效。

(三) 并列型研究课

并列型研究课是指研究课的研究目标、内容与教学目标、内容之间没有直接的联系(存在间接关系),是相互独立的。并列型研究课研究的内容一般有两大方面,一是学生的非智力因素及其对学习的影响,包括学习动机、兴趣、习惯和态度等;二是教学活动的组织、管理、制度与规则、评价等方面的问题。例如,小学生合作学习中小组长作用的研究、高中化学教学实行"一班两制"的研究、小学数学合作学习中"边缘人"成因研究等,这类课题的研究目标、内容在研究课教学中是相对独立的,与教学目标、内容是并行的。对"小组长""一班两制""边缘人"等的研究与当堂课的教学目标、内容关联度不大,但在整体上或一定时段内,研究并解决这些问题有助于实现教学目标,有利于提高教育教学效率和质量。

课例3:

作文指导教学设计

江苏省如皋市白蒲小学　马建红

研究课题:小学语文学习小组动态重组策略的研究 教学课题:小学六年级作文指导		
研究目标:通过小组动态重组提高小学生的合作学习意识和合作学习能力。 教学目标:通过聊、赏、写、改等活动培养学生的写作兴趣和写作能力。		
研究内容:1. 创新学习小组的分组方式。 　　　　2. 根据教学内容需要变换座位分布型态。 教学内容:1. 指导学生回忆乡村活动,将一次活动经过完整、突出重点地记叙下来。 　　　　2. 欣赏、朗读比较精彩片段,感受感悟语气词、动词的妙用。 　　　　3. 指导学生自评互改作文。		
学生活动单	小组及 座位型态	教师导学案
【活动方案】 活动一:聊乡村活动 　1. 在组内找个伙伴互相聊聊你印象	秋田式和U型分布交替使用,便于学生听教师	一、叙乡村之缘 　1. 有三个调查小提问,我们在心中一一对照,只要你符合其中一问的,待会儿请举手。你现在家住农村吗? 你的老家在农村吗? 你家有住在农村的亲戚朋友吗?

续　表

学生活动单	小组及座位型态	教师导学案
最深的一次在农村玩的经历。(可以是最有趣的,可以是感受最深的,可以是最有意义的……)	讲授、看黑板。 不分组,无学桌,秧田式自由组合,便于学生自由讨论。	2. 看来我们跟农村有着不解之缘呀! 今天我们就走进乡村,(揭题)聊聊我们孩子都特感兴趣的话题——玩(板书)。 二、聊乡村活动 1. 过渡:说说你在农村玩过什么? 哪一回的玩给你留下的印象最深刻呢? 2. 完成活动一:聊乡村活动 3. 学生汇报 4. 教师重点点拨
2. 全班交流 活动二:赏难忘一幕 1. 赏读"精彩共赏",看看小作者哪些地方写得特别精彩。(一句话、一个词、一个标点……精彩处处在!)		聊活动时要讲清楚"那时、那处、那人、那景"聊活动时要突出最难忘的"那一幕"。 三、话难忘一幕 (一)赏难忘一幕 1. 导入:光听大家这么聊总感觉还不过瘾! 这样,让我们来看看一位同学他是怎样来讲述他挖蝲蟈的经过的。
2. 挑选一处精彩点进行汇报。 活动三:改活动片段 1. 在组内朗读自己的作品。 2. 组内挑选一位组员的作品共同修改。(不要忘记使用修改符号哟!)	第一阶段:分组围坐。便于小组讨论和交流。	2. 完成活动二:赏难忘一幕 3. 学生汇报 4. 相机点拨 (1)通过比较朗读,体会语气词的恰当使用,不光能更好地表达作者的感情,还会为文章增添不少情趣。 (2)体会文中动词使用的准确,回忆自己的活动中有哪些动作,边演边说。 (二)记录美好时刻 完成检测反馈:记录美好时刻 (三)改活动片段
3. 派代表展示修改后的作品,并说说修改的理由。 【检测反馈】: 写美好时刻,将玩耍时最难忘的一幕具体生动地写下来!	第二阶段:重新分组,有相同经历和写作内容的学生组成新的小组,便于讨论和修改作文。	1. 过渡:古人云:文章不厌百回改,三人行必有我师焉,下面我们来合作修改修改我们刚写的这段话。 2. 根据片段内容重新分组。 3. 完成活动三:改活动片段 4. 小组派代表汇报,其他组相机补充。 (四)总结 今天我们共同走进乡村,感受着乡村活动无穷的乐趣,把我们刚才课堂上聊的一些内容有条理地记下来,就是一篇篇充满情趣的好文章。其实写作文就是这么简单!

课例 3 的研究内容是学习小组建设（动态重组），而教学内容是作文指导，很显然，在内容上两者之间没有直接的联系，研究活动和教学活动在教学过程中是两条并行但有内在联系的线。

第一条线是这堂课的研究活动，即通过创新学习小组的分组方式、变换座位分布型态、动态重构学习小组提高小学生的合作学习意识和合作学习能力。这一目标是针对当前学习小组建设中存在的问题进行的改进和突破。实施新课程后，课堂教学的组织形式发生了巨大变化，小组合作学习成为课堂教学最重要的也是最常见的学习方式和教学策略。但学习小组建设一直存在"注重形式、忽视实质、缺乏实效"的问题，在座位排列、小组成员组合、评价方法和交流展示等方面已经形式化甚至僵化，不仅不能发挥小组合作学习的应有作用，而且影响了教学效率。从教学效果看，马老师在这方面的探索和实验有了一定的突破，其中有两点让人眼前一亮。

一是学习小组座位的排列采取了秧田式与小组围坐式并存的形式。只有凳子没有学桌的秧田式分布在正对黑板的教室中央，而四或六人组成的学习小组成 U 型分布在教室周围，根据教学需要，两种形式交替使用。

实施第一个活动"聊乡村生活"和第二个活动的第一个环节赏读"精彩共赏"时，马老师采用了秧田式座位。这样的安排首先有利于学生"聊"，学生之间没有学桌相隔，没有分组，聊和听的对象可以自主选择，这种零距离的、开放的、自由的交互场域给了学生畅所欲言、言无不尽的空间，孩子们在近乎"玩"的状态下聊"玩"的经历，因而，说"最有趣、感受最深的那时、那处、那人、那景"时津津乐道、手舞足蹈、淋漓尽致。其次，便于学生"赏"，第二个活动的第一个环节是欣赏一位同学描述他挖蟋蟀的经过，看看小作者哪些地方写得特别精彩。范文用投影仪呈现在前面，学生朗读、欣赏、评析和汇报时不需要变换坐姿、扭脖子、跨座位，便于学生听和说，节约了时间，提高了效率。

实施第二个活动的第二个环节"描绘精彩"和第三个活动"合作修改"时，采用了小组围坐式，便于学生讨论、交流和修改。

二是动态重构学习小组。学习小组分组一般是组间同质、组内异质、组内同质、组间异质的，一旦分好后，一节课内甚至很长时间内是不会有变化的，即使有变化也是微调。那么，马老师这堂课是怎么处理的呢？我们来看一段课堂教学片段：

师：刚才有不少孩子已经在修改自己的作品了。古人云：文章不厌百回改，三人行必有我师焉,下面我们来合作修改修改我们的作品。我们先重新分分组。哪些同学愿意当临时小组长的。(约十多名学生高高举起手)

师:你是写什么的?

生:捉蝌蚪的。

师:有跟他相同题材的待会就到她这儿来报到。

生:我是写捉鸡的。

师:好的,捉鸡、捉鸭的都到他那儿去。(学生、听课老师笑)

生:我是钓鱼的。

生:我是捉鱼的。(学生笑)

师:那你们就在一组。

生:我是捉蚂蚱的。

师:好的,我们捉虫子的待会儿都到他这儿来。马上我们就要活动了,让我们先来看看活动要求,特别是我们的临时组长,你们可要特别关注哟。谁来读读活动要求?

……

师:我来问一下几个临时组长,看看你们是否真的知道怎么组织。你来说,第一步干什么?

生:让大家读自己的作品。

师:如果你们组内的成员很多的话,该怎么办?

生:我可以再分组。

师:好办法,你还可以再任命一名临时组长。(学生得意样)我再来问问你,第二步干什么?

生:选择合适的一个作品来修改。

师:谁修改?

生:大家一同修改。

师:对,也包括被选中的人。接下去干什么?

生:推荐一个人来汇报,并要说出修改理由。

师:选谁来汇报,你们组自己斟酌。好了,我们的临时组长,现在就去召集你们的人马。

(学生根据写作内容重新分组进行活动,有的小组长挥手在召集,老师提醒部分找不到组别的人可以组建"各展风采"组,有的小组人多,在临时小组长的组织下重新分组。)

（各组朗读、修改片段,或坐或站,很忘我。修改中组内推荐一人执笔,其他人提出修改建议,组内讨论热烈,组员全员参与。修改时间约8分钟。）

根据写作内容重分学习小组,不仅能使有相同生活体验、经验的同学在聊、评、改的时候产生共鸣,而且由于角色和地位的互换或轮换,学生在新的学习小组中也可以保持讨论、交流、合作的新鲜感以及活动的热情,从而提高合作修改习作的效率。学习小组的动态重构,不仅增强了学生的合作学习意识和学习能力,也为这堂课的教学目标的有效达成发挥了重大作用,同时,也很好地契合并反映了"作文也亲切"这一主题所蕴含的教学思想和教学主张。小组合作学习是一种重要的课堂教学组织形式和学习方式,但不是唯一的,不能为了合作而合作,只有根据教学内容、学生实际和教学与环境条件等,选择有价值的内容、有利的时机和适当的次数让学生进行合作学习,并根据教学内容的特点精心设计小组合作学习的"问题",才能使合作学习名副其实、形神兼备。

第二条线是这堂课的教学活动,即通过聊、赏、写、改等活动培养学生的写作兴趣和写作能力。教学活动分三个板块。第一个板块是聊乡村活动。同学们在组内找个伙伴互相聊聊印象最深的一次在农村玩的经历,可以是最有趣的,也可以是感受最深的,还可以是最有意义的……设计这个板块的目的主要是引导孩子们去观察、发现、感悟农村生活的色彩,熟悉身边的事物、了解自己的生活,并将它们作为作文素材,养成观察、体验生活的习惯,从而避免写作文如为"无米之炊"的尴尬,让作文变得亲切起来。

第二个板块是赏难忘一幕。让小作者挑选一处精彩点写下来进行汇报。通过比较朗读,体会语气词的恰当使用,学会表达感情,为文章增添情趣。体会文中动词使用的准确,回忆自己在活动中有哪些动作,边演边说。

第三个板块是改活动片段。小组成员在组内朗读自己的作品,然后挑选一位组员的作品共同修改,最后,每组再派代表展示修改后的作品,并说说修改的理由。在检测反馈这个环节,全班同学都将玩时最难忘的一幕具体生动地写了下来!

这堂课组织学生开展了聊、赏、写、改等一系列的学习活动,变课堂为聊天、讲述、倾诉、对话的场所。突出了不"为作文而作",而为我想说、我想写而作,让学生从心理上接纳作文,情感上亲近作文的作文教学理念。

尽管并列型研究课的研究目标、内容与教学目标、内容之间没有直接的联系,但它们之间不是没有联系,只是没有重合型、从属型那样联系紧密。很显然,课例3中的学习小组动态重组策略是为了创新课堂教学的组织形式,培养儿童的合作学习意识和能力。这一目标的实现,如果从眼前看,有利于本堂课教学活动的开展,提高教学目标的达成度,如果从长远看,既有利于学科教学质量的提高,更有利于儿童的成长和发展。

三、研究课设计与实施要点

(一) 研究课的设计与实施要整体规划

在制定微型课题研究计划和学科教学计划时就要考虑研究课的设计与实施。要根据微型课题研究的目标、内容、周期确定研究课的内容、类型和课时数。在研究周期内,什么时候上研究课、上什么、怎么上、谁上等都要有具体的安排。微型课题研究的问题不可能在一两节研究课上得到解决,必须通过一系列的研究课来观察、测量、分析、矫正、改进,因此,要多上研究课,课题组至少应每一两周上一节研究课。

(二) 研究课设计与实施要着眼解决问题

研究课是解决教育教学实际问题的平台和抓手,解决微型课题研究的问题、学科教学要达成的目标都要在其中进行。因而,研究课的目标要明确具体,不能以学科教学目标替代研究目标,即便是重合型研究课也要有清晰的研究目标。研究课所运用的教学(研究)方法、策略、途径或手段要有鲜明的针对性,所谓"鲜明",就是一点不含糊,所谓"针对性",就是专有所指(能解决问题),在学科教学中态度鲜明、目标明确、方法具体和解决实际问题是研究课区别其他教学活动的主要特征。

(三) 研究课的设计与实施要坚持"双轨制"

研究课具有双重的目标和内容,既有研究目标,又有学科教学目标;既有研究内容,又有学科教学内容。即双目标、双内容和双流程。"双轨制"是研究课的显著特点。如果一堂课只有学科教学的目标、内容及活动,跟课题研究没有关联,就不能说是研究课。

(四) 研究课的设计与实施要注重团队协作

首先,研究课不是孤立存在的,它既是微型课题研究的组成部分,更是教学的组成部分,研究课的设计与实施要纳入课题研究计划和教学计划,需要课题主持人、学科组(教研组)和备课组统筹安排。其次,研究课的设计与实施不是课题主持人个人的事。课题主持人要组织课题组、学科组的老师一起上研究课,可以通过"同一内容+同一教师+连续改进""同一内容＋不同教师＋接力改进""同一内容＋不同教师＋异课比较"等组织形式听评研究课。研究课具有连续性，但考虑到时间的限制和教学进度的安排，课堂的持续研究也可以改为同课异构的方式进行，确定几位教师上同一内容的课，课后分别评课，比较分析哪一种课堂设计更能解决课题研究的问题，更有利于教学目标的达成。

第六讲
如何表达微型课题研究的成果(一)

　　微型课题研究需要对整个过程及其结果进行分析、总结,用文字记载下来,即形成研究的书面材料。这种对研究进行文字描述、加工和记录的过程,既是微型课题研究的重要环节,也是显示研究成果的重要形式。通过对研究过程的描述,对研究成果的梳理,既可以总结、提炼和积累经验,又为教育实践提供解决问题的依据、建议、方案或办法,从而显示研究的价值。微型课题研究应用文的形式多种多样,大致包括教育日志、教育叙事、教育案例、教学课例、研究报告和论文等。

第一节　用"日志"积累有意义的教育生活

　　日志就是日记。它是教师对教育生活的记录,是教师把在教育实践中的做法、体会、感受、反思和总结等内容转化为文字的记录。

　　苏霍姆林斯基在《我怎样写教育日记》中写道:"凡是引起你的注意的,甚至引起你一些模糊的猜想的每一个事实,你都把它记入记事簿里。积累事实,善于从具体事物中看出共性的东西——这是一种智力基础,有了这个基础,就必然有那么一个时刻,你会顿然醒悟,那长久躲闪着你的真理的实质,会突然在你的面前打开。"他说:"记日记有助于集中思想,对某一个问题进行深入思考。""这些记录是思考和创造的源泉。"

　　教育日志不仅是教师观察、分析和记录教育现象、教育问题和教育实践的基本形式,也是教师积累教育教学经验、增强文字水平、提高专业素养的有效途径。

　　通过撰写日志,教师可以不断地总结、反思和提炼自己的教育实践,提高对教育现象的洞察力和判断力,加深对教育问题的认识和理解。从大多数名师成长的历程看,善于、勤于记教育日志是促进其专业进步的显著特征。

　　根据教育日志记录的形式,我们可以把它分为教育备忘录、教育反思和随笔三种。

一、教育备忘录

(一) 什么是教育备忘录

备忘录本来是非正式的外交信件,特指政府部门或外交部致大使馆或公使馆的书面声明,尤其用于例行传达或询问,无需签署。在日常工作中,备忘录一般是用来备忘或保留准备将来用的非正式的记事录,或帮助唤起记忆的记录。

教育备忘录是研究者即时或事后回忆,写下特定时段的经历,包含研究活动的说明,教育教学场景、情境的描述,教育事件以及阅读心得体会的记录等等。备忘录是最常见的日志形式之一。

(二) 备忘录的类型

1. 阅读型备忘录。阅读型备忘录主要记录阅读过程中备忘的思想、观念、名言、警句以及所受的启示、思考、体会等。这类备忘录有两种记法。

一是记读书笔记。俗话说,"好记性不如烂笔头"。读书做笔记不仅能加深记忆,同时也是理解过程,有时又是反复咀嚼、推敲的过程。因此,这时的笔记资料对自己来说有着特殊的价值。做笔记可以边读边用笔墨在书上圈点、批注;也可以是心得式笔记,把读书时的感想和体会写在笔记本上。

二是摘录。在广泛阅读涉猎各方面知识时,把有价值的资料摘录下来。如精辟的论述,发人深省的名言警句,以及重要的结论、事实和数据等。这是一个重要的积累资料的方法。做摘录可以直接写在活页卡片上,然后分门别类地放在贴有标签的文件夹里。也可以准备一个积累资料的本子,把读书时认为有价值或新颖的材料摘记下来。应注意的是摘记要标明出处,即所摘内容的书名、版次、卷页,以便引用时标明。摘录还要注意原话要准、原意要清,不可随心所欲加以穿凿。

2. 记事型备忘录。记事型备忘录通常是对教育现象、教育事件、教育场景或情境的描述。一是记录成功或失败的教育事例,二是记录观察或实验的过程,三是记录社会活动实况(包括与学生、家长以及其他人交流的情况)。这类备忘录要求如实反映真实情况,不能脱离实际情况搞再创作,不能人为地拔高、深化。否则,就会失去其内容的客观真实性。

记录课堂教学活动时,上课时间、上课班级、教学内容应如实注明。学生的姓名要真实,不能模糊地称作"学生一、学生二"或"学生A、学生B"之类。不能想当然地臆造教学情节,更不能根据教师的需要,编造学生的课堂发言。学生的发言如果不够通顺或清晰,教师可在学生原话中加入一些字词,但要注意,这些字词应该用括号标示出来。

案例1：

课题：找规律　执教：王广阔　学生人数：18

时间：8月20日下午

地点：江苏师大云龙报告厅

学生课堂发言参与度记录表

	第一列	第二列	第三列		第四列	第五列	第六列
第一行	0	5	4	过道	0	3	0
第二行	2	3	2		1	6	0
第三行	5	2	2		3	0	0

思考：本堂课总共18个学生,却有6个学生始终未发言,还有1个学生仅发言1次。学生发言参与率大约66.7%,积极发言的只有3人,占16.7%。如果是大班额的教学,又会有多少孩子陪听陪坐呢？未发言的孩子的座位大多是处于边缘地带的。这样的情况是常态课和公开课的共性问题,到高年级尤为严重。这就使课堂成了"那3位学生"的表演舞台,而其他学生则在课堂上处于低头不语的压抑状态,犹如学习的旁观者,课堂上看不到他们的参与,宝贵的时间从身边悄然流逝,该学的没学好,课后还要去补习,进而加重了学习负担。

其实,孩子们自身是有主动发言的心理动机的,但孩子们在主动发言时有所顾虑;同时教师在提问时也考虑不周,没有照顾到更多的学生。这些因素造成了部分孩子发言不够主动的现状。

记录典型的课堂活动,事先要做好录音(或录像)的准备,有了声音甚至图像的"实录",才能做到文字的"实录"。由于是自己经历过的课堂活动,本来就对学生的活动很熟悉,因而整理起来会比较快。另外,要让学生养成使用课堂备用纸的习惯,这样教师可借助学生备用纸上的笔录进行辅助性的整理和校对。

————————— / —————————

案例 2：

课堂教学目标落实情况记录表

授课教师	杨娜娜	班级	一(3)	科目		数学
观课教师	刘美珍	时间	2011 年 11 月 30 日上午第二节			
课型	新授	课题	我换牙了——统计			

		设计目标	目标如何落实	建议思考
教学目标		知识技能目标： 1. 能正确计算。 2. 在具体情境中，发现、提出并解决问题。	教师充分创设了学生喜闻乐见的具体情境：换牙、水果、智慧星，让学生在具体情境中提出问题并解决，很好地落实了知识技能目标。	教师对学生的评价不够到位，没有通过评价针对性地给学生提出指导性的努力方向。
		过程方法目标：在练习中帮学生将数学知识转化为技能。	引导学生经历统计的发生、发展过程，强化了学习统计过程中的体验与感受，培养了学生分析问题，解决问题的能力。	在整个过程中，教师还是引导较多，建议有些地方再放一放，给学生充分的自主探索的空间。
		情感态度价值观目标：在解决实际问题的过程中，体验数学的应用价值。	整节课都是围绕着解决实际问题而设计的，如：统计换牙情况、统计喜欢的水果、统计各组获奖情况，让学生在解决这些问题的过程中实实在在地感觉到数学与生活的密切联系，从而有效落实情感态度价值目标。	本目标落实比较到位。
各环节教学目标的落实		1. 复习导入。在新课导入中，通过谈话提问的形式，创设了贴近学生生活实际的学习情境，充分调动了学生学习的积极性。 2. 获取新知。重视知识形成与发展过程。在新课的展开阶段，首先通过小组讨论，激发学生的参与动机，然后指导学生主动探究，分类整理，再合作交流，从而为学生创设了一个宽松和谐的学习环境，使动手实践、自主探索、合作交流真正成为学生学习的主要方式。在总结阶段，注意拓展知识，回归生活，充分体现数学生活化。 3. 巩固拓展。课上设计了与生活息息相关的习题，如：统计学生爱吃的水果种类，还统计了学生获智慧星的情况，由于这些统计都比较贴近学生的生活，让学生很感兴趣，学生参与的热情高涨，可以促使其自然而然地用所学到的知识解决问题。		

3. 解释型备忘录。解释型备忘录主要记录对教育现象、事件的认识、理解和体悟,包括阅读过程中批注、点评和感受等。如果记事型备忘录只是对教育事件或教育现象的描述,那么解释型备忘录就是对教育事件或现象的解读和推论。当我们面对教育事件、教育现象时,往往会依据自身的理论水平和实践经验对人和事作出判断、推论,或进行议论、评价。把这些记下来,不仅可以为处理实践中的矛盾和问题积累经验,也可以积累写作素材。

———————— / ————————

案例 3:

本学期第一单元的主题是"高尚",在出示单元主题时,我问学生:"在你心目中,什么是高尚?"学生们犹犹豫豫,不知如何表达,尽管这个词语大家耳熟能详,但是对于它的具体所指,却很难一下说清楚。它常常被用来形容伟人或英雄的情操、品质和情怀,所以总感觉这个词离普通人比较远。其实,高尚还应该从一个人的精神追求、理想,从他的本色、本质来定义。结合本单元的写作内容,不难看出:本单元教学的难点是让学生通过阅读,从不同角度认识高尚的含义,进而将目光聚焦到身边普通人身上,发现他们的高尚品质。

学完"一夜的工作"一课,我让学生说说:"从周总理身上,我们知道了高尚是——""身居要职,工作认真、劳苦,生活简朴。"我趁机送出"鞠躬尽瘁死而后已"。在预习"穷人"一课时,我就让学生思考:从这篇课文中你明白了高尚是什么?学完课文后,学生们的认识有了提高——"在自己生活得很困难的情况下仍能帮助别人,就是高尚。""白桦林的低语"一课从另一个角度告诉大家:在普通平凡的岗位上,默默无闻、无私奉献的人就是高尚的人。在拓展阅读《杨震暮夜却金》和《尊敬普通人》时,我让学生结合文本谈高尚,学生们的认识明显提高,思路也更开阔了:"在无人知道的情况下,仍能坚持自己的道德准则,就是高尚。""热爱祖国、富有爱心、自尊自强都是高尚的。"学生们还联想到学过的文章《钓鱼的启示》《散落的钞票》《毽子里的铜钱》《"三颗纽扣"的房子》等,兴致勃勃地谈"高尚"。

由于认识充分、理解深刻,我原本担心的作文,学生写得得心应手,一改我印象中学生写此类作文"假大空"的印象,学生们的文章素材丰富、质朴感人。

(http://blog. sina. com. cn/s/blog_505ec97b0102v3vi. html)

（三）如何记备忘录

1. 要做有心人,研究者要善于观察教学事件的细节。细节具有特殊性,也具有针对性,但它反映出教学主体的理念与习惯,通过细节的分析,可以挖掘出深层次的问题。对教师来说,每天的工作内容是差不多的,如果不细心观察,不思考,往往会使备忘录变成流水账。当我们用批判的眼光去观课、听课和评课,就会发现日常教育场景中存在的而且不易被觉察的问题。

———————— / ————————

案例 4：

昨天到一二年级听语文课,期中考试刚结束,老师上的都是新内容,都上第一课时,去了几个班,每个人的教法都不一样。

一位教师正在教写生字,教师精神状态很好,学生也挺精神的,我看黑板上,教师已教了三个字。教师采用的方法是,先带学生集中学习生字,然后学课文。一年级学生要写的字不多,教师一二类生字一个一个教,大致需要一节的时间。

第二个教师正在教学生读课文,教师非常认真,一脸严肃的样子,不时地说着话,和学生讨论哪个字应该重读,并让学生拿笔在那个字下面加个点,后面读课文的时候予以重读。我在教室站了很长一段时间,这篇课文只进行了一个段落,有的学生说这个字,教师不满意,和学生讨论一会,有的学生说那个字,教师解释原因,可以看出,课堂上教师的话比较多,但是很少听到学生读书的声音。

到第三个教室,没有进门,看见教师正在黑板上教写生字,也没有听见学生读书的声音。

下课后,我问了三位教师教学的过程,第一位教师说这一课她采用先学生字、后读课文的方法。第二个教师说,他是先指导学生读好课文,我接着问这一课在课堂上学生课文读了几遍,他回答读了两遍。而第三个教师告诉我,课文已经读过了,这一节课在教写生字。二年级课后要求会写的字大约有七八个,很难做到每个学生都会写。我接着问："那么一课要学几个课时呢?"他们回答至少需要三节课的时间。

听完教师的话,我和几个教师进行了交谈。对于三位教师的课,我觉得有这样几个问题。

一是课堂教学的效率问题。尤其是第二个教师,课堂节奏太慢,一篇不长的文章,一节课学生只将课文读了两遍,其他识字教学、词语理解、掌握文章主要内容、给课文分段、词语教学这些任务还没有涉及。出现这样的问题,有两个原因,一是备课时教师准备得不充分,教学设计也不太合理。教学前,在一篇课文中,要认的字怎样教,要重读哪个字,要理解哪个词语,每一段读出什么样的感情,甚至课文读几遍,教师都要做到心中有数,不然的话,就会出现刚才的情况。

第二个问题是教学方法问题。在第一课时中关于要认的字,教师完全不需要单独教,学生课文读得多,这个字重复的次数也就多,认字也就过关了。教学的时候,对于要认的字,可以采取很多的方法:手指着字,听教师读;让他自己读,读错了予以纠正;教师重读予以强调;某个生字拿出来多读几遍;教师在黑板上书写帮助加深印象;读完后用几分钟时间抽查生字表等。对于要写的字,采取分散和集中的办法较好,不要一味地集中识字,读到哪个字,就在黑板上有准备地写出来,让学生看老师如何写,学生越是不会,求知的欲望可能越强,最后再采取集中的办法予以巩固。简单地集中写、集中练,会使学生认为学习就是一种简单练习,经常这样可能导致学生产生厌学情绪。一篇课文,一节课至少读三五遍,在教师的组织下一段一段读,而不是让学生简单地齐读、默读、自由读。写字,第三位老师从板书课题开始,一笔一划地认真给学生做出示范,课堂上只教一遍,因为学生很投入,学习效率极高,不过可能也需要课后再练一练。

总之,一是讲得多,学生自主学习时间少,二是教得简单,一味让学生练习,缺乏更多的方法。不会教,就一个内容多次写,多次练。

不管是低年级还是高年级,我们都不能轻视第一课时,第一课时包含着丰富的教学经验,还需要我们很好地观摩名师的教学案例,让我们的教学多一些方法,让学生学会自主学习,让我们的课堂效率再提高一下,让我们的课堂更加诗意一点,这是每个教师应该追求的。

(http://blog. sina. com. cn/s/blog_64529cd70100n7os. html)

这篇课堂观察备忘录,作者有目的地观察了三位教师的教学片断,不仅记录了几位教师的教学内容、方法和效果,还记录了与同伴讨论交流后的体会。这种对具体教育场景和体会的记录,既是研究者了解、认识教育活动以及教育现象的重要手段和主要形式,也是思考教育问题,积累教育经验和研究素材的有效方法。备忘录具有即时性,就微型课题研究而言,要及时记录有价值有意义的教育事件和场景,事后回忆、补记有可能影响和修改自己的记忆。

备忘录要注意以下一些事例或情节的记录:

一是教师自身的独创教学以及课堂效果,包括寻求突破教学重点、难点及解决疑难问题所采取的办法、对策等。

二是学生的独到见解,包括学生在课堂学习中的独特解法、独创思维等。

三是精彩的教学片断,包括课堂中有亮点的教学情节与过程,精彩的答问、语言等。这往往是智慧的火花,它常常是突然而至的,一闪而过。若不利用课后反思去捕捉,便会因时过境迁而烟消云散,令人遗憾。

四是对自己课堂教学中不足之处的反思与分析。写教学后记应追求"短、平、快",短小精简,平中见奇,快捷及时。若时间有限,还可以超越文本,创造性地利用课本、教案、备课参考书为载体进行加以记录或旁注。

2. 要善于思考。没有思考地观察,观察者只是一面镜子,能反映现象但抓不住本质;没有思考地收集信息,就不可能有效地使用信息。思考让观察深刻,思考让信息变得价值,思考使简单的、琐碎的教育事件与教育现象变得光彩,有可能成为你教育思想、教育实践的重要组成部分。

————————/————————

案例5:

今天是沈志伟同学的生日,3月份还有几个同学过生日,分别是郭海霞(3月9日)、黄春兰(3月13日)、孙小香(3月21日)。下午第4节课,我分别送了他们一张生日贺卡,祝他们生日快乐,天天进步!晚自修专门为他们举办了一场舞会,所有的学生都过得非常开心。同学们实际上都不太会跳舞,我和实习班主任汪老师分别教他们。在教的过程中,我特别留意教那些性格内向或平时在班上表现不突出的同学,让他们不受冷落,高高兴兴地融合到集体中来。作为教师,尤其是班主任,在教育和管理学生的过程中,不能根据自己的喜恶,不能带有感情色彩,不能带着偏见去开展工作,应关心、爱护、教育好每一位学生,特别要关爱那些在班上不起眼、容易被忽视的学生群体。

记备忘录最好是依事件发生的先后次序写记录。可在活动过程中缩写符号、片语来简记一些重点,可摘要记录某一时段,有助于记忆。同时要注意备忘录的典型性。典型包括正面的,也包括反面的。只要能给教育工作者及研究专家带来思考和启发,都是典型的。

3. 要做一个勤奋者。观察细节的备忘录的描述往往生动形象,而广泛阅读是使备忘录生动形象的前提和基础。精美的语言、激情的展现、独特的眼光,有时并不是来自观察,而是来自阅读,为此就要做好阅读工作。事实上,研究的过程就是一个学习的过程,思考使研究有了深度,阅读则使研究有了宽度。

———————— / ————————

案例 6:

小说《爱的教育》(意大利原名是"Cuore",直译为"心")是根据作家埃德蒙多·德·亚米契斯的儿子的日记改编的。这是一本日记体的小说,以一个四年级男孩安利柯的眼光,讲述了从四年级 10 月份开学的第一天到第二年 10 月份在校内外的所见、所闻和所感,全书共 100 篇文章,包括发生在安利柯身边各式各样感人的小故事,还包括亲人为他写的许多劝诫性的、具有启发意义的文章,以及老师在课堂上宣读的 9 则感人肺腑的每月故事。通过塑造一个个看似渺小,实则不凡的人物形象,在读者心中激起一阵阵情感的波澜,使爱的美德永驻读者心中。整部小说以一个小学生的眼光审视着身边的美与丑、善与恶,完全在用爱感受着生活中的点点滴滴。

在这本书里,我最喜欢的是《卖炭者与绅士》还有《义侠的行为》这两节。前一节写了一个父亲对他儿子诺琵斯的爱,诺琵斯骂培谛的父亲是个"叫花子",诺琵斯的父亲知道后,非要诺琵斯向培谛和他父亲道歉,虽然培谛的父亲一再拒绝,可诺琵斯的父亲还是坚持要让诺琵斯道歉。从这里可以知道,诺琵斯的父亲是一个多么正直的人啊,他用他的爱来熏陶他的儿子,让他的儿子也变成一个关心别人、不取笑他人的人。后一节写的是一个墨盒砸到老师的事件,原因是克洛西被人凌辱,最后忍受不了了,就拿起墨盒向那些人扔去,没想到扔到了刚从门外进来的老师,最后卡隆要帮他顶罪,但老师知道不是他,让肇事者站起来,并承诺不予处罚。听克洛西讲完事实后,老师狠狠批评了欺侮他的学生们,并罚他们起立,但卡隆跟老师说了些话,老师就不予处罚他们了。这里就表现了卡隆关心他人的一种高尚的精神,并且得饶人处且饶人,这是难得的一种为人处事的品格。

二、教育反思

(一)什么是教育反思

狭义的教育反思,主要指教师以体会、感想和启示等形式对自身教育教学行为进行的批判性思考,是在记录教育事实基础上所进行的思考和评判。"反思是教师为了成功地实现教育目标,对已经发生或正在发生的教学活动以及支持这些教学活动的思想观念,进行积极、持续、周密、自我调节性的思考。"

波斯纳曾提出了一个教师成长的公式:经验+反思=成长。教育反思犹如一位向导,带领我们从经验迷宫走向智慧殿堂,没有反思的经验是狭隘的经验,至多只能形成肤浅的知识。如果一个教师仅仅满足于获得经验,而不是对经验进行深入思考,不将经验升华到理性认识的高度,那么,这些经验永远不能真正发挥作用;如果要发挥教师自身的主观能动性,把反思与日常教学活动融为一体,教师就要不断地进行反思。可以说,教育反思是教师专业发展的一种途径,思之则活,思活则深,思深则透,思透则新,思新则进,反思自己的教学行为,总结教学的得失与成败,对整个教学过程进行回顾、分析和审视,才能形成自我反思的意识和自我监控的能力,才能不断丰富自我素养,提升自我发展能力,逐步完善教学艺术。

作为研究方式,教育反思运用简便,可贯穿教育教学过程的始终;作为研究成果的表达形式,教育反思写法灵活,可成为教师成长发展的忠实记录和反映。

(二)教育反思的类型

教育反思的范围广泛、形式多样、内容丰富,就教师个体的工作和反思特点来看,可以分为教育活动前反思、教育活动中反思和教育活动后反思:

1. 教育活动前反思

美国教育家布鲁巴赫从时间纬度把教师的反思性实践分为实践反思、实践中反思、为实践反思。所谓为实践反思就是教育活动前的反思。其实,对于尚未开展的教育活动和尚未发生的教育事实,是无所谓反思的,反思的对象和内容一般都是已经发生或正在发生的教育活动或教育事实。

那么,什么是教育活动前反思呢?教育活动前反思实际上是在新的教育教学活动之前,对以往经验的反思,应该说活动前的反思是活动后反思的结晶,也就是说活动前反思是在活动后反思的基础上积累起来的经验。活动前反思的价值在于:强调了反思的目的是为了更好地开展教育教学活动,提示人们在行动之前必须慎思。所以,活动前反思又被称作"为实践反思"。

——————/——————

案例1:

在教学苏教版三年级上册"整百数乘一位数的口算"时,我认真研读文本,设计出了自己比较满意的教学预案,完全可以进行教学。但是我仍然对计算 400×2 三种算法中的②、③两种算法感觉认识不够清晰。

① 2个400相加得 ② 4个百乘2得8个百 ③ $4 \times 2 = 8$

800 8个百是800 $400 \times 2 = 800$

于是我再去细读文本,终于发现这两种算法在本质上是一致的,都是由表内乘法出发进行类推,只不过第三种算法的思考过程更加简略一些而已。第二种算法是第三种算法的算理,可以用来解释第三种算法。正确解读文本是教学成功的关键。绝大多数教师在形成教学预案之前,都能专心研读文本。却很少有教师能在预案形成后、教学前再去品味文本。殊不知,如果此时能再去品味一下文本,将会有意料之外的收获,摆脱困扰自己的问题,豁然开朗。

教育教学活动重在准备,要做到有备而教,教而有思,思而有得。就课堂教学而言,活动前反思就是对教学要有较强的预见性,要预测学生在学习某一教学内容时,可能会遇到

哪些问题,并设想解决这些问题的方法和策略。这就要求教师必须在教学前对以下问题进行深入思考:

一是学情分析。学生是教学发展的主要对象。只有全面了解学生,根据学生的实际情况自我反思,才能科学地切合实际,确定教学的起点、深度和广度。

二是教材分析。教师首先要通览教材,鸟瞰全局;其次,精读教材,把握两点(重点和难点);再次,泛读教材,多涉猎。这样才能对一些内容进行必要的删减、补充和整合;才能分析教材中呈现的排列顺序能否直接作为教学顺序。在教学重、难点上教学目标与学生实际有否差异等。如在考虑教学进度时,把教材中的排列顺序做适当的调整。

三是教学组织。提问设计、组织形式和反馈策略。

四是总体评价。教学特色、教学效果、教学困惑与改进方案。这种反思能使教学成为一种自觉的实践。

————————/————————

案例 2:

在进行教学设计之前我总会一遍又一遍地阅读、分析教材,希望能从学生熟悉的生活情景、已有知识经验和感兴趣的事物出发,把生活中的鲜活题材引入数学课堂,把教材中缺少生活气息或是枯燥的题材改编成学生感兴趣的活生生的题目。考虑到部分学生在认识长方形、正方形时已经知道直角这一概念,最终,我设计出角公主和直角将军这两个童话形象,将 4 个例题有机结合起来,做到了多而不乱。整个教学的设计既源于教材,又高于教材;既加大容量,学生又学得轻松,极大地提高了课堂教学效率。

在完成初步的教学设计后,我习惯性地去想象实施这一教学设计的情景,然后感觉到这样的设计虽然营造出宽松、和谐的童话氛围,让学生处在快乐学习的状态,但数学课堂更应拥有全情的投入、激烈的争锋,更应该让学生进入思考的创造境界。经过反复琢磨,我将画角这一环节调整为:学生试着画角——教老师画角——学生再画角——给自己画的角加上一条线,变出三个角。而在最终实施过程中,有些学生独到的想法是我在课前根本没有预料到的,可见学生的创新思维能力是无法估量的。

课前反思能让我们及时调整教学思路,使自己的教学方法符合新的理念,只要给学生创造探究性的问题情境,给学生创造机会,学生所绽放出的智慧的精彩是无可估量的。

(http://www. wdjyzx. com/blog/user1/4422/44499. html)

2. 教育活动中反思

在教育活动中进行反思,就是及时主动地审视分析自己的教育教学行为和形势的变化,适时监控自己的教育过程,及时发现问题,修正教学策略,及时观察教育活动中发生的变化并解决出现的问题。行动中的反思,有助于提高教师的教育的调控和应变能力。

教育活动是千变万化的,有很多难以预料的因素,任何一个小插曲、小问题都是一种教学资源。教师应该及时捕捉这些闪光点,立刻进行简短的反思,给生成的问题腾出空间,及时调整教育方案、改变教育策略。这样做也许会将预先设计的思路打破,但如果过分追求教育活动设计的完整性,防止教育过程节外生枝或出现断裂,只会使学生失去主动性,使教育教学失去了生命的活力,为教而教,缺乏灵活机动的教育机制。因此,在教育过程中要经常进行反思,捕捉教育灵感,挖掘和拓展教育资源,使教育活动达到最佳效果。

————————/————————

案例 3:

"制作连环画"这一课是 PPT 单元的最后一课综合练习,是对幻灯片的制作知识和技能的整理与复习。在给学生欣赏用 PPT 制作的童话故事时,学生出乎我的意料,居然看不出是用什么软件制作的。我的第一反应就是,是不是因为在浏览器中播放学生迷惑了呢?我没有直接告诉学生,而是关掉浏览器,直接从文件夹中找出这个童话故事再播放一遍,因为直接用 PPT 播放,学生一下子就看出来了,并且带给学生一种惊喜,原来自己熟悉的 PPT 还可以做连环画,还可以做出漂亮的动画效果来,兴趣一下子就被激发出来了。虽然浪费了 2 分钟,但是比我直接告诉学生这是用 PPT 制作的效果要来得好。

在进行作品评价时,我原先设想的是选择得五星最多的作品展示,请参与评价的学生来说说为什么给五星,并说说自己的想法或者建议。而在实际教学中,因上传的作品不是很多,参与评价的同学很少,所以,在评价时,我随机选取了两个作品展示。有一个作品在制作时不小心将画面前后顺序颠倒了,学生在欣赏时就发现了,于是我就建议大家在制作时要随时浏览一下作品,以免发生类似的错误,并请这个学生修改好后再次上传,给这个学生再次展示自己的机会。当看到另一个作品非常精彩时,学生发出一片惊叹声,课堂气氛达到高潮。我就及时调整评价设想,也和学生一起激动,鼓动学生一起为这个精彩的作品打上"五星"。在作品欣赏及评价中,学生对美有了新的认识。因此,在总结本课的学习时,我本打算让学生说说本课的收获,以复习整理一下 PPT 的基本操作。但是,实际上学生所说的却与我的原先设想的有所不同。有学生说:"没想到 PPT 还能制作连环画,真是让人意想不到。自己能做连环画真是很开心。"也有学生说:"以前看老师用电脑上课,以为很难,现在自己能做童话故事,觉得原来也很简单。"看来,学生对 PPT 的认识不只停留在技术层面了,而是对应用有了新的认识。为此,我没有强行扭转学生的回答,而是鼓励学生要开发 PPT 的各种功能,创新地使用软件,让软件为我们服务。

　　教育活动中反思是在教育教学过程中进行的,就课堂教学而言,活动中反思就是适时地"调控"和"化解"教学现场的矛盾和冲突,根据课堂生成的新问题调整教学内容、方法和策略,具有即时反应的特点,是一种反应性反思。"预设"与"生成"始终是课堂教学的一对矛盾。"预设"的一厢情愿和"生成"的千变万化,总是让教师在课堂上"剪不断、理还乱"。活动中反思就是运用智慧把"生成的资源"巧妙地纳入到"预设的轨道",使"预设"和"生成"这一对矛盾在课堂反思中和谐地统一起来。舍恩(Donald Schon)曾批判那种将"思维的场所置于活动之外"的观念,称活动过程中的反思是洞察"隐性本质"的"高度的反思"。

———————— / ————————

　　案例 4:
　　今天这节课是规划课,即理论课,不容易创设游戏情境导入新课,所以课程一开始,我就亮出了主题:如何规划多媒体作品。学生反应平平。我心想,大家对多媒体这个名词不陌生啊,怎么会没反应呢? 课程的开场即冷场。我暗自想,学生可能只知道这个概念,实际上并不理解,如今要亲手规划、制作,当然是一头雾水。我马上意识到,"预设"撞上了"生成",必须改变教学思路,于是,我增加了对多媒体作品的讲解,通过介绍同学们熟悉的多媒体作品,让他们理解了"多媒体"这个概念。课堂气氛随之豁然开朗。这个小小的插曲不但没有耽误我下面的环节,反而让我明白,精心准备的教学内容,学生不一定能接受。接下来,我把作品规划转换为作品分析,即给一件现成的作品,依照规划的内容和顺序,向学生一一提问,这样学生就在回答问题的过程中理出了作品的制作思路。而这个思路也正是我们这节课要学生学会的规划过程。把教学的顺序倒过来,顺着学生的认知水平,学生就容易理解和接受,学起来也轻松了,兴趣自然不减。这样的一个调整,让我与学生的互动也多了起来,这节课的教学任务顺利完成,我觉得轻松,学生也不觉得吃力。

这样的经历让我看到了课中反思的必要性。以前只是埋头把自己"精心"准备的教学内容在一节课内完整地"倾倒"给学生,就算完成任务了。等发现教学效果并不好时,还困惑为什么,再花大把时间做课后反思,然后再来补救。现在我知道了,在课堂中就要注意学生的情绪变化和反应,及时调整"战略",保证高质量地完成教学任务。

3. 教育活动后反思

所谓活动后反思,就是在教育教学活动结束后,活动主体对自身行为和相关的意识活动的反思。就课堂教学而言,完整的教学过程应该是"备课—授课—教学反思"。一节课过去了,教学目标、内容、活动等设计合不合理,教学方式、手段应用如何,达到预期目标没有,效果怎样,学生学习积极性如何,与教学要求是否相符,这些都是课堂教学中需要注意的问题。教师应及时进行思考、分析,找出存在的问题,把影响教与学的原因综合起来,记录在教学笔记中,日积月累,不断丰富自己的教学经验。课后反思是课堂教学一个不可缺少的环节。

————————/————————

案例5:

在今天的科学活动"降落伞飞起来"中出现了这样的场景:"老师,我的降落伞怎么飞不起来呀?""老师,我的也是。""老师,我的夹子不好夹。"我回过头看看才发现这些孩子带来的袋子与夹子不利于操作,有的袋子又大又厚,有的袋子是保鲜袋,上抛很难打开,有的夹子是大大的铁夹,孩子不容易将它张合,造成了操作上的困难,在活动中他们很难获得成功,体验到活动的乐趣。

课后,我陷入了沉思:如果我在昨天出通知时附上实物,给家长一个明确的提示;如果我在活动前能自备些材料,给那些忘记带食品袋与夹子的孩子,让每个孩子都能尽情操作;如果我在活动前自备多种材料(不同材质的袋子与夹子),那样是否更有利于孩子们进行深入的探索?

由此可见课前准备的重要性。课前准备不及时、不到位,势必会占用教学活动的时间,造成时间的浪费,从而降低课堂教学的效率。课前准备的目标应该是清晰明确的,以后我要尽可能地考虑到课堂中任何细小的环节,并作出相应的准备。

(福建省三明市三元区东霞幼儿园　郑雅勤)

一般而言,一线教师的反思基本上是运用新的教育思想和理论来检视自身已有教育观念的合理性,或者用教育的原理、规律来诠释、解读自己的教育教学行为。在反思的基础上,权衡、选择正确的教育思想理论来指导自己教育实践。

————————/————————

案例 6:变味的读书

本单元以书为主题,采撷了中外大家、名人读书的故事和体会,希望给学生们以熏陶、以启迪。但是,在课堂观察和教学实践中,我发现有很多被大家推崇的好的读书方法却在新的环境下悄悄发生了改变。

从三年级下学期开始,我有计划、有步骤地指导学生预习,要求学生读通课文,自学生字词,以要求家长签字的方式,让家长参与督促、检查,形成合力,培养学生良好的学习习惯。到四年级时,根据学段目标,我要求学生在预习时提前做摘录,内容分层处理,基本要求,摘录好词好句,生字扩词,查阅重点新词的意思,并提高要求:试着用"是什么""问什么""怎么样"提问,并试着自己读书解答。到五年级时,我进一步引导学生丰富摘录笔记的内容,同时指导他们的摘录笔记要个性化,在保底的前提下(生字词),可以根据自己的情况有选择地充实内容,如,文中一些近反义词、资料搜集、补充(作者或文本的创作背景等)和文后思考题的自读解答等。渐渐地,我发现学生们的摘录做得越来越丰富并且有层次,就在我暗暗高兴时,一件意外的事让我的沾沾自喜烟消云散。

那天早读课上,我发现程羽的"我的长生果"一课的摘录笔记做得非常好,书写工整,内容充实,他将文中所有的四字成语找出来并对其中重点的几个做了词意解释。于是,我在班上将他狠狠表扬了一番,并将他的笔记作为榜样在全班传阅。在学习课文时,我问学生"囫囵吞枣"什么意思?没有人举手,我想程羽的摘录笔记上有这个词语的解释,他一定知道,就将他喊起来,满怀期待地等着他精彩的发言,然后我好教育其他同学。我万万没想到他站起来一问三不知。失望之余,下课后我将他叫到办公室,问其原因,他吞吞吐吐地告诉我:摘录笔记上的内容都是他从教辅书上抄来的。我惊讶地问:"这个也能抄到?"他不好意思地点点头并将教辅拿来给我看,我一看:真的,什么都有,好词好句、佳段、赏析、近反义词、初读质疑解答、文后习题回答、资料介绍等,五花八门,包罗万象,真是"只有老师没有想到的,没有提供不了的"。面对着这样的一份教辅资料,我产生了深深的无力感。

在这样的教辅的帮助下,学生做起摘录来的确不费吹灰之力,可是,这样做摘录,就算坚持五年、十年,也不会有任何收获,还浪费了师生彼此的时间。然而,我若因噎废食,肯定是不对的。在如今教辅如此嚣张的时代,我如何让学生摆脱这种可怕的依赖和危害呢?单纯的说教是苍白无力的。我扪心自问:如果一个人没有从所做的事情中体验到快乐和成功,他会乐意去做吗?不乐意、不喜欢的结果就是应付、敷衍,于是,读书、做摘录等就变味了。

我又想:我小时候若也有这样的教辅,不知道幼年的我会怎样选择。我觉得我很可能就沦陷进去了,自然就体验不到阅读的乐趣以及做摘录的快乐和收获了。现在的孩子真的不容易,诱惑太多、太大,快要把小小的他们淹没了!

(http://blog. sina. com. cn/s/blog_505ec97b0101ek9n. html)

活动后反思往往是对教育教学过程总结性的批判思考,是教师对自身的行为、决策以及由此产生的结果进行审视和分析的过程,是一种通过提高教师自我觉察水平促进专业能力发展的途径。反思也是对教学经验的重构,通过对教学行为的审视和分析,使教师对教学的环境、背景和假设产生新的认识和理解。

————————/————————

案例 7:

在这堂综合展示中,有几点我比较满意:1.关注孩子。从主题的确定,到活动的开展,我时刻以孩子为中心,从孩子们身边的小事着手,活动丰富,并贴近孩子们的生活。2.课件精美。3.综合展示的主题是"我有一双小小手",所以我在开展活动时,时刻关注孩子们的举动。比如,进行系鞋带比赛时,比赛结束后有小朋友没有将鞋子摆放好,于是我进行善意提醒:物品用完后要归回原位。这样做,让做得不够好的孩子知道自己的不足之处,又深化了主题,还达到了常规训练的目的。我不仅关注了孩子的课内生成,还关注了课外延伸。比如,下课时,我还不忘提醒孩子们收拾好自己的桌面,清理垃圾,让孩子们做到学以致用。

在这堂综合展示中,还有许多不足之处:1.在课件制作上花费了太多的精力,却忽略了课堂语言的设计与准备,导致课堂中语言精炼程度不够。2.孩子们生活中发生的鲜活的例子没有得到合理的运用。如,一次双休日值班时,我看到小张在帮小葛铺床;小沈鑫腿受伤了,小余主动帮助他……3.比赛环节,道具的准备还不够充分。如,没有为男孩子准备带纽扣的衣服等。4.在有些环节的处理上思考得还不够周到。如,最后一个环节"舞动你的小手",我应该事先让孩子们进行一下练习,那样上课的时候他们就可以跳得有美感一点。而且我也有一些小胆怯,如果我当时能和孩子们一起舞动小手,效果可能会更好!

教育活动后反思,可以是立刻的直觉式反思,也就是活动结束后的当场反思,也可以是回顾式的反思,即对教育教学活动进行一系列聚焦式的、较长时间(数日或数周)乃至数年的反思。

————— / —————

案例 8:

12 年前,我在南通市一中做初二(3)班的实习班主任。一天,课代表来办公室交作业本,看到她脖子上挂着十字架,我就问她是不是共青团员,她说是的,我就批评了她。等我批评好了,这位女生突然问我:袁老师,你知道耶稣为什么会被钉在十字架上吗?你知道《圣经》讲的是什么吗?你知道《新约》和《旧约》有什么不同吗?我一下子愣住了,我确实不知道这些。可想而知,这次说服教育的效果如何。当时,我在班上还经常遭遇这样一些问题:美国的乡村音乐发源于哪个洲?菲律宾总统阿基诺(当时的菲律宾总统)的祖籍是哪里?这些问题和解决问题所遇到的尴尬促使我在大学里读了不少书。

班级管理和教育学生的效果从何而来?从点点滴滴的积累中来。"机会只留给有准备的头脑。"教师不可能都成为教育家,但我们要努力做一个博学的人,说给学生听的道理,自己要先弄清楚,要说服别人,先得说服自己,不能"以己昏昏,使人昭昭"。丰富的知识是滋生新意的土壤,没有长期的日积月累,班级管理的创新就是无本之木、无源之水。

(三) 如何写教育反思

1. 总体把握课改的思想理念,形成反思参照标准。从素质教育出发,以新课程的基本主张为参照点,注意形成反思的框架标准,对教育教学活动进行的评判与思考。

2. 善于发现问题,捕捉反思对象。无论是教育实践,还是教育研究都是发现问题和解决问题的过程。有问题、有困惑才会有思考、有分析。教师在开展教育反思活动时,要有问题意识,要善于在稍纵即逝的教育现象中捕捉问题,在貌似没有问题的地方发现问题,有问题的、系统的反思是研究性反思区别于日常反思的重要标志。

3. 尝试用教育理论诠释自己的教育行为。在教育反思中,要致力于形成自己对问题的看法,提升自己理性分析问题的能力,尝试把自己的教育实践提升到科学的高度,并不见得要一味认同他人的观点和认识。

4. 围绕特定的教育问题进行持续的思考。作为研究性的反思，要有较强的针对性。在教育教学实践中，可以围绕自己感兴趣的问题进行持续的、不间断的、系统的反思，尽可能摆脱零散片段反思的状态，将反思渗入教育教学的全过程，从而保证研究的实效性。

5. 及时将反思的结果用于实践之中。反思本身不是目的，真正的目的在于改进工作，提高教育教学效率，提升教师的教育教学水平。因而，教师一方面要注重对教育教学现象或问题的反思，另一方面，也要注重将反思的成果用于后续的教育教学活动，不断改进实践状态，提升教育智慧。只有在探索中反思，在反思中探索，才能加深思考的深度，才能在实践中发现问题并解决问题。

三、教育随笔

（一）什么是教育随笔

随笔，亦称杂文，是散文的一个分支，议论文的一种变体，兼有叙事、议论和抒情多种特性，通常篇幅短小，形式多样，灵活自由，是较为流行的一种文体。"意之所之，随即纪录，因其后先，无复全次，故目之曰随笔。"（洪迈《容斋随笔》序）肖川说："随笔不是投枪，不是匕首，不是檄文，也不是战斗的号角；它不是为了晋升职称而炮制的论文，也不是为了课题交差而拼凑的'成果'。它是有感而发、不吐不快的大实话。"随笔是"一种情怀，一种趣味，一种心境，一种追求"。

写随笔就像与邻居谈心般轻松，没有任何的负担，没有华丽的词藻，没有严密的结构。随笔的形式可以不受体裁的限制，可以观景抒情；可以睹物谈看法；可以读书谈感想；可以一事一议，也可以对同类事进行综合议论。随笔也不受字数的限制，短的几十字，长的几百字，篇幅长短皆由内容而定。随笔是最适合教师创作使用的一种形式。

（二）教育随笔的类型

随笔没有固定的格式，通常有以下几种形式：

1. 叙事性随笔

叙事性随笔大多取材于日常生活中的片断或研究者的偶然经历，基本内容是叙事写人。随笔的主旨是写情见性，它的抒写往往会融入作者的主观感受，有时直截了当说出，有时是隐藏在文字背后；它描写的往往是教育实践中的平凡小事，但经过你仔细体味后，会使你察觉教育的真情实感、感悟人生道理。

——————/——————

案例1：可贵的"抄袭"

李老师抱着作文本进了教室。

他既欣慰又愤怒。这次作文题目是"我家的故事"。不少学生写出了饱含真情又妙趣横生的作文。但是，也有几个学生抄袭杂志上的文章，而且是不动脑筋地抄袭。

李老师叫起一个男生，问他奶奶多少岁。男生笑着低下了头。他15岁，却在作文中称自己的奶奶92岁。李老师又叫起另一个男生，问同样的问题……

学生们哄堂一笑，齐声说："抄的！"

两人不仅抄袭，而且抄得一模一样。李老师要求两人重写，写自己家真实的故事。

这次作文，他还给了几个学生罕见的高分，而让他满意的是一篇题为"我的偷袭故事"的作文，文章写得朴素动人。他几乎给满分了。

李老师开始给学生朗读优秀作文，很快读到了锦康写的《我的偷袭故事》——

一次放月假，我心生一计，想给奶奶一个偷袭，让她有一个意外的惊喜。于是，我坐车飞往家中。那是怎样的家哟，屋里零乱不堪，阴暗潮湿。晚上五点不到，奶奶就上了床，一摸奶奶的头，滚烫滚烫。我给奶奶倒开水，却发现开水瓶中的水已是冰凉的。掀开锅，几天前的冷饭尚在。我问奶奶，几天没有沾荤了？奶奶说，我一个老婆子吃这么好干嘛！就快要入土了。第二天，我领着奶奶到卫生所看了病，又买了猪肉。我下厨为奶奶做了几道菜，奶奶一口气吃了两大碗，脸上有一丝血色……

这是典型的留守男孩与奶奶相依相靠的生活。偶然的一次"偷袭"让奶奶露出了马脚。因为以前回家，家里总是窗明几净，饭菜丰盛。于是从那以后，锦康喜欢上了偷袭。放假，他常常不打电话直接回家，或是故意把放假时间说得提前些，到了那一天，又打电话道歉，说把放假时间搞错了。奶奶不得已，只好把准备招待孙儿的好菜吃了。

李老师读完，课堂静默无声，几个女生眼圈发红。李老师也几近哽咽，这个奶奶几乎是所有长辈的写照。

但是，有两个学生似乎发现了新大陆，他们颇为兴奋地从抽屉中翻出一叠报纸，又招呼同桌一起翻看，然后笑着看看老师，那眼神分明是说这篇文章也是抄的。

李老师接过学生的报纸，一看，果然和一篇文章的情节非常相似——用突然袭击的办法来改善父母生活。

李老师难以置信。因为这个叫锦康的男孩，刻苦认真，朴素善良，从没有过抄袭的行为。

这时，学生们开始小声议论，似乎在否定老师的眼光。

李老师让锦康解释。锦康承认看过这篇文章。他说自己从中得到启发，用偷袭的方法一试，果然发现了奶奶的秘密，于是按照作者的办法去做。他说自己写的是真实的事。

学生们仍有议论，不依不饶地说："难道这不是抄袭？"

"'抄'得好！"李老师突然大声说道。学生们愣了。"这是'抄袭'美德，'抄袭'孝顺的艺术。这样的'抄袭'，难能可贵。你们都应该向锦康学习，也来一次抄袭！"

教室里响起了热烈的掌声。

（湖北省武穴市实验高中　方军勇，原载于《中国教育报》2011 年 2 月 14 日第 8 版）

2. 议论性随笔

这类随笔又叫"随感"或"杂感"。所谓"随"，有随手记下而非刻意为文之义；所谓"杂"，是指内容包括教育的方方面面，大到教育的宏观问题，小至身边的日常教育琐事，无不可写。但随笔的重点还是个"感"字，作者要有感而发，哪怕是一点思考、一点感受、一点闪光的意念都可带到文章中去，不摆做文章的架子，保持一种随意漫谈的风格。

————————/————————

案例 2：呼唤情怀的回归

情怀是指含有某种情感的心境。教育情怀即是人们对教育事业的挚爱、忠诚、精心、负责、投入、追求、奉献。教育的改革发展，需要大批有教育情怀的管理者、研究者、实践者。中国教育特别是基础教育之所以能够不断地创新，教育园地之所以能够涌现出众多的典型和引领者，就是因为有许多钟情于全身心投入到教育探索之中的仁人志士。

就在人们沉浸在迎庆新年的欢乐气氛之际，就在大多数人享受节日愉悦气氛的时刻，一些教育改革先锋者却汇聚在山东泰安举行崔研会系列研讨活动。看到这样的新闻，不禁使人心生感动，更重要的是被崔其升等具有教育情怀的仁人的精神所感染。像这样的榜样，还有许多，如蔡林森、李希贵、杜桂梅、成尚荣、魏书生、顾明远……他们是基础教育改革发展的引领者、探索者，更是英雄、脊梁。

当然，我们不能祈求所有的教育者都能像他们一样，毕竟这样的人士在现今仍是极少数。但作为从事教育工作的普通人，我们现在最缺少的恐怕不是学历、知识和资历，而是对自己所从事的教育工作的爱心、责任和情怀。尽管现实中有许多不如意、怨气和不公，但当我们看到一批批有教育情怀的人物做出与我们常人不同的选择时，是不是应该反思和检视自己？其实，破解教育目前面临的许多难题，固然有体制机制、政策、环境等重要因素，但不少问题更需要教育管理者、研究者、实践者具有教育情怀，只有管理者具有教育情怀，他们才能在制定政策方案时从国家和民族的未来的角度思考，从人民和学生的利益的角度着想；只有我们的学校和校长具有教育情怀，他们才会从学生终身发展的角度施教，就不会只盯着分数；只有我们的教师具有教育情怀，他们才会像爱护自己的孩子一样对待学生……

社会需要家国情怀，教育更要教育情怀的回归！

(http://blog. sina. com. cn/s/blog_13aaad7ec0102x5ro. html)

3. 说明性随笔

说明性随笔不同于纯粹的说明文，它看重的是事物中的意趣，带有鉴赏的性质，有时则借事说理、借物抒怀，另有寄托。叙事说人，往往是以片断的文字，把千变万化的教育现象、教育实践准确形象地描绘出来。练习这类随笔，要以精细而敏锐的观察力，捕捉到事物特色的生命，笔调轻灵，不刻意为文。正如王国维所说的那样："以我观物，故物皆著我之色彩。"

———————/———————

案例3：教师的社会性

在大部分人看来教师的工作就是上班下班，接了新生送毕业生，循环往复，整日待在学校里,像是与世隔绝的"桃花源人""只闻魏晋,不知有汉"。而还有很多社会人,把教师的工作解读成"耍耍嘴皮子""亮亮笔杆子""逗逗小孩子""拍拍老上司"。由此可见,大家对教师的社会属性认识肤浅,存有偏见,甚至误解多多!那么到底应该如何正确理解教师的社会性呢?

一、教师不是天生的,不是从石头缝里蹦出来的,而是和其他社会人一样,通过十月怀胎,牙牙学语,进幼儿园玩游戏,到中小学读书,进大学进修,迈进社会工作,然后是结婚生子,养儿育女,赡养老人,与其社会人一样具有社会属性。他们也是一步一步从牙牙学语走过来的,因此,他们一刻钟也没有离开过社会,同样也是在社会大熔炉里成长进步的。所以,他们的社会性也必然和社会及其他社会人存在着千丝万缕的联系。那些把教师看成简简单单、机械重复、不懂社会的机器人的人,注定是"嘴皮子太浅薄"的人,注定是"眼皮子最单薄"的人,注定是"大脑子最刻薄"的人。

二、教师不是单纯的,也不是与世隔绝的"桃花源人",而是和其他社会人一样,在结婚过日子中磨合,在养儿育女的教育培养中摸索,在事业进步与发展中探讨,在买菜、购物、旅游、交往、办理各种证件、手续中学习,也是社会地地道道的一分子,也是在不断磨合、不断摸索、不断探讨、不断学习中不断总结。他们的社会性表象也许不如其他社会人明显,但是,他们的隐性社会性却不比任何人差,甚至有过之而无不及。

三、教师既不是天生的,也不是单纯的,而是与其他社会人一样,是地地道道、有血有肉、感情丰富、懂得社会的社会人。让那些对教师工作存在肤浅认识的人再来次深刻学习吧!让那些对教师工作存在偏见的人再接受次洗礼吧!

(http://blog.sina.com.cn/s/blog_52e3a4e20102whsx.html)

————————/————————

案例4:绰号"老教师"的来历

20岁初为人师,我却得了一个特殊的绰号——老教师。说起来,挺让咱难为情的,但它是我多年以来前进的动力,现在,权当一个笑话给大家讲讲。

那是1993年暑假开学,刚刚走出师范学校被分配到村校的我,就得到校长的器重,他让我担任毕业班的语文教师兼班主任,我很荣幸地成了48个孩子的"头"。开学第一天我就忙着,组织从"猴山蛟河"归来的"野"孩子们点名、入班、分组、临时指定班组长。然后,带着他们打扫教室、卫生区,发新书和作业本,重温学校纪律、守则,制定班级发展计划,处理课间调皮学生的矛盾纠纷……

一上午下来,我忙得焦头烂额,年轻力壮的我颇感身心疲惫。再看看邻班的班主任齐老师,他虽然两鬓斑白,但做起班主任工作来有条不紊,而且忙里偷闲还悠然地喝了两杯茶水,这真让我羡慕。于是我颇感慨地说:"我什么时候能成为老教师啊!"同事们听了都笑起来,齐老师风趣地说:"小张,你愿意当老教师,以后就叫你'老教师'吧!"

从那以后,我就得了这"老教师"的绰号。

……

(三) 如何写教育随笔

1. 随时记。就是要随手写下一些即时发生的事件、看到的教育场景,或当时产生的想法。在日常生活中,有好多有价值、有意义的教育现象和教育问题稍纵即逝,如果不及时记下来,可能就错过了,即使以后回忆,有些细节也不可能那么清晰了,故事就很难说得完整,思想的火花可能也消失不见了。所以,要养成随手写的习惯。

———— / ————

案例5:

今天晚自修,同学们搞了一个活动欢送实习老师。在准备活动时,我发现班委之间出现了一些值得注意的问题:一是想表现自己,在组织活动中,总想从班主任这里获得最新信息,总想在班上公布最先获得的信息,明显有些虚荣心。二是权力欲增强,喜欢在班上、在同学面前发号施令,管人、用人的意识明显。三是权力冲突影响到人际关系,权力冲突引发了观念、情感、交往冲突,导致相互打小报告,相互不理解、不服气,造成关系紧张。

从正面看,这些现象说明班委在主动、积极地开展工作。不做工作,什么问题和矛盾都没有,做了工作就难免会遇到一些矛盾和冲突。从反面看,这说明学生在知识、水平、能力、方法等方面还比较欠缺,需要加强和提高。因而,班主任不仅要用学生干部,更要去指导、帮助、教育、管理好学生干部。只用不帮,学生干部会滋生特权和官气;只用不教,学生干部的工作能力无法得到提高,工作难以做好;只用不管,就会失去有效的监督和约束,学生干部会放松要求,不能严以律己,以身作则。

要想写好随笔,关键还在于动笔,动笔写了,才能有好的随笔。多写多练多积累,才能从量变到质变。

2. 随便记。随笔没有什么格式要求,不需要有什么论点论据,有话则长,无话则短,用200 字就可以说清楚的事情,没必要凑到 1 000 字。有了想法就写,有了触动就写,有了感悟就写,想写什么就写什么,不必硬憋着,也不必去套什么思想和理论。

———————— / ————————

案例 6:

最近,心情很沉重。通过走访学生家庭,我不仅对学生及其家庭有了一个真实而全面的了解,对教育工作也有了新的认识。

有些特困家庭为支持子女上学,克服了重重困难,望子成龙、望女成凤的心情溢于言表,当他们用粗糙的、长满老茧的双手紧握住我的手时,当他们泪流满面地向我倾诉他们的困难和苦处时,当他们端出粗茶淡饭一定让我留下来时,我情不自禁地流下了泪水。我也是一个农家子弟,农村的苦处我不是不知道,一个普通的家庭要把子女养大成人,要吃多少苦、流多少汗和泪啊! 可怜天下父母心。看到这些,想到这里,我倍感自己的责任重大。只有尽心尽力把学生培养成人成才,才不负家长之托,才不失信于社会。

3. 随心记。就是要做有心人,要善于从细微的教育现象中捕捉问题,由点及面作发散性思考。如李镇西老师由学校强迫女儿剪去秀发,想到学校的专制,进而联想到教育上的种种不民主现象,并就这种现象进行剖析。要从事物的表象挖掘深层的问题,比如说我们在教育教学中经常碰到学生"顶撞老师"的现象,学生为什么会顶撞教师? 这一现象产生的根源在哪儿? 我们又该如何应对这类情况? 是冷处理还是热处理? 处理的结果如何? 通过处理这件事你得到了什么启发？如果我们真正思考了，并付诸行动了，就会有收获，也只有真正思考了，我们才有东西写。

——————— / ———————

案例7："数学烙饼"岂能吃

因为我经常接触的是文科，所以我对小学数学教材的内容编排不是很了解。近日适逢一个机会，我听了一节数学课，内容是人教版小学《数学》四年级上册"数学广角"中的活动1"烙饼问题"。教材是这样介绍的：妈妈烙饼用的锅每次只能烙两张饼，两面都要烙，每面用3分钟。如果爸爸、妈妈和我每人一张，怎样才能尽快吃上饼？如果按常理说，烙一张饼需要6分钟，烙3张饼至少需要18分钟。显然一张一张地烙，太费时间了。到底怎样烙才能尽快吃上饼呢？教材中提示的一种方法是：可以先烙两张，再烙一张，这样省时间。教师为了使学生直观了解这种方法，使用以下算式表示：两正两反＋一正一反＝12分钟。

此时该教师为培养学生的数学兴趣，进一步启发学生并采取小组讨论：还可以怎样烙？还有没有更快更省时的烙饼方法？各组同学绞尽脑汁、热烈讨论一番后，却因没有"巧妇"，讨论无果而终。就在同学们百思不得其解之际，教师亮出了锦囊妙计，提醒学生：先烙两张饼的正面，等3分钟后，再烙第一张的反面，并把第二张饼拿出，而烙第三张饼的正面。再等3分钟后，把烙好的第一张饼拿出，再烙第二张和第三张的反面。这样烙，是不是才用了9分钟？用公式表示就是：l正2正＋1反3正＋2反3反＝9分钟。

这样的烙法的确新颖，令人耳目一新。就在同学们茅塞顿开、思绪豁然开朗时，教师再问：如果烙4张饼、5张饼……10张饼呢？请同学们小组合作，看哪一组用时最少？于是全班沸腾，各组同学掀起了轰轰烈烈的"烙饼运动"，并按照老师给定的表格书写用公式表示的烙饼方法。之后，师生共同总结出了类似以上写法的公式。

随着一张张的"饼"被"烙"完，这节课也即将结束。这时，老师开始小结：其实，我们总结的这些烙饼方法在现实生活中根本用不到。我们只是利用数学知识来更好地统筹好时间、利用好时间。下课铃响起，一堂热热闹闹的数学课结束了。

在此,笔者姑且不论这堂课是否成功,也不谈孩子们通过这堂课学到了什么。单就教材内容而言,即编者安排烙饼问题,笔者认为有以下两个方面值得商榷:①没有遵守物质守恒定律。稍有物理知识或生活常识的人都知道,烙饼需要炉火的一定热量将生饼烙成熟饼。如果烙一个饼用 6 分钟,烙两个饼也用 6 分钟,那么笔者要问:这样的锅是会自动调温还是烙饼根本就不需要热量?②不符合实际。笔者曾咨询周围巧妇,查阅多本有关书籍,对那种三张饼的烙法真的找不到佐证。笔者忍不住要问:拿出来"待命"的第二张饼凉 3 分钟后再烙 3 分钟能熟吗?其实,教这堂课的老师也知道,这样的方法在现实生活中根本用不到,可为什么从编者到教师,都还要用这样的数学知识"引领"孩子们解决生活问题呢?

"数学广角"是新课程改革后小学数学教材中新增加的内容,其根本宗旨是拓宽学生的数学视角,让他们利用已学的数学知识解决现实生活中的问题,培养他们"学数学,用数学"的良好习惯。不论从哪个角度说,该册教材中的烙饼问题实在没有存在的必要了。

(河北省吴桥县教育局教研室　闻　浩)

第二节　用"叙事"讲述有道理的教育故事

所谓叙事就是讲故事。作为教育研究成果的一种表达形式,教育叙事就是由研究者本人"叙述"研究过程中所发生的一系列教育事件,以及经历的教育场景、情景。包括教师撰写的个人传记、经验总结等。这种"故事"样式的实践记录生动地再现了教师的经验世界,是教师心灵成长的轨迹,是教师研究过程中的真情实感。教育叙事研究的基本诉求在于,它不仅关注教育的"理"与"逻辑",而且关注教育的"事"与"情节"。它强调与教育经验的联系,希望在呈现教育故事内在情节,充分体现教育生活情趣的同时,说明教育实践背后的道理。

一、教育叙事的特点

(一) 亲历性

教育叙事的内容是研究者经历过或正在经历的事件。亲历性表明教育叙事是实际发生的教育事件，而不是研究者主观想象或编造的故事。教育叙事尤其关注教师的生活体验和实践价值。在教育叙事中，教师通过说故事来讲述自己的教育生活以及教育人生经历，表明自己的教育理想和信念，表达自己对教育教学的理解和感受，倾诉自己的酸甜苦辣以及心得体会，教师既是说故事的人，也是别人故事里的角色。

（二）生动性

教育叙事往往将"教育生活"还原为"教育冲突""教育矛盾"，把教育场景、教育事件情节化、故事化，对事件、人物、环境和情景的描述总是显示或暗示了某种矛盾和冲突。这种冲突越宏大、深刻、不可调和，故事就越可读、动听、迷人、感人。教育叙事的基本精神是"面向教育事实本身"或"面向教育日常生活"，但不是对教育生活本身简单的铺叙或描述，所叙之事必须生动具体，具有一定的感染力。

（三）典型性

教育叙事讲的是特别的人或特别的事件，这种"特别"反映了教育的深层矛盾和问题，凸显了教育的价值和意义。所以，叙事不能记成流水账，而是要挖掘教育实践中的典型事件，记述有场景、有情节、有意义的相对完整的故事。

二、教育叙事的类型

教育叙事从内容上可以分为教学叙事、管理叙事或德育叙事；从叙事的主体可以分为个体叙事、群体叙事，或自我叙事、他者叙事；从写作方式上来分，教育叙事可以分为以下几种类型：

（一）叙议式

所谓"叙议式"叙事，就是采用夹叙夹议的手法，叙，就是叙述教育教学中的事情和故事，议，就是针对所叙的事情发表自己的看法。"叙"和"议"交叉进行，在"夹叙夹议"的阐述中层层深入，把所要论述的主题讲清楚。叙议式文本是教育叙事写作的最基本的写作形式。例如，于漪老师关于"木兰诗"一课教学的叙事。

———————— / ————————

案例1：

今天上"木兰诗"一课结束时，突然出现了一个意想不到的情况。我说这首诗是千古传诵的名篇,课后要熟读牢记。小忻噗嗤地笑了一声,问其原因,他说:"'同行十二年,不知木兰是女郎'是不可能的。"许多同学附和他的意见说,"跋山涉水总要洗脚,虽不是实数十二年,总是时间很长,鞋子一脱,小脚就出来了,怎会不知是女的?"我指出北朝时候女子还没有裹小脚,谁知学生异口同声地问:那么是什么时候开始裹小脚的呢?我被问住了,答不上来。

知之为知之,不知为不知,绝不可强不知以为知。我如实地告诉同学自己答不上来。课后想办法去查。

备"木兰诗"的课竟然要查阅中国古代女子什么时候裹小脚,这是我怎么也想不到的。教后而知困。做一个中学语文教师该具备多少相关知识啊!问题还不在于教某一篇课文前的准备,而在于平时的广泛涉猎,细心采摘,日积月累,只有源头有活水,课堂上才会不出现或少出现捉襟见肘的尴尬状况。

教学相长。学生促使我学得多一点,学得深一点。感谢学生对我的促进。

又记:查阅赵翼的《陔余丛考》,其中《弓足》一篇记载:"南唐后令宫嫔娘以帛绕脚,作新月状,由是人皆效之。"课余将查阅所得告知同学。

(二) 反思式

所谓"反思式"叙事,就是在叙述教育教学过程后反思自己的做法,这是教育教学叙事的另一种常见的写作形式,作者在反思中提高了认识,读者也在反思中受到了启发。

———————/———————

案例 2:由"爽"字笔顺所想到的

"请大家看黑板,'爽'字的写法是先写'大',再写四个小叉……"我边说边在黑板上板书。

"爽"是人教版《语文》第七册第十课"颐和园"中的生字,课文中的词语是"神清气爽",由于比较特殊,因此我特地找出来指导学生的书写。看到收上来的生字本,学生一个个书写工整,我心中暗自窃喜,以为自己指导学生生字学习到位。

隔一日,听一节公开课,这是一节三年级语文课,老师上的是第十三课"秋天的雨"。无独有偶,也有生字"爽",词语是"凉爽",这个老师在教学"爽"字时,专门画出了田字格,一笔一笔地书写,笔顺则是横、四个小叉、撇、捺。

谁对谁错? 我一直认为是先写"大",而且这二十多年就是这样写过来的! 当下,我几向旁边听课的老师询问"爽",旁边的老师肯定地说上课的老师写的是正确的,而且三年级的教参上也是这样说的。难道我多年的习惯是错的? 我不甘心,下班后直奔电脑,上了 QQ,在小语群里和在线的全国各地的小学语文老师讨论这个"爽"字的写法,其中如我一样写法的有很多,而且理由也和我的是惊人地相似。只有一位老师开始也认为是先写"大",后写四个小叉,在听完我的陈述后,他又去查阅了《现代汉语通用字笔顺规范》(1997)中关于"爽"字的条目,上面很清楚地写着:"爽:共 11 笔,笔顺是横、左边的两个小叉、右边的两个小叉,再写撇和捺。"

"爽"的笔顺是弄清了,接下来我向学生更正了我的错误,任务似乎是完成了,可我的心情却久久不能平静。我们生活在世俗的世界里,常常是基于定式生活着,也受定式影响或者引导着他人的生活。可作为老师,面对的是学生,他们还没有被所谓的定式所束缚。如果我们老师也用所谓的习惯来教学生,小了说是误人子弟,大了说就是对社会、国家有害。想到这里我不禁脊梁骨发冷,告诫自己在今后的教学中一定要好好地审视"习惯"。

(湖北省宜昌市伍家岗小学　张雪萍)

(三) 陈述式

所谓"陈述式"叙事,就是用叙述的笔法,客观地描写自己的教育教学过程,虽然其中含有自己的心理活动和反思,但总的来说不过多地加以评论,让读者自己对客观陈述的事实作出判断,得出结论。

———————/———————

案例 3:"中奖"之后

每到新学期,为了安排校外转来的学生,教导处都要组织抽签,抽到的,我们都戏称为"中了奖"。本学期我又"中奖"了。

被我抽到的这名同学叫刘京,人很机灵,脑后跳动着两只漂亮的"蝴蝶"。后来听说,刘京出生在首都,之前在北京上学。她父母呢,是生意人,因为家乡变化很大,就想回家乡发展。可他们最担心孩子对这里的学习不适应,因而再三恳求我对刘京多多关照。话虽这么说,我也没在意,班上都近 50 个孩子了!我就把她安排在第十小组,那一组比其他组正好少一个人。

刘京所在的学习小组共 5 人,组长是位能干的班干部,不仅写得一手漂亮的粉笔字,而且每次的小组合作学习、交流展示等都组织得井井有条,让人放心、满意。因而每周评选优秀学习小组时,他们组的得分都是最高的,真是让同学们既妒忌又羡慕。在这个组里,刘京的表现也非常突出,她的课文朗读、表演展示是那么标准,那么令人欣赏。我对她们小组尤其对她充满了希望——谁说外地转来的学生都不太好教呢。

第二单元一结束,我就满心期待地组织了一次摸底测试,想了解一下学生使用"活动单"的学习效果。试卷改到第十小组,我便先改了刘京的卷子。结果让我大失所望——74 分!翻翻前面的基础知识,几乎错了大半,连按课文内容填空也出现了很多错别字,作文只那么五六行字。这怎么行!这不是拖了小组和全班的后腿吗?"孩子的文化课不太好",我不禁想起她父亲颇为着急与无奈的话,没想到还真验证了。手里拿着她的试卷,我仿佛是拿着一张刮到个"谢谢你"的奖券。我得找她谈话,得狠狠地教训她一番。"会说一口北京话怎么样,会表演怎么样,小组活动那么兴奋干嘛,对老师彬彬有礼又如何,全是假的。瞧瞧你的分数,看看那些刺眼的红'×',你对得起家长,对得起老师,对得起那些一起学习的同学吗?你看这卷子多简单,可不能一下子被人看扁了。"我把我的气愤编成了"连珠炮",只等着放了学向她的家长"开炮"。

放晚学,孩子们仍旧开开心心地说笑着,"蝴蝶结"也在队伍里显得若无其事,而我却没有心情。突然,刘京停在我面前,俏皮地问:"老师,今天我考了多少分?""74 分。"我没好气地应付。"噢——"她又蹦跳着追赶队伍去了。刚到东大门,老远就看见了刘京的爸爸。还没等我开口,他就迎了上来,握住我的手,激动地说:"老师,这段时间京京让你们费心了。听京京说咱们这儿课上用了什么'活动单',让她知道了每课学什么,怎样学。老师也特民主,她学得可带劲儿了!天天回去吹牛,说自己表现如何好,她们小组如何好,是真的吗?""真的,不骗你。"刘京抢着说,"告诉你个好消息,今天我考了 74 分,我比以前进步了,真的进步了!老师,你说是真的吗?"父女俩望着我。我真不知该说什么,谈什么,挤出点笑容,点点头。

第二天一早,我收到了一封"谢谢您"的贺卡:"郭老师,谢谢您对我的关心和信任,我喜欢这儿的课堂,喜欢这儿的同学。这次我考了74分,爸爸妈妈都说我进步了,我真开心,这都是您的工(功)劳。老师,我会继续怒(努)力的,谢谢您!学生刘京。"

品读着这不长还夹着两个错别字的卡片,我默然无语,又豁然开朗。是呀,学生能看到自己的不足和进步,能树立起学习的信心和决心,享受到互助的快乐与成功的喜悦,这不正是我们所希望的吗?我们又何必计较于这眼前暂时的"好"和"差"呢,我们难道不该对学生的进步给予充分的肯定与鼓励吗?多么开朗活泼、进步懂事的孩子,老师也要谢谢你,是你让老师又重新找回了自己,更找到了人生的支点。老师会把那个差点发生的错误永远地藏在心里。

(江苏省如皋市港城实验小学 郭玉晶)

(四)比较式

所谓"比较式"叙事,就是将两种或几种教育现象放在一起进行比较,以期得到启发或是非。"比较"有自己与自己的教育教学的纵向比较,也有将自己的教育教学与别人的教育教学的横向比较,目的都是为了在比较中提高自己对教育教学的认识。

———————/———————

案例4:儿子这样的"后进生"

初为人师,以为后进生乃智力使然。直到自己有了孩子,才使我幡然悔悟,并深深懊悔以前的教育方式,反省自己曾对所谓的"差生"造成的心灵上的伤害。

儿子上初中时,学习成绩和纪律较差,其班主任张老师对我说:"你这么精明,你的儿子真不敢恭维!"儿子笨吗?知子莫若父,儿子并不笨。

暑假专门带儿子去旅游,终于找到症结:自卑、缺乏自信、意志力薄弱、对老师和同学存有戒心、不合群、逆反心理较强。经过沟通,儿子开启了久闭的心扉。原来,儿子生性好动,在课堂上坐不住,各科老师便挖苦:"你爸也是个老师,你爸是怎么忍受你的?"

由于老师的教育方法简单粗暴，处理问题不公正，儿子受到的批评较多，在同学面前感到抬不起头。也由于我以前一味地严厉，致使儿子学习上有困难不敢问我，又得不到任课老师的帮助和指导，从而使儿子感觉低人一等，进而自暴自弃并产生较强的逆反心理。

儿子勉强升入高中，深感"后院失火"的我，决定在儿子身上实验我"后进生"转化之策略，采取"一把钥匙开一把锁"的办法，有针对性地做好儿子的教育转化工作。

首先，我让儿子感受到我的爱，在生活上嘘寒问暖，极尽体贴之能事。儿子一进家门，我便迎上去，给他摘下书包，拍去浮尘……妻说："好像他是你爹！"经过将近一个月的情感熏陶，儿子终于开了"金口"，向我讲述了学校里发生的一切，一改以前自卑和自暴自弃的心理。每天一有闲暇，我就让儿子给我讲课堂上学过的东西。妻说："儿子教当老师的老子，闻所未闻！"

其次，宽容儿子的过错。高一刚开学，儿子因为在课堂上打瞌睡，老师讥讽说："有些同学能不能向人类靠近！"于是，儿子顶撞了课任老师。妻说："我上辈子造了啥孽，摊上这么个活宝！"我则庆幸儿子没被重罚。俗话说："人非圣贤，孰能无过。"人总有犯错误的时候，像儿子这样的学生，犯错的机会更大。事后，我对儿子说："我也是老师，请体谅所有老师的苦衷，老师都没有恶意，只是教育方法上的差别而已。"对于儿子的错误，我没再过多地指责，只是让他背会两句话："忍一时风平浪静，退一步海阔天空。""容人才能容己，容己先容人。"

后来，得知儿子高考分数上了二本线的那晚，我们全家吃了顿大盘鸡以示庆贺。席间，儿子说："还记得高一那件顶撞老师的事吗？爸，如果那天你也批评我，我会离家出走……"我和妻愕然。现在想想，还真有点后怕。

看来，对像我儿子这样的学生，还真不应当对其要求过高，要采取特殊的宽容策略。不能因为他是自己的孩子，就去苛求他，让他去承受那"枷锁加身"的难以承受的爱。要知道，有时好心会办坏事。

儿子上了外地某所大学，我依然在课堂上书写着人生，只是对待学生多了一份父亲般的关怀，让其在爱与宽容中受到情感熏陶，自觉接受教育，主动改正不良习惯。

（甘肃省庄浪县紫荆中学　李军斌）

(五) 点评式

所谓"点评式"叙事,就是在叙事中,请他人对其中某些环节或某些细节进行点评。这样做,可以引起读者对这些地方的注意,并且这些观点还可以启发读者思考,或引起争鸣。点评也可以放在文章的结尾处,表达出点评者对这篇教育教学叙事的总评价。

———————— / ————————

案例5:

"清兵卫与葫芦"是高中语文选修"外国小说欣赏"第五单元中的一课。这个单元的话题是情节,单元说明明确,以情节为主线的小说,需要注意故事与情节的关系,情节的发生以及情节与细节的关系;在情节运行的方式里,须掌握好情节运行的基本模式,和摇摆的手法以及出乎意料又在情理之中的情节的设置;另外作为情节运行的动力,突发性事件和危机爆发也是学生需要了解的。教学中教师秉持"一课一得"的观点,通过概括情节的运行方式整体感知之后,以葫芦的价值提升这个"欧·亨利式结尾"为线索,从剖析细节入手,深入探究主题,整堂课思路清晰,重点突出。

课堂上,教师非常注重引导,充分调动学生的积极性,学生的主体性地位得到充分展示,让学生不同程度地感受到成功。而且教师在引导过程当中能够将高考考点穿插其间,既能够调动学生的生活储备,让学生自由发挥,又能够及时总结,让学生有路可循。真正地突破了教学的难点,让学生敏感抓住小说的细节描写和重点的字词句来分析人物性格和文章主题。

教师能巧设问题,层层深入剖析主题,最后水到渠成地深入内里。这堂课主要围绕两个问题展开,即"从哪些细节描写中能够寻找到证据证明清兵卫确实是葫芦鉴赏家的可塑之材?""他遭到谁的怎样的摧残?"给学生留足了思考的空间。

(六) 质疑式

所谓"质疑式"叙事,就是阅读了别人撰写的叙事研究报告后,对文本中的某些观点或情节提出不同的意见或看法,与作者进行商榷或讨论。

————————/————————

案例 6：

昨天,五(1)班的公开课结束后,方老师顾不上休息,就组织大家评课。虽然天气很冷,可我们的脸上都洋溢着笑容,心里都暖烘烘的。通过这几天的听课、讲课、说课、议课和示范课观摩,我们真正感受到了新教育理念的真谛——让师生过一种幸福完整的教育生活。方老师搓了搓冻红的双手,友好地向来参加评课的老师问好后,坐在了我和丽丽的前面。然后很坦诚地评霞霞的课,说到如何帮助学生巩固单词时,她直接走到黑板前,给我们示范,并阐述为什么要那样做,作用是什么。我们也积极地配合着,体会着看似简单的游戏产生的巨大效应。教室里充满了欢快的笑声。

随后,方老师就问我们,霞霞这节课在引导学生进行拓展时,学生表达错误,问题出在哪了？我们相互商讨着,这时坐在我们斜后排的一位年轻男老师打断了我们的雅兴。他操着地道的宁县话说："我先说几句好吗？"方老师说："行啊,您说!"他接着说："什么公开课、示范课,你用的那些,人们都会用,都知道,为啥还要展示？要展示就展示一些人没有见过的。再说,你们用的都是自己的学生。还有这样上课教学成绩咋办,有些老师课上得不咋样,经常组织学生做题,练习写。学生的成绩很好。有些老师课上得很好,成绩却一般。谁的课好,谁的课不好,发张卷子,学生一考就知道了。你们脱离教学实际……"方老师纳闷地说："您用普通话说,行吗？我有些听不懂。""我的普通话过的是二甲,在大学也混过几天,现在被环境逼得不会说了。"他回答道。"那您就说慢点行吗？"方老师再次对他说。他就稍微放慢了语速,又重复了一遍。我站起来想用我上同一节公开课,而效果截然不同的切身感受来推翻他的谬论,却被他连续打断。方老师无奈地对我说："没事,让他说吧。"他一边发着对现实迷茫的牢骚,一边固执地坚持着他的观点。几个外校的老师企图打断他的发言,也没有成功。还是丽丽机智,找了个他喘气的间隙。对他说："成绩固然很重要,但是我们能不能让学生取得成绩的过程快乐一点,让师生共同过一种幸福完整的教育生活,这关键取决于教师的教学理念和方法。我们现在欠缺的就是这些,你说呢？"他或许是明白了,或许是意识到自己说了半天,却没有一个人愿意站在他那一边。"那我再说两句行吗？"他挣扎到。

"您说，我们交流嘛。"方老师说道。他又啰嗦了半天，才静下来。

然后，方老师让我说说我上课的设想是什么？我当时只想推翻那位男老师的观点，就说了说我为什么选阅读课上和上了两节课后的体会。却把自己在授课过程中出现的问题给忘了。接下来，方老师坦诚布公地指出了我这节课上存在的问题，并给了我具体的解决办法。听到她细致入微的点评，我的心中充满了感激之情。我们迫切需要这种专家老师亲临现场的培训，她带给我们的不仅是教学上的新理念、新方法。还有为人处事方面的低调、坦诚、宽容和对待工作一丝不苟的敬业精神。

那位年轻的男老师更需要学习新教育的理念，接受这方面的培训。我们改变不了环境，但可以改变自己；改变不了事实，但可以改变心态；改变不了过去，但可以改变现在。我们不能控制他人，却可以掌握自己；不能预知明天，却可以把握今天。难道我们已深受其害，还要一条道走到黑，让我们的孩子也像我们一样吗？

我们是教书育人的教育者，我们的心态和教学理念直接影响着孩子们的未来。孩子的心灵就像一把琴，只要拨动了琴弦，必然会发出动听的声响，这其中的奥妙就在于教育者如何去拨动琴弦。

(http://blog.sina.com.cn/s/blog_d06b8a110101od0b.html)

三、教育叙事的写作要点

（一）教育叙事要有思想

朱永新说："没有教育理论指导的教育实践无异于巫婆用魔术帮人治病，而脱离教育实践的教育理论无异于盲人摸象。"任何教育行为都是不可能离开教育观念的，不管我们是否意识到，它都是实实在在存在，并顽强地渗透在我们的教育行为中的。在教育教学实践中，不存在没有教育思想和教育理论支撑的教学行为，只有教育者对教育思想、教育理论理解的正误深浅的差异。同样，教育叙事也会受到一定教育思想支配的，教育叙事总是体现了讲述者一定的教育思想。因此，写教育叙事应该在正确、先进的教育思想的指导下进行。只有在正确、先进教育思想支配下的教育叙事研究案例，对于叙述者和阅读者（倾听者）来说才是有意义的、有价值的、有帮助的。

（二）教育叙事要讲道理

有意义的故事大多是以深藏不露的方式表达某种关于教育的或人生的"道理"。有"道理"，表明一个故事能够让听者听故事之后被"感动"。但教育叙事不能直接讲教育道理或教育理论，"理"必须隐藏在故事背后，让"理"在"事"中，一起构成"事理"。

一个好的教育叙事研究案例可以使读者对故事所涉及的人产生共情。教育叙事至关重要的一点，就是描述某一个人或单位面临的独特情景，读者往往能对故事所反映的情景产生同情等情感。

好的教育叙事的价值还体现在对已经作出的决策的评价。也就是说，教育叙事不仅要提供论题，还要有对以往决策的评价，以便为新的决策提供参照点，要为面临的疑难问题提出解决方法，要能教读者掌握一定的管理方面的技能、教学方面的技巧，或者引发读者情绪情感方面的共鸣。

(三) 教育叙事要有情趣

教育叙事必须要有有趣的情节，要能把事件发生的时间、地点和人物等按一定结构展示出来。教育叙事应当包括语言、行动、做法、效果和相互关系，有人物内心世界的心理活动，如需要、动机和态度等；还应有相对完整的情节，反映事件发生的过程与解决的结果，特别要具体、生动地描写教师和学生的复杂的内心活动。故事情节应让人读起来会有一种"娓娓道来"的感觉。当然在这其中，对事件的叙述和评点也是必要的组成部分。

讲故事总得讲述某个"事件"。故事总意味着在日常的生活中发生了某个突发性事件，这个事件是一个偶然的变化、一个不确定的波折，它是日常生活的一个起伏、一个跌宕。正因为如此，我们把它写出来才显得曲折、委婉而动听、可读。好的教育叙事，还应包括从故事反映的对象那里引述的材料。例如，可引述一些口头或书面的、正式的或非正式的材料，以增强教育叙事的真实感，并方便读者根据引述来源对这些材料作出自己的解释。

(四) 教育叙事要有理性思考

教育叙事仅仅"用事实说话"是不够的，应该融入叙述者个人在事情发展过程中不同阶段的感受、体验，特别是伴随这种体验、感受而带来的思考、反思。在叙述中融入思考、反思，使得经验更显得厚重，具有理性的色彩，这也是理论联系实际的重要方式。

在叙述中融入思考、反思，标志着叙述者对特定教育教学问题有了较深层次的把握，形成了含有一定规律性的认识。对于故事的阅读者或倾听者来说，他们则能够从这些思考、反思中产生联想、得到启发，联系到自身在教育教学中的相似情境，可能引起读者将叙述者的所作所想与自己的行为进行对照，从而与叙述者形成一种事实上的交流和对话，于是对某一特定问题就有了关注，从而主动地加入到这类问题的探索与研究当中。

在叙述中融入思考、反思，可以体现在叙述文字的字里行间，因此更多的是通过夹叙夹议的方式实现。思考、反思的内容，可以是对大家习以为常的某一教育教学现象的追问，可以是对教育教学中某种行为的解释，可以是对某一教育教学现象的阐述，可以是对教育教学中所产生的某种困惑的说明，可以是一定教育情境下产生的想法，可以是对日后发生某种类似事情时的设想等。

第三节　用"案例"展示有价值的教育事实

案例是含有问题或疑难情境的真实发生的典型性事件。教育教学案例是对运用某些教育教学原理、方法和策略解决问题的过程（场景或情境）的描述。教育教学案例一般由背景、案例事件、反思分析与启示等部分构成。

一、教育案例的特点与类型

（一）情境性

教育案例是通过事件找理论，是通过故事说明道理，是对已发生的教育过程的反映，是写在教之后，是从具体到抽象的归纳思维。教育案例是根据特定的时空情境描述、解释某一教育事件，而不是抽象地考虑问题、得出结论。这里的情境有两层意思：一是在自然状态下发生的，而不是像实验研究那样通过人为控制产生的；二是真实发生的，而不是想象或虚构的。这就要求研究者本身就是实践者，深入研究现场收集资料，并且在甄别和筛选资料时，客观、中立、真实地再现事实，不能有某种期待和偏向。

（二）典型性

教育案例不是有闻必录，而是根据案例主题和问题有所选择地记录。案例中教育场景或情景的实录可以是一个片断，也可以是一节课或几节课的教学实录，也可以是几节存在共同问题的课。不论这个案例是一个班级、一个人，还是一次活动，都必须具有典型意义，因为案例是以揭示某一教育现象的深层次含义为主要目的的。

（三）合作性

案例不是一个人坐在书斋里独自完成的。它要求研究者走进学校和课堂，走近教师和学生，通过实地考察、亲身体验和访谈交流等，了解在"自然、真实的情境"中到底发生了什么事、为什么会发生、产生了什么后果以及当事人对此的感受和看法。在这里，研究者与被研究者的角色区别模糊了。案例研究要求一群志同道合者，为了一个共同目标而在一起开展合作研究。

（四）开放性

一是题材开放。案例的内容可以是课堂教学，也可以是德育或学校管理等。

二是形式开放。案例写作有大体的框架，但没有固定不变的格式。

三是人员开放。无论是理论工作者还是实践工作者，都可以进行案例研究，一线教师更有得天独厚的条件和优势。

四是对案例的分析和解读开放。不管是什么样的案例，都可以从不同的侧面进行分析、研究和解释，也就是说，对案例的分析、研究和解释可以是多元的。

从不同的角度看，案例有不同的分类。如，按内容分，有教学案例、德育案例、教研活动案例、学校管理案例和课程开发案例等；按案例性质，可分为理论方法运用性和问题解决性两类；按写作方法，可分为单一性、综合性、专题性三类；按学科分，可分为各种学科案例。

二、教育案例的构成要素

（一）案例主题

案例主题反映了案例的中心思想和主要内容，也就是表明了案例要表达什么、说明什么和阐述什么。案例的主题要鲜明、深刻、有现实意义。案例主题一般都要涉及教育教学的重点、热点和难点问题。案例事件可以是一件小事，但透过现象所反映的主题并不小，能够以小见大。可从新课程理念、教育教学组织实施过程、教学关系的处理、教师作用的发挥、教学技能与方法的运用等方面入手确立主题。主题要新颖，要反映当前教育教学亟需解决的热点、难点问题，要符合课改的需要和教师专业素质发展提高的需要；反映新课程理念、新教育教学观念、新教育教学组织实施方法、新教学关系的处理。提炼的主题要体现出一定的理论高度，要能反映教育教学的基本理念和原则。主题是案例的灵魂，或者说是案例的精髓。

案例标题是对主题的概括和提炼。确定案例的标题有两种方式：一是用案例中的突出事件作为标题，如反映课堂教学事件的"哄堂大笑以后"，反映与学生交往行为的"闷葫芦会讲话了"等；二是把事件中包含的主题离析出来，作为案例的标题，如反映课堂教学过程中教师受学生启发的"学生给了我启示"，反映教师引导学生行为转变的"化解学生对学校生活的恐惧"等。两种定标题的方式都是可以的，也各有千秋，前者展示的是事件，吸引读者进一步了解相关的信息；后者反映的是主题，能帮读者把握事件要说明的是什么。

(二) 案例背景

背景是案例写作的起因、缘由,主要说明案例发生的环境和条件。背景可以从以下方面展开:

首先,描写你遇到的难题;

其次,提供一些基本情况,如学校类型、学生情况和教师情况等;

第三,具体、明确地叙述对你的教学或学生学习产生重要作用的学生的文化、种族背景等;

第四,介绍分析教学内容,对本节课包含的知识点及知识点在教材中的承接性和延续性进行分析,对教学目标进行清晰准确的描述和分析,目标的提出应符合相应的课程标准或教学大纲,体现新课程理念,关注对学生学科学习、学科共通以及情感意识等多方面能力的培养,教学设计思路及其依据如教学目标、学生特点、教学内容和教学条件等,教学流程和教学方法等。

背景介绍并不需要面面俱到,重要的是说明故事的发生是否有什么特别的原因或条件。下面这个例子中提供的案例背景就从设计指导思想、设计思路、教师情况、学生学习基础和案例问题所属的范围等方面进行了交待。

———————— / ————————

案例1:

语文课刚下课,班长走过来递给我一封信,吞吞吐吐地说道:"黄老师,这,这个给您,早就想……您看看吧!"还没等我反应过来,就跑掉了。拿着信来到办公室,打开信看起来,信中写道:"敬爱的黄老师,活动单导学的课堂上,你让我们展开小组合作,采用小组评分制,看上去是件好事,大家展开激烈的讨论,学习气氛浓了,可是您可曾发现,那一次次分数正在伤害我们小组之间、同学之间的友谊啊!那一个个分数正在刺痛班上成绩不好同学的心呀!好多同学都有这样的想法。"看完之后我陷入了沉思,每天每一堂语文课,都是那么的"热火朝天",大家积极踊跃,每堂课下来我都暗暗高兴:这语文课终于"活了"。难道这是一种"浮华",在这背后还隐藏着什么?

(江苏省如皋市经济开发区实验小学　黄晓敏)

—————— / ——————

案例 2：

刚从一楼上完语文课，又直奔三楼准备给六年级的同学上品德与社会课，当我来到教室后门口就听见同学们在议论纷纷："这节课可能又没意思了！""可不是嘛？老是千篇一律地画画画、读读读、记记记知识点。"我停住脚步继续听下去，这时活跃分子刘飞一只脚踩上了板凳拖长腔调唱道："各位请听我说……我们的品德与社会课它不吸引人，也登门，还要我们笑脸相迎，稍有不慎走点神，还被老师白眼瞪，真是让人烦了心，烦了心！"眼保健操的音乐响起，教室里一下子安静了下来，可我的心却不能平静，我的火快点着了教学楼，想想我真是个笨蛋，被这帮小子蒙在鼓里还感觉良好呢！真想去训他们一顿，可我的声音也敌不过音乐声呀！音乐的节奏让我稍微冷静了些："我的课不吸引人？让人烦了心？这是怎么回事？"

（江苏省如皋市林梓镇林梓小学　杨亚勤）

（三）案例事件（提出问题和解决问题的过程）

如何处理"问题或疑难情境"，并通过这个事件的解决说明、诠释类似事件是教育案例的主体内容。在案例撰写的初期可以较为鲜明地提出问题，让读者直接获得有关问题发生的各种信息。随着案例撰写的深入，则逐渐要将问题与其他事实材料交织在一起，使读者通过分析确定问题的所在。

—————— / ——————

案例 3：

上课一开始，我忽然拿出一只鸡蛋，学生一下子都愣住了，因为在他们看来，这东西似乎和课堂教学内容毫无关系。于是，五十几双眼睛都一下子盯上我手中的这只鸡蛋。接下来，我开始向学生提出问题。我问：

"假如你以前从未吃过鸡蛋，甚至没有见过鸡蛋，现在你想知道这东西里面究竟是什么,有什么办法吗?"

"把它打碎!"同学们异口同声地回答。

我接着又问:"如果你不想打碎它,但又想知道这里面是什么,有什么办法吗?"

我这一问,同学们就你一言我一语地议论开了。于是,各种各样的假想、猜测以及验证方案被一个个地提了出来。有的说是生鸡蛋,有的说是熟鸡蛋,还有的说是仿制蛋……验证方案也五花八门,有光照法、透视法、摇晃观察、旋转观察、称量等。

接着,我将鸡蛋放进盛有清水的烧杯中,同学们惊讶地发现,鸡蛋几乎漂浮在水面上。这下同学们又议论开了,很多同学及时调整了思路,提出了新的假设和猜想。有的说是只空鸡蛋,有的说是半空的鸡蛋……同时也提出了验证猜想是否成立的方案。最后,我把鸡蛋打开,结果里面的确是空的,什么也没有。此时,喜悦和满足立刻写在了同学们的脸上。

(江苏省张家港市梁丰中学　程方平)

解决问题是案例最重要的一环,这部分内容需要详尽地描述。

首先,主题要突出。要根据主题和问题对原始材料进行筛选,要展现问题解决的过程、步骤以及问题解决中出现的反复、挫折,也会涉及问题解决初步成效的描述。通过对环境、人物、活动情景等细节的描述,有针对性地向读者交代特定的内容。如教学的思路、教学措施、学生的反应和教师的感受等。

其次,内容要真实。案例素材要反映活生生的教学实际,要避免虚构和杜撰。

第三,情景要完整。应该把情景交代清楚,有一个从开始到结束的完整情节。

第四,取舍要恰当。案例要写好主要事件,尽量精简那些与主题或问题关系不大的内容。案例事件的描述应是一件文学作品或片段,而不是课堂实录,无论主题多么深刻,故事多么复杂,都应该以一种有趣的、引人入胜的方式来讲述。为了使案例能够引发与其他教师观点的碰撞和启发其他教师的思维,也为了便于与其他教师间进行讨论交流,可有意选择经常会出现的、典型的、犹豫不决或导致自己陷入进退两难困境中的典型事件。

第五,叙述要客观。客观地介绍典型事例,不能直接地提出问题,表述观点,不能流露感情的褒贬。要让读者仔细品味,悟出其中的道理。对案例事件的描述应是坦率的、中立的,对教师的心理活动、观念冲突、情感等方面的描写也应是客观的。

第六,要揭示人物的心理。人物的心理则是案例故事发展的内在依据。面对同一个情境,不同的教师可能有不同的处理方式。通过对人物心理的揭示,向读者展示,为什么会有各种不同的做法,这些教育行为的内在逻辑是什么,执教者是怎么想的。这样,案例就能够深入人的内心世界,让读者"知其所以然"。

————————— / —————————

案例4:

上课伊始,我就用饱含激情的语调说:"同学们,著名作家碧野同志用一支点染江山的彩笔为我们展示了一幅幅旖旎温柔、艳丽迷人的天山自然风光,前两个小标题下的景物更是美不胜收。祖国的名山胜水多佳联妙对,文人墨客的题诗歌咏更为之增色添辉。今天我们依据这两部分的内容学写对联,为天山增添一道文化景观,如何?"学生的眼睛亮亮的,一下子产生了浓厚的兴趣。

复习了对联的特点和写作要领后,我提出训练要求:可独立撰写,也可合作完成,并请写在投影片上准备"发表"。

十分钟后,思维敏捷、素有"才子"之称的张闻宇同学率先举手:"我拟了两联。一联是'戈壁沙滩,赤日炎炎,暑气潺潺;天山雪峰,白云朵朵,溪流潺潺。'另一联是'红鳞映清流诗情一片,蓝天衬雪峰画意无穷。'"同学们报以热烈的掌声,但也指出"无穷"与对应词"一片"结构不同,对仗不工,可以改为"几重"。"女诗人"季莉敏也不甘落后:"林海浩瀚,推出万重浪;雪峰矗立,插入千层云。"又是一阵掌声。一向腼腆的赵云同学站了起来:"青青蓝蓝,绿草毯上野花点点;重重叠叠,塔松伞下日影斑斑。"得到同学们的一致赞同。徐亮说:"我仿赵云句式写了一联:'隐隐约约,山石鼓上水声阵阵;蜿蜿蜒蜒,密林深处鸟鸣声声。'"我投以赞许的目光,并指出"蜿蜒"是连绵词,不可随便拆开随意增加音节,可以改为"清清幽幽"。

武侠小说迷郑枫递来他写的投影片:"巍峨天山入云霄峰擎玉臂,氤氲紫气绕太虚竹展翠枝。""妙!妙!"同学们击节赞叹。原来联语巧妙嵌进了金庸《天龙八部》中的两个人名:萧峰与虚竹,的确很可玩味。得了鼓励的他又补充说,"我还有一句下联'壮丽瀑布泻断崖水开白莲',这与课文意境更相合些。"同学们点头称是。这时,钱虎斌同学念出他的上联:"落日熔金暮云合璧夕阳无限好",并诚征下联。课代表瞿玲燕略作思考后说:"牧马奔腾野花绚烂草原风情浓。"钱虎斌同学巧妙点化古人诗句,不露痕迹,既显得典雅又与牧场黄昏的情境相合,真是不错。

同学们还兴致勃勃地交流了他们合作完成的对联,出现了诸如"牧羊似玉珠点缀草场,森林似青幔遮盖群峰""风临毡包弦音袅娜溢笑语,月洒牧场草色朦胧引退思"等精彩联语。课堂气氛空前活跃。

(江苏省张家港市梁丰中学　张兰芬)

(四)反思与讨论

反思就是作者对案例进行解读、评述和分析。反思是对案例所反映的主题、思想观点、规律策略,包括教育教学的出发点、指导思想、过程、结果的利弊得失的看法和分析,问题的归因,规律的总结;还包括对课堂教学行为作技术分析,对案例研究所得的结论可在这一部分展开。

反思是在描述案例事件基础上的议论,要揭示案例事件的意义和价值。首先,反思要就事论理。对案例中描述的事实,提出的问题,要运用教育学、心理学的基本原理,进行科学分析,剖析其中所隐含的符合新课程理念、教育教学原理的做法,所运用的教育教学技能技巧,解决具体问题的较好的措施。分析自始至终要紧扣案例,不能脱离案例本身去讲教育理论。其次,立意要新。要用先进的教育思想、教育理念作指导,要跟得上教育改革与发展的步伐。第三,分析要实在,要有针对性。要讲关于这个案例的具体的小道理,不要讲空洞的大道理。不要热衷于抄录教育理论的条条,要将教育理论的观点自然地融会于分析之中。

———————/———————

案例5:

这堂课气氛始终非常活跃,由于教材教学内容得到了有效挖掘,教学设计独特、新颖,因此教学效果较为理想,不仅使学生理解掌握了科学探索常用的思维方法,而且激发了学生的创造热情和欲望,增强了他们的自信心。和以往同样内容的一堂课相比,感觉真的太不一样了。

成功的教学是一种创造,我深感物理课堂教学是一门博大精深的艺术,是无止境的。作为一名物理教师,要培养学生的创新精神和实践能力,关键问题是要在物理教学中充分挖掘教材,要有创新意识,敢于突破传统教学模式的束缚,创造性地构建新颖的、符合学生身心发展的教学设计,始终把学生当作课堂教学的主体,充分让他们扮演主角,动手动脑。只有这样,才能使我们培养的学生在未来日趋激烈的国际竞争中具有强大的竞争力,永远立于不败之地。

(江苏省张家港市梁丰中学　程方平)

反思与讨论并不见得要面面俱到,选择重要的方面或印象深刻的方面加以思考也就可以了。对于已写成的教学案例,要反复阅读,依据案例的基本目的和主要问题,力求抓住要害,深入细致地进行分析,论述时要画龙点睛,把问题点明,把道理说清,把主题揭示出来。分析要独到深入。同一件事,可以引发不同的思考。

从一定意义上来说,案例的质量是由思考水平的高低决定的。因为,选择复杂情境也好,揭示人物心理也好,把握各种写作结构要素也好,都是从一定的观察角度出发,在一定的思想观点的引导下进行的。要从纷繁复杂的教育现象中发现问题、提出问题、解决问题,道出人所欲知而不能言者,这需要一双"慧眼"。具备这样的功力没有什么秘诀和捷径,只有通过长期的磨炼去领悟和掌握。

------------ / ------------

案例 6:

语文学习是一个渐进的过程,有时经过一堂课的学习,很难断定学生到底掌握了多少知识。故而人们常常以是否完成教学任务,是否落实教学重难点来衡量一堂课的成败。从这一角度看,单就这一节课孤立地看,可以说是不太成功的;但从学生突破常规,能多侧面解读寓言,学会了寓言写作的实际效果看,我觉得也有它成功的一面。

首先,古希腊时代的伊索寓言,在经过了几千年社会历史的变迁和文化积淀的今天,让当代中学生来理解有着不同生活经历和生活体验的现代大作家对寓言的见解,自然会出现一些差异。这是合情合理的。而且学生创造性地理解寓言,并形成自己的观点,在了解寓言的基础上学习写作寓言。这才是真正的创造性阅读,是符合新课程精神的。

其二,这一学习活动中学生成了真正的探索者。他们是在"必须竭力去读懂"的实际目的、真实行为的活动中去学习的。这充分激发了学生内在的认知学习系统,并使学生进入最活跃的状态。从课堂对寓言的理解和作业对寓言的写作情况看。学生在寓言学习方面获得了学习动力与能力,创造性思维得到了发展。

其三,这是一次成功的内隐学习活动。内隐学习的理论是美国心理学家在 20 世纪 60 年代提出的,指的是在偶然的、无意识的状态下获得某种知识、经验和技能的过程。在这堂课前,学生并不知道所要获得的是什么,更无法有意识地把其提取出来,教师也没进行有意的安排,但学生却在这一语文学习活动中学得了阅读、创作寓言的知识、经验和技能。其成效是教师讲解所不能替代的。

(五) 附录

附录是对正文的补充说明材料,若放在正文中会因篇幅过长等问题影响正文的叙述。例如,在以课堂教学改革为主题的案例中,可选取一节典型性的课堂教学设计或者是选取某位学生的作业置于文后作为附录。并不是每个案例都要"附录",是否安排"附录",要视案例的具体情形而定。

上述案例包含的内容不是案例的形式结构,也就是说,不见得每篇案例都按上述几部分确定(当然,也并不排除这种排列方式),只要在案例相关内容的叙述上,考虑到以上几方面并按照一定的逻辑结构加以组合就可以了。

三、如何写好教育案例

案例写作一般有两种方法:一是写自己经历的案例,二是采访编辑案例。采访编辑案例是到实地采访、观察、收集一些事实、公开发表的资料和数据后写作而成的,为了保护个人隐私,则可以将被采访者的名字和有关数据进行掩饰性处理。写好案例不仅要知道案例写作的一般步骤、写作方法和要求,还要做好以下方面:

(一) 学会积累

养成写教学日记、教学随笔的习惯。只要我们开展教学活动，只要我们与有着丰富情感和敏感心灵的孩子打交道，我们的教学生活中肯定就会发生各种各样的故事。有意识地把这些零星的、散乱的教学事件随时记录下来，许多精彩的案例可能就蕴含其中。一线教师的身边每天都发生着各种各样的教学故事，其中就存在许多有价值的研究案例。作为一线教师，就应充分利用自身这一优势，从身边发生的教学故事写起，养成写教学后记的习惯，把自己课堂中的"精彩"记录下来。对于一线教师来说，写作、研究的时间一般难于集中，这就要求教师要及时做好记录。

(二) 学会发现

教学日记、教学随笔中所记载的教学事例，并不是都有意义，我们应当定期整理，善于从中发现有研究价值的事例，加以反思性研究。当然，我们研究的不一定全是成功的教学事例，许多失败的教学事例同样具有反思的价值，而且可能给人以更多的启迪。

并非所有的教学事例都能成为有研究价值的案例，这就要求教师要善于发现身边有研究思考价值的案例。什么样的案例有研究的价值？一是问题性。有价值的教学案例记录的应是一些含有问题或疑难情景在内的事件，包含着一些深刻的教学问题，它能够引发人们的思考。二是针对性和实效性。通过这些事例能说明一些道理，或验证某些理论，解决某一实际问题。三是典型性。教学案例所选择实例应是具有代表性、典型性的事件，这也是教学案例的生命。平时多写一些教学后记，素材多了，写教学案例时选择典型事例就有余地了。

(三) 学会收集材料

在教学实践中可采取多种方式收集纪录案例素材，如通过平时撰写教学日志、教育叙事，将自己认为对自己专业素质发展提高有益的经验、一些教学中成功的做法如实地记录下来，将自己的经历记录下来，也可以通过听课、课堂观察、座谈、讨论、观看教学录像，将别人的经历记录下来。收集的案例素材可以是宏大的，也可以是微小的；可以是粗略的，也可以是精巧的；可以是正面的，也可以是反面的；可以是成功的，也可以是失败的，更可以是发人警醒的或存在争议的。

(四) 学会写作

案例的写作和记叙文有许多共同之处：有人物、有时间、有地点、有事件，这些要素构成一定的情节；叙述情节要特别注意形象生动。与记叙文的写作不同的是，案例中要加入分析或反思,分析或反思是案例的重点部分,它起着画龙点睛的作用:以精练的语言揭示故事中蕴含着的教育智慧、教育理念。分析或反思不必面面俱到,可以抓住最重要的点,引申开来,深入挖掘。学会撰写教学案例需要一个过程,需要教师平时对自己身边发生的教育教学故事多思、多记,及时抓住灵感。一篇、几篇写出来不怎么样,可写了几十、上百篇,质量、水平肯定就不同了。

(五) 学会学习

有了理论素养,案例才有质量。写好教学案例,教师自身的理论素质是非常重要的,没有一定理论素养,往往就难以发现和抓住有价值的事例;没有一定理论素养,对一些教学事例的归因往往缺少理论的支撑。只有具有较高的理论素养,才能与自己身边发生的教学故事擦出问题的火花,对发生的教学问题作出深刻的反思,对事例中启示的道理进行有理有据的分析,提出可行的解决问题的方式。要写好教学案例,必须重视理论学习。作为教师,除了要加强对现代教育理论的学习之外,还应该认真学习、掌握基础教育课程改革的理念、目标与要求,正确理解和掌握学科课程标准,关注新课程实施过程的案例,积极学习别人的经验。

第七讲
如何表达微型课题研究的成果(二)

第一节　用"课例"再现教学背后的理由

"课例"即课堂教学案例,它是案例的一种特殊形式。一般意义上的课例是关于一节课的研究,即以一节课的全程或片段为例,进行解剖分析,找到成功之处或是不足之处,或者说是对课堂教学实践活动中特定教学问题的深刻反思及寻找解决这些问题的方法和技巧的过程。课例不是教学设计,也不是课堂教学实录,而是通过对教学过程或片段、细节进行剖析、研究、提炼,说明教学背后的理由,也就是用教育科学理论来说明、诠释教学实践。

一、课例的特点
(一) 实践性

课例是对已发生的教学过程的记录和反思,写在"教"之后,包括"做了什么""怎么做的""做得如何""怎么才能做得更好"等。一般情况下,课例与教学设计具有一致性,课例描述的是教学设计的具体实施状态,包括对教学设计实施流程及其变更、突发事件的处理、施教中的体悟等。因此,课例来源于课堂教学实践,任何脱离课堂的课例都是没有价值和意义的。

(二) 研究性

课例是一个实际的教学例子,是对一个教学问题和教学决定的再现和描述,即"讲述教学及其背后的理由、道理"。课例不只是课堂教学实录,还要交代这样教学的理由和认识,要从研究的角度分析教学的得失,也就是既要解决教什么、怎么教的问题,更要讲清楚为什么教这个内容和为什么这么教。课例以学科教学内容为载体,以某个主题为研究方向,"载体"是课例表达观点和思想的媒介,"主题"则是课例所要表达的灵魂(研究的成分)。

(三) 情境性

课例对教学过程的描述是围绕着具体的教学情境而展开的,课例的主要成分是教学情境性的集中体现。围绕着课例而展开的设计教案、上课与听课,反思与评价构成了课例研究的中心环节。课例研究的情境性可谓是一切源于课堂,在课堂中研究,在课堂上解决问题,研究成果服务于课堂。

二、课例的类型及其构成要素

课例的表现形式很多,并没有固定的格式。不同类型的课例有不同的构成要件,大体包括教学背景、教学设计说明、教学实录(或片段)、教学场景(情境)或教学事件、教学反思、教学总结以及教学评价和分析等。不管哪一种的课例,都是将课堂教学作为研究对象,都是从不同的视角、运用不同的方式来透视课堂、研究教学的。下面介绍几种常见的课例类型。

(一)评析型

这种形式的课例由教学设计说明、教学实录(或片段)和教学评析构成。根据课例的主题,教学设计说明可以是对教材、教学内容、学情的分析,也可以是教学设计的意图与思考,还可以是对教学安排的描述和解读。说明可以详写,也可以做一个大体的介绍。然后是呈现教学实录或能代表课例主题的教学实录片段。最后是自己或他人对课堂教学的评价和分析。评析可以对教学实录逐段评点,也可以在最后进行总评。

————————/————————

案例1:认识角

一、教学要求

1. 学生初步认识角,知道角的各部分名称。

2. 使学生初步学会做角,培养学生动手操作的能力。

3. 使学生知道角有大小,会用重叠的方法比较角的大小。

4. 使学生在认识角的过程中,体会数学与生活的密切关系。

5. 创设平等和谐、积极向上的学习氛围,培养学生相互协作的精神。

二、教学准备

三角尺、小棒、纸、钉子板、橡皮筋、扇子、剪刀、五角星、吸管等。

三、教学过程

（一）引入新知

师："今天我给小朋友们带来了一位好朋友。你们看！"蓝猫："小朋友，你们知道我是谁吗？"（多媒体演示：戴着红领巾的蓝猫，一只手拿数学课本，另一只手拿一个插着吸管的杯子。）

师："蓝猫今天非常想和大家一起学习新本领：认识角。"（出示课题。）

（评析：从学生喜闻乐见的卡通动物蓝猫引入课题，激发了学生学习情绪，使学生对所要学的知识产生兴趣和期盼。）

（二）探究新知

1. 找一找

让学生边观察自己的数学课本边找出蓝猫手中数学课本封面上的角。指导学生用手势正确地比划出角。（首先由教师用手势演示第一个角，接着让学生举起数学课本，与教师一起用手势表示出第二个角，然后让一名学生演示第三个角，最后让全体学生一起书空比划出多媒体上的第四个角。）

师："你们看，蓝猫也是一位光荣的少先队员呢。我们再来找一找红领巾的面上有没有角，好吗？"

生："有三个角。"（让学生用手势表示红领巾上的角，同时用多媒体演示。）

师："我们刚才在数学课本的封面上、红领巾的面上都找到了角。你们看看还有角吗？"（多媒体演示吸管。请学生上台用手势表示出吸管上的角。）蓝猫："小朋友们可真聪明！对，这些都是角。"（多媒体演示：隐去三件物品显出三个角。请学生拿出三角板。）

师："那么你们能找出三角板面上的角吗？找出角，并用手势表演给你的同桌看，好吗？"

评析：教师从学生的生活经验出发，因势利导，精心安排了学生的实践活动，使学生通过对实物的观察以及演示，初步体会角的含义，加强感性认识。同时，在抽象角的图形时，教师应用媒体让学生清晰地看到由实物的角变化为图形的角的过程，促使感性认识向理性认识转化。

2. 摸一摸

师：（让学生摸一摸角的顶点处。）"有什么感觉？"

生:"尖尖的。"

师:(在多媒体里出示第一个角的顶点。)"对,尖尖的地方我们叫它顶点。"

师:(再让学生摸一摸角的两条边。)"有什么感觉?"生:"直直的。"师:(在多媒体里出示第一个角的边。)"直直的,我们叫它边。那么角有几个顶点?几条边呢?"(板书:角有一个顶点和两条边。)让学生分别指出第二、第三个角的顶点和两条边。

3. 辨一辨

师:"蓝猫的好朋友都来了,他们都画了一个角,你们看看它们画的对吗?"(先让学生自己思考,再把自己的想法说给同桌听。如果是角,要说出理由;如果不是,也要说出理由。)

评析:教师让学生通过触摸感受角的顶点和边,突出了角的本质特征,再通过判断所画角的正误,自然地引入画角的教学。

4. 画一画

首先请学生自己动手画角,同时让一名学生上黑板板演,然后用多媒体演示蓝猫画角过程,接着让学生按蓝猫画角的方法再画一个角,并将自己所画角的顶点和两条边指给同桌看一看。

评析:创设条件引导学生积极参与。先鼓励学生尝试画角,其间充分体现了教学的民主,可以自己画,也可以讨论,还可以看书,尊重学生的主观意愿。针对画角中出现的问题,积极引导学生参与评价,鼓励学生自己想办法寻找画角的正确方法。在此基础上,运用媒体动态演示,使学生形象地看到角的画法,加强学生对角的认识。

5. 数一数

蓝猫:"你们真棒!我想邀请大家去我家做客,好吗?"(多媒体演示出蓝猫家的外景。)

师:"蓝猫又遇到难题了,开门的密码忘了,门打不开,怎么办?你们愿意帮它找密码吗?"(多媒体出示蓝猫家窗户、屋顶和门的边框图形。)

师:"只要你们能正确找出下面的图形中各有几个角,就能知道密码了。"让学生用手势表示出每个图形中角的个数。

评析:沟通了角与多边形之间的联系,渗透联系的观点,加深学生对角的认识。

6. 做一做

师："哈哈,门打开了,咦,桌子上放了一个信封,里面写的是什么内容呢?"(展示信纸内容:小朋友,你们好!刚才你们认识了角,现在我为大家准备了吸管、小棒、彩色纸等材料,请你任选一个你喜欢的材料做一个角。加油吧!)让学生各自选用吸管、小棒、活动角、彩色纸等物品做一个角。学生上台演示自己的作品。

评析:让学生用自己喜欢的材料和方法做一个角,在实践中探索不同的做角方法,给学生留出了充分思考及表现自我的时间和空间。

7. 玩一玩

师:(介绍活动角。)"这个角能变大变小,我们把这个角可以叫做活动角。你们想不想也来玩玩这个活动角呢?"布置游戏要求:"拿出活动角,边玩边思考,角的大小与角的什么有关? 角变大了,看看角的两边叉开得怎样了? 角变小了,角的两边叉开得怎样了?"学生活动后交流,初步建立起角的大小与角的两边叉开的大小有关的概念。

8. 比一比

师:"你们先做一个比周老师的角大的角,再做一个比它小的角,可以吗?"

师:"你们能做出一个和它一样大的角吗?"取一名学生做的角来比较大小。(介绍重叠法。)再请一名学生自己上台比较大小。

评析:由学生自己操作活动角的模型,既训练了学生的操作能力,也加深了他们对角的认识,蕴含了边的叉开程度决定角的大小的道理,还为将来从运动(旋转)的观点理解掌握角的定义打下基础,完全是一举多得!

师:"刚才我们比了比角的大小,有的角我们用眼睛就可以看出哪个大,哪个小,但是有的时候不能一眼看出,我们就要用重叠法来比较了。"

师:(多媒体演示蓝猫的墙上挂着四个钟面。)"时针和分针转动就形成了角,这四个钟面上的角,哪个角最大? 哪个角最小? 其余两个呢? 怎么判别这两个角的大小呢? 看看哪个小组想出来的办法多。"学生小组讨论,全班交流,多媒体演示两种比较方法。

评析:

一、知识技能目标层层落实,过程与方法目标处处渗透,情感、态度、价值观目标时时体现在这节课中,张老师首先从几何图形中抽象出角,在大小不同的角的图形中认识角,搭角、判断角活动中进一步明确角的特征,这时再回到生活中找角就有了基础。接着通过旋转钟面上的时针、分针让学生感知角有大小,再做活动角让学生初步感知比较角的方法,然后恰当运用多媒体让学生观察打开折扇、合拢剪刀的动画感知角的大小和边的张开程度有关,最后通过折角帮学生突破角的大小和什么有关的难点。环环相扣,知识技能得到了分层落实。

建构角的模型是本节课的重点,学生在生活中对角已经有了初步的了解,积累了一些经验,但对角的几何图形的认识还是第一次。在本课中,张老师首先利用学生已有的知识经验,让学生先说说几个平面图形,然后出示课本主题图引导学生观察、哪些物体的面上有角,再由学生从平面图形找到的角中,抽象出角的图形,指出这就是角,使学生初步感知了角,并请学生说出角的特点,体现了学生数学学习的过程就是建立在学生已有经验基础上的一个主动建构的过程。

二、练习设计体现了层次性、思考性、趣味性和开放性

1. 在学生能初步认识角的本质属性的基础上,让学生用小棒搭一个角,体会角的特征,并在搭的过程中注意到小棒摆放突出顶点。接着让学生判断哪些是角哪些不是角,从而加深认识,建构角的表象。这个练习可以叫做跟随练习,即刚学会一个新的概念,认识一个新的图形之后,紧跟着的一个比较容易的以选择和判断为主的练习。最后再回归生活,从周围实物上找角,既深化了学生对角的认识,也使学生感受到了数学与生活的密切联系。

2. 在完成认识角、做角、比较角的大小的所有教学之后,老师设计了一次"巩固练习",让学生运用所学知识,难度稍大,但学生能做出来,并且能找到练习中的规律,能从中获得成就感。

3. 在课的最后,老师给学生们留下了课后练习,即开放练习。题目是这样的:试着将一张长方形的纸剪去一个角,看看还剩下几个角。比一比谁的方法多。这个题目不止一个答案,是留给学生课后做的,学生兴趣盎然,完成积极。课程标准指出:练习的设计要符合学生的认知规律,应该由浅入深,由易到难,具有层次性、思考性。尤其是后面两题更是具有开放性和趣味性,充分体现了以人为本,尊重学生的课改精神。对学生而言,意味着主体性的凸显、个性的表现、创造性的解放。

三、注重动手操作,让学生经历探究过程

课程标准指出,要让学生在动手实践、自主探索、合作交流中学习数学。在本课中,张老师非常重视操作,从一开始让学生用两根小棒搭一个角,感觉角的本质属性,到让学生利用教师提供的学具和身边的多种材料去发现角,然后用吸管做活动角,最后用纸折角。学生通过亲自操作,获得了自己探索数学的体验,提升了探索意识,在合作与交流中认识到创造角的方法是多种多样的,在搭一搭、钉一钉、折一折中进一步体会了角的特征,并且初步体验了解决问题策略的多样性。

四、设计巧妙突破难点

我认为张老师在处理想想做做第四题中引导探索角的大小与什么有关这一环节的设计十分巧妙。角的大小与什么有关是学生学习的一个难点。教师组织学生用长方形的纸折角,通过活动不断增加折角要求,加大难度,使学生体会到:角的两条边的距离远角就越大,距离近角就越小,体会角的大小与两边张开的程度有关。经过张老师的精心设计,这简单而有一定思维含量的教学难点,就轻而易举地被突破了。

这节课的设计主要有以下几个特点:

一、卡通情境,让学生在趣中悟、乐中学。注意选择富有儿童情趣的学习材料和活动内容,激发学生的学习兴趣,使学生获得愉快的数学学习体验。这是国标本实验教科书的一个特点。兴趣是最好的老师,张老师以学生喜爱的卡通动物蓝猫为主线设计教学活动。在新课的导入时,让学生在活泼可爱的蓝猫身上找角并揭示课题。然后,通过判断蓝猫的好朋友画的角的正误,让学生学会画角的正确方法。接着,在到蓝猫家做客的过程中一步步展开教学:在帮蓝猫找密码的过程中,沟通角与多边形之间的联系,渗透联系的观点,加深对角的认识;从蓝猫的信引出做角,并明确要求;通过观察蓝猫家墙上的四个钟面,让学生初步学会比较角的大小。课堂上学生始终乐此不疲,兴趣盎然,整个数学活动充满童趣,学生在趣中悟、乐中学。

二、安排自主活动,让学生在动中悟、做中学。这节课自始至终贯穿了学生的动手操作与实践,这不仅符合低年级学生好奇、好动的心理特点和几何初步知识直观性、操作性强的知识特点,更重要的是充分体现了以活动促发展的活动教学思想。张老师把原有的知识传授设计成了一连串的活动:找一找、摸一摸、画一画、做一做、比一比,在多种感官协调参与下让学生初步认识角,经历知识的形成和探究过程。同时通过分组合作讨论,全班展示交流,让学生体会解决问题策略的多样性,既发展了求异思维,又在交流中深化了各自的认识。整个教学过程以学生为中心,以学生的自主活动为基础,学生真正动了起来,课堂真正活了起来。

三、巧妙运用媒体,变抽象为直观,发展空间观念。在初步认识角时,张老师巧妙地运用媒体。先在实物上找到角,再除去实物中非本质的属性,抽取出角的本质属性,变抽象的知识为直观的画面材料,很自然地把实物中的角与几何图形中的角联系起来。既帮助学生清晰地建立起角的表象,又增强了角是源于生活的知识。在学习画角时,张老师又运用媒体的动态演示,使学生形象地看到角的画法,加强学生对角的认识。在教学比较角的大小时,张老师运用媒体演示比较过程,直观形象地介绍了重叠法和数格子法。

(http://wenku. baidu. com/view/ec5e01f1453610661fd9f459. html)

课例的载体是学科课堂教学,因此课堂情境的描述是必不可少的,但这不等同于把大篇的课堂实录直接摆进课例里。课例的描述不能杜撰,它来源于真实的课堂教学场景,但其情节可以进行适当的调整与改编,这样才能更好地突出主题。为了更好地凸显主题,可以用讲述的方法对实录片段进行第二手的描写,包括作者本人当时的想法、感觉等都可以写入课例。围绕主题的情境描述要追求准确、精简、引人入胜。

(二) 反思型

这一类型的课例包括教学背景、教学过程和教学反思。背景主要是对教材、教学内容以及学情的分析。教学设计主要反映教学的具体内容、思路、流程以及方法等。反思实际上是分析课堂教学"好"在哪里、"不好"在哪里,使读者明白这"背后的故事"。

————————————/————————————

案例2：乡愁

一、引言

"忽如一夜春风来,千树万树梨花开",课改春风吹遍大江南北。这次课程改革的核心是学生学习方式的变革,学习方式的变革推动了教师教学方式的转变。教材编写,更注重发挥学生的自主性和创造性,综合性学习进入语文教材标志着学习方式变革的全面展开。而"互助、合作、探究"的学习方式更是课改的核心。于是,各种形式的学生互动、互助、合作、探究在语文课堂上涌现,语文教学呈现一片欣欣向荣的局面。学生的积极性和创造性得到了最大程度的发掘。

二、背景

我所执教的学校是一所偏僻的农村中学,要在这种学校实现学习方式的变革谈何容易!我执教的两个教学班每班都是80多个人,他们挤在一个50多平方米的小教室里,转身说话都很困难。一个坐里面的学生进教室,坐外面的学生必须站起来让才行。一个学生要起身,周围一大片学生都要一起挪动桌椅给他腾地方,这让自主、合作、探究的学习如何开展?教师就是有三头六臂也难以顾及这样一个庞大的学生群体的个体差异。为了培养学生学习的兴趣,提高学生的创新能力,提高学生的课堂参与度,彻底改变以往教师满堂灌的老套教学方式,我进行了各种尝试:分组讨论、互改作文……但都因为人数太多,课堂秩序太乱而收效甚微。怎么办?有一天,我正在教室评讲试卷,学校突然通知开会,我只好临时叫了一个学生代我继续讲解。等我开完会回来,在教室外边却发现教室里气氛相当热烈,为了一道题大家争得面红耳赤,教室虽吵却并不乱,讲台上的学生挺有指挥能力!

看到这里,我灵机一动:何不让学生来上课呢?

学生的生活经验、学习所得就是他们学习新知识、锻炼能力的宝贵财富。课堂上有意识地经常让学生有机会展示自己掌握的知识,学生就会有一种得意感、自豪感。我执教的初三(四)班共86人,班上有一部分聪慧勤奋、乐观向上、基础扎实的学生,平时在课堂上他们就经常会有自己独到的见解。我决定用这批较优秀的学生来上课,让他们来带动全班,让语文课更精彩,从而贯彻实施"自主、合作、探究"的课改理念。

但如果只让一名学生来讲解,这跟我亲自去上课也没什么区别,还是满堂灌,只不过换了一张面孔而已,学生的新鲜劲一过,还是会感到乏味。究竟该如何实施这个"学生上课"的新招呢?

三、准备

我把这个想法跟同学们一说,大家的反应异常热烈,跃跃欲试,我想:这学习的积极性、主动性有了,这堂未上的课也成功一半了。通过和大家的讨论,我把全班86人按坐次分成四个大组,让每组先找资料、准备教案,最后推选一名学生上台主讲。当然,在这四组之间,要展开比赛。

考虑到一堂课的时间只有45分钟,又通过商定,选了余光中的《乡愁》这首诗,并初步约定每组主讲人讲课时间不得超过15分钟。

四、教学过程

教师:"同学们,我知道这节课是大家期盼已久的,我也满怀期待,现在我们以热烈的掌声欢迎第一组的主讲人陈浩同学上场。"

在同学们热烈的掌声中,陈浩这个帅帅的小伙精神抖擞地走上了讲台,站定后,还咳嗽一声,扫视全班同学。(还真有点老师的架势,可我发现,他居然是空着手来的,看来准备得不错,挺自信的。)

陈浩:"同学们,有谁会唱《我的中国心》吗?"(第一组马上有人举手,看来他们这一组还准备了配合呢!)

陈浩:"好,请夏明同学给我们唱这首歌。"(夏明可是音乐委员呢,有一副好嗓子。)

浑厚的男中音在教室回荡,陈浩转身在黑板上写下"黄山""黄河""长江""长城""中国心"九个大字。

陈浩:"同学们,这是香港歌手张明敏的一首抒情歌曲。请问,此曲中抒的是什么情?"

同学们几乎是异口同声地回答:"中国心、爱国情。"

陈浩:(他的表情变得严肃)"是的,是中国心、爱国情,也是归国梦。"

"台湾还没有回归!"(几乎又是齐声在回答,看来学生的情绪被调动得不错。)

陈浩:"是啊,台湾,和大陆仅一水相隔的台湾还没有回到祖国母亲的怀抱。那台湾人民会不会想念祖国呢?"

"会"!(又是同声回答。)

陈浩:"当然会,有台湾诗人余光中的《乡愁》为证,请大家翻开书,我们一起来大声朗读一遍课文,边读边体会诗中的感情。"

(哗哗的翻书声后,响起了整齐的、响亮的、极富感染力的朗读,陈浩也在读,看来他是早就能背诵了。)

陈浩:"好,读完了,大家知道这首诗的感情基调是什么吗?"

"知道,也是爱国情,归国梦。"(学得不错。)

陈浩:"很好,你们真聪明,我现在再给大家朗诵一首诗。请大家仔细听,感受它里面的感情。

《当我死时》

余光中

'当我死时,葬我,在长江与黄河之间,枕我的头颅,白发盖着黑土。

在中国,最美最母亲的国度,

我便坦然睡去,睡整张大陆,听两侧,安魂曲起自长江,黄河,

两管永生的音乐,滔滔,朝东,这是最纵容最宽阔的床,

让一颗心满足地睡去,满足地想,从前,一个中国的青年曾经,

在冰冻的密西根向西瞭望,想望透黑夜看中国的黎明,

用十七年未餍中国的眼睛,饕餮地图,从西湖到太湖,

到多鹧鸪的重庆,代替回乡。'"

朗诵完毕,同学们沉浸在深深的爱国情中。

陈浩:"好,我的课上到这里。我有最后一个问题,有谁知道我的教学目的是什么吗?"(他这时才道出教学目的,而且用提问的方式引出,太妙了!)

第二组一个女生举手回答说:"教我们领会诗中的爱国情。"

在掌声中,陈浩下去了。(他花了13分钟。)

第二组的主讲人黄礼健上台了,他也没带书。(看来,这次他们的准备都相当充分。)

黄礼健:"同学们,这首《乡愁》诗蕴涵的是思乡情、爱国情、归国梦,刚才陈浩都已经讲过了,我就不重复了,现在我们来朗读比赛,好不好? 男女同学各一组,好吗?"

(男同学不愿意这样分组,最后,通过商议,以讲台正中为界,全班分成了两组。因为是比赛,大家都读得相当认真。课改提倡课堂朗读,看来,学生们也认识到了这一点。)

读完了,比赛完了,黄礼健笑嘻嘻地说:"都好,都好,实在分不出优劣。"大家也都笑了,课堂欢声一片。(好融洽的课堂气氛。)

黄礼健:"同学们,接下来我们一起来回忆写乡愁的古诗,看看谁的积累最多,阅读

面最广。"(他们都是调动情绪的高手,这不,学生的情绪又被调动起来了。)

一阵踊跃的举手发言后,黄礼健在黑板上写下大家回忆的十八句古诗词:

日暮乡关何处是,烟波江上使人愁。

月是故乡明。

每逢佳节倍思亲。

举头望明月,低头思故乡。

夕阳西下,断肠人在天涯。

乡书何处达,归雁洛阳边。

烽火连三月,家书抵万金。

……

写完后,黄礼健又引大家读了一遍这些诗句,然后说:"好,谢谢大家,我的教学目的就是引导大家积累思乡的诗词。"说完,在又一阵掌声中,他下去了。(他用了 12 分钟。)

第三组上台的是女同学盛文莲。

她是一个文静典雅的女孩,说着一口流利的普通话,她上台时提了一台录音机。

美真是可以令人沉静,她把录音机放在讲台上,一双美丽的大眼全教室一望,教室马上鸦雀无声,她这才说:"我来主持一场配乐诗朗诵比赛,参与者就是我们大家,你们有兴趣吗?"

"有!"(配乐诗朗诵,新鲜。)

盛文莲:"我先朗诵一遍,然后请大家都来读,谁读得好,我拜他为师。"

下边的学生一听,乐了。"好!""那一定要拜哦!"(学生的兴趣一下又被调动起来了。)

音乐响起。(她选的配乐居然是古筝演奏的《春江花月夜》,选得真好。)

一个又一个的学生踊跃上台……(盛文莲花了 16 分钟。)

最后一组上场的是周海浪同学。

周海浪:"同学们,请问愁是什么? 有谁能描述?"

第一组的胡胜回答说:"愁是一种情绪,没法描述,是人失意时的一种感觉。"

周海浪:"非常好。但是请大家仔细看课文,台湾诗人余光中是怎样描述这个愁的? 同学们可以就近讨论。"(很快,同学们找到了文中的四组意象。)

接着,周海浪把这四组意象写在了黑板上:

乡愁

邮票　船票　坟墓　海峡

母亲　新娘　母亲　大陆

周海浪从亲情、爱情、爱国情谈到诗人的爱国心,最后又讲到诗人在诗中采用了比喻,把无法描述的感觉写得如此生动、形象。最后,他还要大家在以后自己的作文中采用这种写法……(他花了 14 分钟。)

五、反思

卢梭在《爱弥尔》一书中说:"教育的艺术是使学生喜欢你所教的东西。"教师应不失时机地点燃学生的兴趣之火,改变学生被动、消极的"要我学"为热情主动的"我要学",从而收到事半功倍的效果。这堂课正是实施了此原则,学生这次不是"我要学",而是"我要教",这充分调动了他们的积极性,课前进行了细致的准备,查资料、提建议、群策群力,充分互动了起来。

另外,因为是他们自己的同学在讲台上,所以课堂气氛格外融洽,每个人都在积极地表现自己。

因为要上台讲课,课前须花大量的时间准备,所以这种方式一改以往学生课外时间大都花在数理化上的局面。语文也抢了一把时间,不过是他们自愿的、主动的。

也许有人会质疑:学生没讲到的怎么办?

其实,一篇文章,学生要掌握的东西太多,做教师的何必面面俱到呢! 一桶水与一瓢水的理论大家都明白,无须赘述。

唯一不足的是,农村中学教学的资源太少,学生的知识面较窄,自己能找到资料太少,这大大影响了他们在课堂上的表现。

当然,作为教师,也不可能全让学生自己来上课。只是从此次尝试中,我更加明白了课改的必要性,我们再也不能墨守成规,固步自封!

(http://www.ruiwen.com/wenxue/xiangchou/435838.html)

课例主要是对一节课的改进和研究,究竟获得了哪些理性的认识或者初步结论,需要进行概括和提炼。这些"研究成分"使得课例不仅仅是对研究一节课的描述,而且要对老师们在日后课堂教学中考虑一类课的改进有启发。反思对课例的分析和解读应该是归纳型的,内容要紧紧扣住描述的课堂教学和讨论过程,不宜夸大和跳得太高,否则极易沦为空谈,使得课例前面是具体的课堂教学实例,后面泛泛而谈。

(三)总结型

这类课例由教学分析、教学实录提炼和教学总结构成。课例一般反映的是教学"背后"的故事,教学背景、教学设计和课堂教学实录形成了课例的问题线索,让读者知道了课例的来龙去脉。对教学情境的描述不能仅仅局限于原始材料(课堂实录),而是要对教学过程做一些加工、提炼和总结。否则读者只是感觉到描述了一节"好课",却不知这个"好课"产生的过程是怎样的。

————————/————————

案例3:露在外面的面

一、教学分析

"露在外面的面"是第二单元"长方体(一)"中继"长方体的认识"、"展开与折叠"、"长方体的表面积"之后的第四节。它是在学生学习了长方体和正方体特征、观察物体的方法、正方体表面积计算及找规律等内容之后进行的,目的是让学生在观察、操作、分析等活动中,有序地观察露在外面的面的数量,会求露在外面的面的面积,并经历探索规律的过程,同时渗透相关的数学思想方法。在学习本内容之前,学生已经具有了如下的知识、方法:

(一)95%的学生能够结合实物准确描述出长方体和正方体的特征,100%的学生都能说出正方体有6个完全相同的面,85%的学生能根据生活中的实际情况求出长方体、正方体的表面积。

(二)通过对长方体、正方体展开与折叠的操作,加深了学生对长方体、正方体的认识。但是根据平面图去判定是否是正方体的展开图时,仅有87%的学生能准确判断。而且在测试的过程中,有一些同学自己动手作出测试卷中的图形样子,然后通过动手操作来帮助自己判断。可见,操作是提高学生空间观念的有效载体,我们在教学中要给学生创造动手操作的空间,以促进学生空间观念的进一步发展。

(三)100％的学生已经初步掌握了从三个角度——正面、上面和侧面观察物体的方法,但仅有90％的学生能准确画出从不同角度观察到的物体的平面图形。

二、教学实录提炼

(一)谈话引入,运用方法

1. 师:请看大屏幕,这是一组立体图形,看谁能最先看出:它是由几个小正方体组成的?(有8个小正方体。)

师:能说一说你是怎么看的吗?

2. 师:看来仅有观察还是不够的,还要在观察基础上加入合理的推想,把你视线所及看不到的在脑海中想到,才能得出正确结论。这节课,我们就继续用观察和推想这两种方法来探索"露在外面的面"。(板书课题。)

(设计意图:观察是学生学习"空间与图形"领域内知识的重要方法,但仅有观察是不够的,还需要不断掌握新的思维方法,以促进学生空间观念的发展。此环节正是从这一角度出发进行设计的:学生要想正确数出共有多少个小正方体,不仅需要观察,还要在观察的基础上加入推想——在脑海中想象出这样的立体图形,并推理出小正方体的个数,这样的方法渗透了观察、推理与想象,是正确认识事物的好方法,为新课的学习埋下伏笔。)

(二)操作体验,探索新知

师:请看大屏幕,一个小正方体放在墙角,有几个面露在外面?哪几个?

师:继续看大屏幕,这有几个小正方体?

(学生可能回答:有4个小正方体。)

师:它有几个面露在外面?你怎么想的?

(学生可能回答:露在外面的有9个面。上面的小正方体有3个面露在外面,前边的小正方体也露出3个面,右边的小正方体也一样,3＋3＋3＝9,所以一共有9个面。)

师追问:不是有4个小正方体吗?你怎么只数了3个?

(学生可能回答:有1个小正方体的面全被挡住了,一个也没露出来,就不用看了。)

师生一起按照上面、左面和右面的顺序数露在外面的面。

师:他是这么数的,谁和他的想法不一样?

(学生可能回答:我先看正面,一共有 3 个小正方形;再看上面,也有 3 个小正方形;再看右面,也有 3 个小正方形。3+3+3=9,所以一共有 9 个面露在外面。)

师:谁听清了,他是怎么数的?

(生重复方法。)

……

(三)合作探索,发现规律

师:刚才我们将 4 个小正方体随意摆在一起,露在外面的面数有所不同。现在我们用 8 个小正方体,按一定的方式有规律地摆,露在外面的面数会怎样变化呢?

1. 出示合作提示

(1) 小组同学商量、选择一种方式,之后按照这种方式有规律地摆(如横着摆、竖着摆……)。

(2) 先由 1 个小正方体摆起,记下露在外面的面数;再逐个增加小正方体,并依次记录露在外面的小正方形的面数。

(3) 边记录数据边观察,并把你们的发现写下来。

师:你看懂提示了吗? 有几个要求? 什么是有规律地摆?

2. 小组合作探索,并填写记录单

小正方体的个数:1　2　3　4　5　6　……

露在外面的面数:

我发现的规律:

3. 全班交流

……

三、教学总结

这节数学课,我充分发挥了学生的主体作用,引导学生亲自实践观察,从中发现规律。

(一)放手让学生自主探索

本节课我侧重教学的活动化,把课程目标由"关注知识结果"转向"关注学生活动",教学过程也由"给出知识"转向"引进活动",让学生在人人参与的操作活动中学会思考,在活动中学会质疑、解思,体现了建构数学思想的全过程,使学生的思维得到了真正的发展。课堂上,我让学生自主去摆放长方体,让他们通过自己的观察,知道露在外面的有几个面,再引导学生发现规律。这样的设计,学生乐于动手活动,增强了学习兴趣,并且学生在探索中获得了结论,这样得出的结论要比老师告诉学生结果、学生再记忆结果的效果好不知多少倍。这样的训练,发散了学生的思维,也培养了学生自觉解决问题的能力。

(二)深挖教材,拓展学生的思维

本节课是新课改中新的教学内容,教师不存在原有的教学经验,所以在教学这种全新的内容时,更需要教师把握好教材,深入研究本节课的精髓所在,才能有意识引导学生掌握本课重点、突破难点,才能将学生的思维进一步推向深处发展。在让学生探究规律时,不仅仅让学生发现"每增加一个小正方体,露在外面的面就增加 3 个"等浅层的规律,更注重让学生挖掘规律后面的本质东西:$3n+2$、$4n+1$ 等。这样才能让学生真正掌握这部分知识。

(三)充分利用现代教学手段

这节课,如果没有教具,很难让每个学生都弄清弄懂。如:演示几种摆法各有几个面露在外面等。

(四)拓展延伸不够

在课的后面,应对学生在观察角度上再多做一些引导和训练,这样学生对 $3n+2$、$4n+1$、$5n+4$ 的规律理解会更透彻,再遇到时就会感到更加水到渠成。另外练习题的设计过于简单。

(http://www.frjy.cn/shuxue/beishidaban/wuxia/changfangtiyi/2011-01-18/11348.html)

根据内容或主题,课例还可以分为意外式课例、主题式课例、综合式课例和课题研究式课例。根据课例研究的深度,可分为情境型课例、经验型课例和理论型课例。根据呈现形式,课例还可以分为文本课例和多媒体课例两种类型等。

第二节　用"报告"总结研究的过程与结论

研究报告是微型课题研究成果最重要的表达形式之一。研究报告主要描述和解释研究结果是如何获得的,并要对其获得的合理性做出解释和说明。它是被广泛使用的、表达教育研究成果的一种文体。由于微型课题研究的内容与方法的不同,研究报告也有不同的种类,其结构和表述形式以及侧重点也有所不同。这里重点介绍调查报告、实验报告和结题报告。

一、调查报告

调查报告是研究者对研究的问题进行深入细致的调查后,经过认真整理、统计和分析写成的书面报告。调查研究从制定调查方案、设计调查问卷、搜集资料、加工整理和分析研究,到撰写调查报告,是一个完整的工作程序,所以调查报告是调查成果的集中体现。调查报告是对调查资料的统计、筛选、整理和分析,相对原始资料更便于阅读和理解,起到透过现象看本质的作用,能使感性认识上升为理性认识。

(一)调查报告的特点

1. 写实性

调查报告是在占有大量现实资料的基础上,用叙述性的语言实事求是地反映某一客观事实,从而充分了解实际情况、掌握问题的现状,积累研究资料或素材是写好调查报告的基础。

2. 针对性

调查报告有明确的写作意向,相关的调查设计都是围绕专题的问题或事件展开的,所以,调查报告反映的问题集中而有一定的深度。

3. 逻辑性

调查报告以事实为依据,但又不是调查资料的简单呈现,而是对调查数据和客观事实的论证,分析问题产生的背景、原因,探究教育现象内在的联系,预测事物发展变化的趋势。

(二)调查报告的结构

调查报告一般由标题、概要、正文、结尾和附件等几部分构成。

1. 标题

（1）标题的要求

标题就是调查报告的题目，由报告内容决定，标题是画龙点睛之笔。它必须准确揭示调查报告的主题思想，做到题文相符。标题必须高度概括，具有较强的吸引力。

（2）标题的写法

标题的写法灵活多样，主要有两种形式：单标题与双标题。

单标题就是调查报告只有一行的标题，一般是通过标题把被调查单位和调查内容明确而具体地表现出来。

双标题就是调查报告有两行标题，采用正、副标题形式，一般正标题表达调查主题，副标题用于补充说明调查对象和主要内容。由于这种标题形式优点很多，正标题突出主题，副标题交代形势、背景，有时还可以烘托气氛。二者互相补充，因此成为了调查分析报告中最常用的形式之一。例如"明天你到哪里就业——对职高生择业观的调查""为何有理说不清——初中班主任说理能力的调查与思考"，正题揭示主题，副题指出了调查的范围、对象和问题。

（3）标题的形式

"直叙式"的标题，即反映调查意向或调查项目，或是地点的标题。这种标题简明、客观，一般调查报告多采用这种标题。

"表明观点式"的标题。直接阐明作者的观点、看法，或对事物进行判断、评价。

"提出问题式"，即以设问、反问等形式，突出问题的焦点和尖锐性，吸引读者，促使读者思考。例如，"中学生沉迷网络游戏说明了什么"等。设问式标题能唤起读者的关注，引起读者的思考，把读者带进某一新的认知领域共同展开探索。

2. 概要

概要即调查报告的内容摘要，主要包括以下三方面内容：

第一，简要说明调查目的，即简要说明调查的原因；

第二，简要介绍调查的对象和调查内容。包括调查时间、地点、对象、范围、调查要点及所要解答的问题；

第三，简要介绍调查研究的方法，并说明选用该方法的原因。介绍调查研究的方法，有助于增强调查结果的可靠性。

3. 正文

正文是调查报告的主要部分。正文部分必须准确阐明全部有关论据，包括提出问题，得出结论,论证的全部过程,分析研究问题的方法等。

论述部分是调查报告的主题内容,它决定着整个调查报告质量的高低和作用的大小。论述部分重点介绍通过调查所了解到的事实,分析说明被调查对象的发生、发展和变化过程,调查的结果及存在的问题,提出具体的意见和建议。

由于论述涉及的内容一般很多,文字较长,有时也可以用概括性或提示性的小标题,突出文章的中心思想。不管用多少个标题,论述部分大致可分为基本情况和分析两部分。基本情况部分要真实地反映客观事实,对调查资料作客观的介绍说明;或者是提出问题,其目的是要分析问题。分析部分是调查报告的重点内容,要对资料进行质和量的分析,通过分析,了解情况,说明问题和解决问题。分析一般有三类情况:第一类成因分析,第二类利弊分析,第三类发展规律或趋势分析。

正文写作安排要做到先后有序、主次分明、详略得当。大致有如下几种写法:一是按调查顺序逐点来写;二是按被调查单位的人和事的产生,发展的变化的过程来写,以体现其规律性;三是将两种事物加以对比,以显示其是非、优劣,找出其差异性;四是按内容的特点分门别类逐一叙述,这种安排较为常见。最后,要写清楚调查的结果。

4. 结尾

结尾部分是调查报告的结束语。结束语一般有三种形式:一是概括全文。综合说明调查报告的主要观点,深化文章的主题。二是形成结论。在对真实资料进行深入细致的科学分析的基础上,得出报告结论。三是提出看法和建议。通过分析,形成对事物的看法,在此基础上,提出建议或可行性方案。

5. 附件

附件是对正文报告的补充或更详尽的说明,包括数据汇总表及原始资料、背景材料和必要的工作技术报告。例如,在调查报告里,我们可以把相应的问卷选一部分作为调查报告的附件。在写调查研究报告的过程中,参考、引用了哪些资料(篇目名称、作者、出版单位、日期)也要在附件中注明,目的在于对所写报告负责,并为读者提供信息,同时也是表示对资料作者的劳动的尊重。

(三) 调查报告的写作要点

1. 主题简明,清晰聚焦

微型课题进行的调查研究,内容单一、切口小,一般是了解问题的现状,为改进教育教学工作提供事实依据。因此,调查报告的内容、结构也相对简单。我们不提倡把微型课题研究的调查报告写成长篇大论,不是越长越复杂的报告才能把事情说清楚,才显得有水平。相反,篇幅短小,选题新颖,贴近实际,内容深刻的调查报告更能说明问题,更有说服力,也更受读者欢迎,其作用并不比大篇幅的调查报告差。

——————/——————

案例1:中学生课外阅读情况调查报告

一、调查目的

在日常语文教学过程中,我们经常可以发现学生们由于积累不足带来的许多学习困难,比如说理解力差,对文章把握能力不足,缺乏阅读体验,难以在文章中找到共鸣。

其实课外阅读是语文学习的一个重要组成部分。学生在阅读中可以积累词汇、培养语感、体会没有亲身经历过的感情……充分的阅读经验可以提高学生的阅读能力,既可以提高他们的文学素养,又能够给他们语文学习带来较大的帮助。

基于以上这些原因,我们对学生的课外阅读情况产生了浓厚的兴趣。我们的学生在课外读一些什么样的书,这些书对我们的语文教学有何作用。根据这些目标我们开展了本次调查。

二、调查对象

本次调查是针对初二年级进行的,随机挑选了初二年级的两个班级进行。两个班级总人数为75人,其中男生40人,女生35人。考虑到初二年级的学生升学压力还不大,也已经比较适应初中生活,课余时间应该比较多,调查所得数据比较具有代表性。

三、调查结果及分析

在本次调查中,表示喜欢阅读文学作品的学生有60人,占总数的80％。这个比例比较客观真实地反映了当前中学生对于文学作品的认可程度。而在阅读条件的调查中,我们发现有41人的家庭藏书量在10本以下,父母所能承受的课外阅读书刊购买价格为20—50元。通过进一步调查发现,部分学生家庭藏书量为零。两个班级仅1人家庭藏书量在50本以上。阅读条件显然非常有限。在阅读倾向性测试中,我们发现在中学生最喜爱的读物中,动漫是第一位的,占到总数的60.0％以上。其次是男生钟爱的玄幻恐怖类图书,占14.6%。而时尚杂志也是女生比较钟爱的读物,占到11.0%。让老师大跌眼镜的是,在所有受访对象中,仅有1人选择了最喜爱的读物为文学名著。从这个数据上我们可以明确地发现,学生在课外时间的阅读往往以消遣娱乐为主,没有明确的目的性。这在后面的阅读体验调查中得到了印证。90.0%的学生在被问及阅读带来的好处时,都选择了打发时间、消遣娱乐。在阅读来源、书刊选择、阅读媒介上,学生的选择呈现多样化分布,除了媒介选择上,绝大多数学生都比较倾向传统纸质书之外,大多数学生在阅读来源和读物选择上都有较多的途径。在阅读体验上,我们发现,学生并没有比较深刻的阅读体验,在谈及具体作品和具体人物时显得比较为难,有14位学生在问卷上多次修改,有7位学生空白。我们认为这和学生阅读的出发点在消遣娱乐上不无关系。而在被问及"如果学校开设一门阅读课你是否会接受"时,所有的学生都选择了会,这体现了学生极大的阅读热情。在阅读习惯调查上,我们发现所有被访者都没有做读书笔记的习惯,经常与学生朋友分享阅读体验的也只占60.0%,这表明学生还没有养成良好的读书习惯。

四、结论

从以上的调查结果和分析中我们可以得出以下的结论:

1. 学生对于阅读还是有较高的热情和期待的,同时在课余时间里也有一定时间花在了阅读上,也能够利用现有的条件寻找一些读物来满足自己的阅读需求。在阅读过程中,学生们也有了相应的情感体验,体会到了阅读带来的乐趣。

2. 学生的阅读往往缺乏明确的目的,把阅读同课后的娱乐同等看待。在阅读对象的选择上也存在很大的盲目性,学生还基本处于有书就看,不感兴趣就扔的状态。老师、家长都为学生的阅读提供了一定条件和便利,但是老师的引导和家长监管还没有落到实处,对学生的阅读兴趣和阅读方向难以产生有效的影响。

3. 学生缺乏良好的阅读习惯,也缺少与人分享阅读体验的途径。这也是学生的阅读热情不能长久持续的原因。这样的阅读状态导致学生读书往往处于看过就忘,没有读后的反思,不能真正通过阅读有所提高。

五、建议

1. 从初一开始开设阅读课,让学生以读书沙龙的形式推荐介绍自己所读的书,交流读书心得,展示读书笔记。用这样的形式来提供学生阅读的平台,引导学生读书的方向,并且能够让学生在读书之后有所反思,并形成文字。

2. 老师在日常教学过程中不要仅仅把眼光停留在语文书上,要利用课堂的时间向学生反复推荐一些好书,学校的图书馆也可以相应购入一些老师推荐的图书,方便学生借阅。

3. 多与家长沟通,发挥家长的监管作用,利用寒暑假让家长监督完成一些阅读任务,做到学生离开学校不停止学习。

(江苏省苏州市彩香中学)

这篇 1 600 多字的调查报告言简意赅、简洁明了,没有复杂的结构,也没有繁琐的内容,却把调查的问题、对象和结果说得清清楚楚。报告的第一、二部分简明扼要地说明了调查的背景以及调查的对象,第三部分说明并分析了调查的结果,第四部分条例式地阐述了分析、研究的结论,第五部分提出了加强中学生课外阅读的措施和建议。整篇报告切入点准确、主题鲜明、详略得当、行文流畅。

2. 标题新颖,吸引读者

"标题是文章的眼睛",撰写调查报告特别要用心写好标题。前面我们介绍了标题的写法和形式,这里说说小标题的写法。小标题与大标题应保持一致的风格。大标题是提问式、概括式的,小标题就要鲜明活泼,形象生动,吸引读者。例如:

———————— / ————————

案例 2:初三关口众人心　志愿表中看究竟
——一项来自湖南常德的微型调查报告

初中毕业,初三的学生都选择了什么样的学校? 为什么这样选择? ……最近,笔者在湖南省常德市的一所城市中学和一所农村中学的 500 余名学生中就中考填志愿方面的几个问题进行了一次微型调查,结果颇有意思。

求学无止境

两所中学,一所在城市,一所在农村。环境不同,选择的结果也不尽相同,但在是否继续升学这个问题上的结果却相差无几。许多同学都清醒地认识到，当今正处在科学技术飞速发展的时代，仅凭初中所学的这点知识是远远不够的。充实自己，掌握更多的知识技能，已成为时代的要求。"还用问吗？"有的学生在问卷上这样写道。也有的学生说："校园生活格外美好，多姿多彩，离开了真舍不得。再说走入社会也不一定能适应。"所以也选择继续升学。

当然也有极少数学生，城市中约 0.74%，农村中约 1.67% 的学生说不读了或不愿读。有的说考上就读，考不上就不读，也有一部分学生不想说明原因，我猜想可能与家境贫困或厌学情绪有关吧。

分流不得已

调查结果表明，在农村中报普通高中的占 41.35%，重点高中占 22.00%，中专占 41.00%，技校占 22.00%，职业高中占 24.00%；在城市中报普通高中的占 62.09%，重点高中占 20.08%，中专占 39.70%，技校占 21.00%，职业高中占 14.00%。"考不上重点就读普高，考不上普高就读技校"成为他们的选择原则。虽然他们说"反正考上什么读什么"，但绝大多数的同学对职高、技校并没有表现出十足的热情。看来，时下在倡导大力发展职业教育的同时，努力改变学生对职教认识上的偏见仍然很有必要。就是那些报考中专的同学也多是考虑到家境的贫困，不得不放弃了大学梦。他们认为今年报考中专仍包分配，可以赶上这最后"一班车"，早日参加工作，早日为家庭分忧。这类学生在农村中占 14.00%，城市中占 8.00%。还有几名同学抱无所谓的态度，他们觉得只要能升学继续深造，能够获得更多的知识，上技校和职业高中都行。"——当然，要是能进中专或重点高中则更好。"他们又不完全满足现状。

谁来定志愿？

填报志愿不完全是个人的事，但最终还得由自己来决定。有的同学不因别人怎么说而改变自己的初衷，自己愿意报什么学校就报什么，不在乎人家的眼光；与之相反，有 7.00% 的同学则由父母来决定，他们认为父母年纪大，阅历多，经验丰富，办事老练成熟。"父母都是为儿女好，他们的选择没错儿！"更多的则是把自己的想法与父母的意见结合起来，要是双方的志愿不谋而合，那是再好不过的了。但若是与父母产生矛盾呢？有人说，父母的意见还是要参考的，毕竟对自己有好处，但最终填报志愿时还得由自己拿主意，到底也是十五六岁的人了，至少报所学校要自己喜欢才行嘛。从中我们可以看出,相当部分中学生的思想已趋向成熟,独立意识也逐渐增强了。

(朝阳,原载于《中国教育报》1996 年 7 月 3 日)

这篇调查报告用"求学无止境""分流不得已""谁来定志愿"三个小标题说明并分析了调查的内容和结论,既形象具体、可读性强,又符合一般调查报告的结构要求,达到了研究问题、解决问题的目的。

再如,一篇题为"打骂体罚学生现象剖析"的调查报告,第一个小标题是"'临床'表现",第二个小标题是"'病因'探寻",第三个小标题是"对症施治",用三个医疗术语作比喻,非常恰切地引出了打骂体罚学生现象的表现、原因和解决办法,具有很强表现力和吸引力。

如果大标题是标准形式,小标题则要符合公文的语体要求,一般用"问题的主要表现是""原因有以下几点""应注意在以下几个方面改进"等引起下文。

3. 导语(引言)多样,直奔主题

由于篇幅短小,微型课题研究的调查报告除少数省略导语外,一般也有简短导语。导语力求开门见山,直奔主题,用几句话或一个小自然段导入与揭示主题。它应该成为文章的最佳起点,为表现主题、拓展作者思路、完成整体构思创造有利条件,力戒穿靴戴帽,进入过慢。导语还要写得精彩,能够吸引读者和引导读者的阅读,调动读者的阅读兴趣,把握文章传达的基本信息。常见的导入方式如下:

(1) 提问导入

例如,《初三关口众人心,志愿表中看究竟——一项来自湖南常德的微型调查报告》一文是这样开头的:

> 初中毕业,初三的学生都选择了什么样的学校?为什么这样选择?……最近,笔者在湖南省常德市的一所城市中学和一所农村中学的 500 余名学生中就中考填志愿方面的几个问题进行了一次微型调查,结果颇有意思。

《学生喜欢什么样的班主任——小学生问卷调查引发的思考》也用了提问导入的方式:

> 新形势下,学生到底喜欢什么样的班主任?带着这样的问题,我们在对 3.所农村

小学、2 所城镇小学的 650 名高年级小学生进行问卷调查的同时,还广泛地与学生谈心交心,得出了一些结论。

导语首先提出问题,一开始就抓住读者,引人注意,让读者带着问题去阅读、思考。

(2) 结论导入

例如,《"韩流"·"溪流"——青少年中"韩流"现象微型调查报告》的导言是:

近年来,青少年中的"韩流"现象引起了人们较为广泛的关注。应该说,在日常生活中,人们确实能够从许多方面感受到"韩流"的存在:1998 年起,"酷龙组合"、H. O. T、神话和天使等音乐组合纷纷闯进中国流行乐坛;《天桥风云》、《最爱是谁》等电视剧在国内多家电视台播出;2001 年,中国电影资料馆等单位在北京、成都和上海等地举办了"韩国电影回顾展";2002 年,北京电影学院举办了韩国电影展及学术会议……种种文化活动、文化形式、文化时尚潮水般涌进中国,确实给人以"韩流"来袭之感……

导语先写出调查结论,亮出作者的基本观点,给读者一个总体的认识,然后再引出调查的核心内容,论证基本结论。

(3) 调查过程导入

例如,《为何有理说不清——初中班主任说理能力的调查与思考》的开头是:

说服教育,以理服人,是做好学生思想工作的一条重要原则,要求教师尤其是班主任具备一定的说理能力。为了了解初中班主任说理能力的情况,我们专门调查了 5 所学校的 163 名初中班主任,被调查的班主任中,说理能力较差的有 65 名,约占 40%。再结合平时掌握的面上情况看,部分班主任做思想工作时说理能力比较弱是个普遍的问题。概括起来,主要有以下几种表现……

导语概述调查的目的、经过、方法、范围和结果等,然后引出下文,使读者有了一个比较完整的了解。

4. 精心选材,合理布局

因篇幅短小,微型课题研究的调查报告更要用心安排好材料,突出重点,合理布局,保持一定的信息量。主体部分按照内容，一般有三种写法：

（1）并列结构

按照事物性质归类，并列地从几个方面来组织材料。如《构建和谐班级应在"五个一"上下功夫——对某校师生关系状况的调查与思考》，作者通过调查分析，认为新形势下密切师生关系应注意五个方面：

抓住一个根本——端正对学生的根本态度；

强化一个观念——以和谐促进人的发展；

突出一个重点——建立民主、文明的师生关系；

营造一个环境——形成师生互爱的良好氛围；

树立一个形象——教师要做学生的表率。

"五个一"概括了构建和谐班级的基本经验。

（2）纵式结构

按照事物发生、发展的内在先后顺序安排材料，步步分析说明。如调查报告《班级"非正式群体"面面观》，按照班级"非正式群体"的类型，"非正式群体"的形成，"非正式群体"的影响，对"非正式群体"的管理的顺序安排材料，这种结构脉络清楚，有助于读者对班级"非正式群体"有一个全面的了解。

（3）递进结构

遵循认识活动的规律，从事物的外部情况入手，逐层深入地揭示事物的内在联系。例如《家长"请客忙"探微》是按照"为何请""有何危害""如何解决"的顺序安排材料的，首先叙述"请客忙"的现象和原因，接着分析"请客忙"的危害，最后提出解决"请客忙"的对策建议，由浅入深，由表及里，层层推进。

受篇幅的限制，微型课题研究的调查报告在内容安排上应突出重点，或着重描述现象，或重点分析原因危害，或着力提出解决的办法，切忌追求面面俱到。

5. 语言简明，意尽即止

调查报告不能讲空话、大话、套话，用语要准确、简洁、到位，还要注意语言的形象性和生动性。如调查报告《家长"请客忙"探微》，用了很多生动活泼的群众语言，在叙述"请客忙"现象的原因时,如"别的家长请客,我们不请说不过去……别人会说我们'小气'""孩子成绩不太好,请老师多关心是应该的……老师不会不给面子""大家一起聚聚能加深感情,也便于教育孩子"。在分析"请客忙"的危害时,用了"吃吃喝喝,拉拉扯扯……吃人家的嘴短……酒后失态,胡言乱语……请的和被请的都休息不好,既劳神费力,又破费钱财"。读后有如身临其境。在叙述如何刹住"请客忙"时,用了"加强教育引导……反对吃吃喝喝、拉拉扯扯的庸俗关系。加强师德建设……及时劝阻,陈明利害……学校领导要做表率……"这些语言准确到位,意尽即止,干净利落,增强了表达的力度。

二、实验报告

教育实验研究报告是以书面形式反映教育实验过程和结果的一种文体。微型课题的实验研究是一种准实验,实验研究的内容、过程没有自然科学的实验研究复杂。因而,研究报告也简单得多。

实验报告的结构并没有固定的格式,就微型课题实验报告而言,大致可分为四部分:一是标题;二是前言或问题与假设;三是实验过程和结果或过程与方法;四是结果及讨论。

(一) 标题

一般来说,在确定研究课题时就已经确定了题目,但实际上在写实验报告时所用的题目往往和研究计划的题目有一定的差异。实验报告的题目既要反映研究的问题,又要在语言的表述上认真推敲。实验报告的题目要尽量做到简洁、明确、具体,要清楚地表达研究的内容,从而使于读者一看便知研究的是什么问题。题目要限制在研究的范围之内,不能脱离研究的内容。

(二) 问题与假设

实验报告首先要说明所研究问题的性质、实验的范围、研究的基本假设,使读者概括地了解研究课题的主要内容。在报告中要表明为什么要研究这个课题,课题的理论意义和实践价值;概述与这个问题有关的研究情况,包括现有的研究成果和现在研究中存在的问题;重点阐明实验的假设,包括说明实验研究要解决的主要问题,建立研究假设的主要理论依据,明确研究中的自变量和因变量。

实验研究始于"问题和假设"。比如,我遇到一个问题——学生不喜欢写作文,作文水平低下。接下来,我有一个假设——仿写、改写课文可以提高学生的作文水平。于是,我的实验研究的主题就定为:通过仿写、改写课文提高学生作文水平的实验研究。

在提出问题与假设后,最好交代一下"已有的研究对这个问题解决到了什么程度"。这样,问题与假设往往显示为三个要点:

一是"我遇到了什么困难?"(问题的提出);

二是"别人是怎样解决这个问题的"(文献综述);

三是"我打算这样解决我的问题"(研究的假设)。

这部分内容如果比较多,可以列出一个或两个标题来写。有时为了简洁起见,也可以用前言的方式表述。

—————— / ——————

案例1:"一年级小学生学习生字遍数与学习生字成绩关系的研究"提出的假设

"减轻学生负担,提高教学质量"是教师、家长普遍关心和迫切需要解决的问题。学生的学习负担往往表现为作业过量。有些刚入学的一年级小学生每天就要完成大量的作业——每个新学的生字要抄写十几遍甚至几十遍,给他们带来了沉重的学习和思想负担。如果教师在一年级的生字教学中,努力改进教法,帮助学生掌握学习生字的规律,能不能适量减少学生抄写生字的遍数而不影响学习生字的成绩呢?

(金蕴玉、冯健)

(三) 方法与过程

这部分是实验报告的主要内容之一,通过对实验方法和实验过程的说明,使读者了解你是怎样设计和组织实验的,了解实验的基本操作方法。这部分内容包括:

一是怎样选择被试,被试的条件、数量和取样方式,实验时间及研究结果的适用范围。

二是实验的组织类型(方法)及采取这种组织类型的依据。即:单组实验、等组实验还是轮组实验,采取这种实验类型的依据是什么,如考试成绩及评分标准,基础测定及测定内容等。

三是实验的具体步骤,即对实验班进行实验处理的情况。

四是自变量与因变量关系的验证。假如要通过某种教学方法(自变量)提高学生的数学解题能力(因变量),在实验之前要对学生的数学解题能力做一个测试(前测),得出班级平均成绩,实验结束后还要对学生的数学解题能力再做一个测试(后测),然后,把前测和后测做一个比较分析,看看这种教学方法能不能提高学生的数学解题能力,从而验证某种教学方法(自变量)与学生数学解题能力(因变量)之间的关系。这里,要说明测试方式是口头测定、书面测定还是操作测定,是个别测定还是集体测定,以及前后测试的时间等。

说明实验过程时,需要交代在哪个学校哪个年级哪个班做的实验,样本的具体情况(有多少男生,有多少女生等),做了多长时间的实验研究。这样可以增加实验研究的可信度,让读者相信实验是在某个地方所发生的真实的研究,而不是虚拟的研究,不是捏造的实验数据。

这里的方法是指在实验过程中采用的具体的操作方法,也就是怎样展开实验研究的,比如,"提高小学生文学教养的实验研究"在实验中采用了四个结合以提高小学生的文学素养。

———————/———————

案例2:"小学语文课堂教学效率的实验研究"的研究方法

一、被试

随机抽取上海市区1所普通小学,三年级4个班,五年级4个班(均为平行班),学生共421人为被试。

二、材料

三年级实验材料为九年制义务教育课本(S版)《语文》第5册第12课《一个忠告》,全文字数234个,生字数13个。五年级实验材料为九年制义务教育课本(S版)《语文》第9册第17课《八只小猫》,全文字数703个,生字数12个。

被试课文理解测验卷由专业研究人员编制,测验内容包括对字、词、句、段、篇的理解,测验题型为选择题,三年级15题,五年级19题。

三、方法与步骤

随机抽取三年级2个班,五年级2个班为实验组,采用单组前测后测设计。

按课时计划提前一个月左右进行前测,让学生自学实验材料5分钟,然后做课文理解测验(时限15分钟,可看材料)。三年级另加做10个生字词的听写(听写前让学生自学生字5分钟)。前测内容对教师保密,前测后不对学生作任何解释。

1个月后,当实验材料作为常规课文教学后,用与前测相同的测验卷进行后测。

为了控制前测效应,三年级、五年级分别再抽取 2 个班为对照组,以检验前测对后测的影响。最后对实验组前测与后测成绩进行比较。

———————/———————

案例 3:"新课标下数学课堂分层教学的实验研究"的主要过程

一、统一思想　提高认识

组织实验年级的老师,认真学习《数学课程标准》以及先进的教学理念,深刻反思过去的教学行为,认真总结教学中的得与失。传统的教学对学生的"双基"的培养比较扎实,但是忽视了针对学生个性化的教学,一味强调统一,具体表现在用相同的课本,对全班学生用相同的标准,相同的要求,做相同的题目,考相同的试卷,用相同的考查手段——考试评价学生。这样的教学培养了一批考试型人才,淘汰了绝大多数同学,容易造成两极分化。从整体上看束缚了学生各种能力的发挥,特别是创新能力的提高受到严重制约,学生越来越不想学数学,培养的学生落后于时代,不能适应经济发展的要求。

我们还通过"走出去,请进来"的方式培训教师,参加了省组织的第五期课题培训,以及南京、苏州、无锡和扬州等多项省级培训,组织全体教师前往上海七宝中学、南京东庐中学和泰州剂川中学参观学习。另外还召开了数学课堂分层教学研讨会,开设公开课、研究课,邀请市里有关专家来校点评指导。

二、调查摸底　科学分层

首先,制定分层标准。确定 6 个 A 级指标,10 个 B 级指标,40 个 C 级指标(见表一,表略),对学生各方面差异进行深入细致的全面调查和分析(见表二,表略),然后,分别按班按年级统计分析,老师学生都清楚了解各方面存在的差异,进一步明确责任和任务,为有针对性的教学提供可靠的依据。各班的学生按 10 个 B 级指标各分为 3 层。第一层为 C4,即 A 层,第二层为 C2+C3,即 B 层,第三层为 C1,即 C 层。对具体学生来讲,所在层又是多层面的、可变的、动态的、发展的。从而在教育教学中以层为依据在学生中建立起"互补型""共勉型""师生型""竞赛型"的新型同学关系。

三、分类要求　逐步实施

1. 备课分层

分层次备课是搞好分层教学的关键。教师要在吃透教材、课程标准的情况下,按照不同层次学生的实际情况,因材施教,设计好分层次教学的全过程,确定具体可行的教学目标,分清哪些属于共同的目标,哪些不属于共同的目标。此外,教师对不同层次的学生还应有具体的要求,如对 A 层的学生应多给予指导,设计的问题可简单些,梯度缓一点,要求他们能掌握主要的知识,学习基本的方法,获得基本的能力;对 B 层的学生设计的问题应有点难度,要求学生能熟练掌握基本知识,灵活运用基本方法,发展理解能力和思维能力;对 C 层的学生要设计些灵活性和难度较大的问题,要求学生能深刻理解基础知识,灵活运用知识,培养学生的创造力和创新精神,发展学生的个性特长。

2. 授课分层

授课分层是课堂教学中最难操作的部分,也是最能体现教师创造性的部分。在课堂教学中,教师应采用:低起点、缓坡度、多层次、立体化的弹性教学。为了鼓励全体学生参与课堂活动,使课堂充满生机,教师可将有思维难度的问题给 C 层的学生回答,简单的问题给 A 层的学生回答,适中问题给 B 层学生回答。这样,每个层次的学生均等参与课堂活动,便于激活课堂。深入了解 A、B 层的学生存在的问题和困难,帮助他们答疑解难,激发他们主动学习的热情,让他们始终保持强烈的求知欲,增强他们的自信心,使他们从"要我学又不知道怎么学"变为"我要学",主动地学,学会学习。在教学中注意启发 C 层学生思考探索,使他们领悟基础知识、基本方法。教师应引导学生归纳出一般的规律与结论,再变更问题帮助学生进行变式探求,进行自主探究式学习。总之,以"扶"为主,"扶"中有"放",重在带领学生学习。

3. 练习分层

分层练习是分层教学的核心环节,其意义在于强化各层学生的学习成果,及时反馈、矫正,检测学习目标的完成情况,把所理解的知识通过分层练习转化成技能,反馈教学信息,对各层学生开展补偿评价和发展训练,起到逐层落实目标的作用。因此,教师在备课时,针对学生实际和教材内容精心设计编排课堂练习,或重组,或重新选编不同层次的练习,在选编三个不同层次的练习时,必须遵守基本要求一致,鼓励个体发展的原则。通俗点讲就是"下要保底,上不封顶"。在 4 人分组进行合作学习的座位安排上,普通班A、C层各1人,B层2人;实验班C层1人,B层3人,这样可以带动所有学生一起参与进行合作学习。

4. 作业分层

作业能及时反映不同层次学生所掌握知识的情况,能反映一堂课的教学效果,又能达到初步巩固知识的目的。因此,作业应精心编排,针对不同层次的学生,应设计不同题量、不同难度的作业。A层的学生以记忆和理解基础知识为主,可以让他们模仿学会做一些简单的基本题,使他们尝到成功的喜悦;B层的学生,以把握概念、掌握一般解题方法为主,题目可设计为例题的简单变式,1—2个知识点的小综合,使他们感受学习数学的乐趣;C层的学生则以深化对概念的理解,灵活熟练的运用为主,从数学思想方法和能力培养方面考虑。总之,作业的量和度应以使每个学生都能"跳一跳,摘到苹果"为原则,从而调动各层次学生的学习积极性。作业不强调统一数量,重在质量,尽量要求学生在课内完成、独立完成以减少抄袭。

5. 测试分层

测试是为了检验学生对知识的理解和掌握程度,我们不可能用同一把"尺"去量尽世间万物,同样我们也不能用同样的要求、标准去衡量每一个学生。因为每个学生的认知水平、知识基础、接受能力都不一样,不能用同一张试卷去定"终生"。因此,要达到分层教学的最终目的——使每个学生都获得成功从而提高教学的整体水平,应开展"三维"目标测试和多重测试。

开始我们设计的是一张试卷,试题分星级。

(1)试卷内容及形式分层。"*"级题为A层学生必做题,是课本例题及练习和练习册上基础题目,分值占试卷的70%。"**"级题为B层学生必做题,难度与课本中的习题,练习册中拓展题相当,占试卷的20%。"***"级题为C层学生必做题,难度相当于提高题,占试卷10%。星级高的一定要做星级低的题,星级低的学生可以做星级高的题,做到保底但不封顶。

(2)结果的认定。试卷的批阅要求相同。成绩计算分为:①实得分,不在试卷中反映,在教师统计表中反映,用于对班级教师的评价。②卷面分,按星级题得分除以百分比,加上选做题得分。③成绩公布为卷面分。

这种形式测试,各层学生都能得到高分,甚至A层学生分数可能超过B、C层,还可能超过卷面总分。教师批阅、计算成绩麻烦了,但学生家长开心了。

后来我们改为出 A、B、C 三张试卷,难度不等分值相同,用于月考和平时小测验,同样起到了激励学生的作用,但评定更客观了。

6. 评价分层

分层评价是实施分层教学的保证。要充分发挥评价的导向功能和激励功能,就要对不同层次的学生采取不同的评价标准。如对 A 层学生采用表扬评价,寻找其闪光点。及时肯定他们的每一点进步,培养他们对数学的兴趣,唤起他们学习数学的自信心,对 B 层学生采取激励性评价,既揭示不足又指明努力方向,促使他们积极向上。对 C 层学生采用竞争性评价,坚持高标准,严要求,促使他们更加严谨、谦虚,不断超越自己。每学期通过自评、互评、家长评和老师评调各层的情况,对各层的人员进行调整。期中、期末总结发奖按层评出学习标兵和进步学生,还通过开展"读书之星"、"进步之星"、"劳动之星"、"守纪之星"、"体育之星"、"艺术之星"、"科技之星"、"尊师之星"、"孝敬之星"和"爱校之星"这"十大明星"评比活动,对学生进行多层次、全方位、立体式评价。总之,通过对课堂、考试、过程、教育和综合等评价,充分调动各层次学生的情感、意志、兴趣和爱好等多方面积极因素,促进智商和情商的协调发展,大面积提高教育教学质量,全面落实素质教育。

7. 课外辅导分层

课外分层是分层教学的延伸,是发展学生个性特长的有效途径。我们利用周六把学生按 A、B、C 层分班,打破原班建制,帮 A 层学生补习功课,着重帮助他们消化课堂上未能消化的内容,订正作业中的错误,同时指导他们学习方法,开发他们的非智力因素;给 B 层的学生上大课,重点是开拓视野,开设专题讲座,让他们学习一些"趣味数学",了解一些数学家的故事,使他们养成一种勤奋好学的精神和独立思考的习惯;着重培养 C 层的学生的数学特长,组建数学竞赛小组,出一些有一定思维难度的题目让他们思考,帮助他们扩大视野,拓宽知识面,提高数学素养和能力。

(江苏省淮安市第八中学课题组)

(四) 结果与讨论

这部分主要是展示实验取得的数据和统计分析的结果。研究中取得的数据通常以统计图表的形式呈现。在统计表中要将不同级别的数据对比地展示出来，说明使用的统计量和显著水平。在展示实验结果的各项统计数字之后，要对统计数字所说明的问题进行分类和分析。数据及统计分析结果说明了实验变量与实验结果之间的关系；典型事例能使人更好地理解实验结果，使实验更有说服力。例如，"'句式仿写、改写的研究'实验分析报告"对实验结果作了如下分析。

———————— / ————————

案例4："新课标下数学课堂分层教学的实验研究"的实验结果与分析

一、通过三年的数学课堂分层教学实验研究，我们深深体会到：

（一）分层教学是根据学生学习速度、学习水平和学习经历进行分班或分组教学。这种教学形式介于分流与分类之间，既能在学科教学中较充分地照顾学生的差异，又可避免过早定向分流可能带来的失误。分层教学整合了我国因材施教的经验，并非理想化地贯彻因材施教原则，而是在现实或可预测的条件下整合已有的经验，对传统的班级授课制进行整体性改造，建立起最大限度满足学生多样化需求的新的教学规范，建立起以因材施教为根本原则的可操作的教育教学方式体系，代表了教育教学方式改革的方向。

（二）差异是客观存在的。一是不同的学生在同一方面发展的速度和水平各不相同。二是同一学生在不同方面发展的相互关系存在差异。三是不同的学生具有不同的心理基础和知识结构。正确对待差异可以为学生个性发展提供更广阔的空间。控制"底线"，提高"上线"，逐步缩小差异，才能达到提高整体水平的目的。在教学实践中，要把传统的教师中心、教材中心、课堂中心与现代的学生中心、经验中心、活动中心有机结合，实现优势互补，形成新的学习制度，使教学过程具有必需的规定性和弹性，从而在现实条件下最大限度地因材施教，实施素质教育。

（三）实施分层教学，要根据可接受原则使教学安排符合学生的学习实际，让各层学生在智力、体力和精神上都不会感到负担过重，教学总是在愉快的氛围中进行的。教师因材施教的能力和学生自主学习的能力起着非常关键的作用。教师在驾驭课程、分析学情和区别对待等方面应具有较高的水平和意识。学生自学水平愈强，自学时间愈长,自主、合作、探究学习的时间在教学过程中所占比重愈大。教师发挥支配才越自由,分层教学的成功率才越高,教学效果才越好。

二、通过三年的数学课堂分层教学实验研究,我们初步探索出了分层教学的一些切实可行的新路子:

(一)在分层教学实践中,让学生了解分层教学的科学性,承认差异,主动参与是分层教学获得成功的前提;教师都要以爱感其心,热爱每一个学生,特别是"学困生",只有对每一个学生都抱有诚挚的爱心、平等的尊重,才能建立起良好的师生关系,而融洽的师生关系是分层教学获得成功的思想基础和前提条件。

(二)在分层教学中因层而异,对 A 层学生控制为最低要求,以"扶"为主;对 B 层同学适度要求,以"导"为主;对 C 层同学要求上不封顶,以"放"为主。要对 A 层学生"扶"在不觉中,对 B 层学生"严"在无声中,对 C 层学生"放"在无形中。老师要做到心中有层,操作无"层痕",这样学生才能达到全面和谐的发展。

(三)要从培养全人的角度计划授课内容,正确把握最基本的标准:合格公民,合格初中生,学习好必需的数学,学习好有价值的数学,不同个体在数学上得到不同的发展。数学授课分层施教活动计划如下:

教学活动	教师活动	学生活动	占时间比	备注
讲课	面向 B 层兼顾 A、C 层	B 层全程听,A、C 层部分听	45%	可根据实际进行调整,教学内容的出现应有梯度
辅导	面向 A、C 层兼顾 B 层	A、C 层争取教师辅导 B 层独立学习	40%	
矫正	B 层集体进行 A、C 层个别进行	各层听相关内容	15%	

三、分层评价要全方位进行,要关注学习结果,更要关注学习过程;要关注数学学习水平,更要关注学生在数学学习活动中所表现出来的情感与态度,要从课堂学习表现、课外求知探索、考试学业成绩和合作探究创新等多方面进行评价,要有利于全体学生共同和谐发展。

四、通过三年的数学课堂分层教学实验研究,我们经过调查分析比较发现,实验年级比非实验年级学生在数学学习兴趣、学习能力、学习习惯、学习成绩和全面素质等多方面都有不同程度的提高。

（一）提高了学生学数学的兴趣,家庭支持关注程度大幅提高。学生的学习兴趣由31%分别提高到62%和51%,主动提问的由23%提高到45%和40%,回家自主学习的由26%提高到73%和54%,课后独立完成作业的由22%提高到60%和45%,家长经常来校主动关心支持的由46%提高到82%和64%。

（二）数学成绩显著提高,学生的综合能力也有了明显进步。实验年级和对照年级的成绩见下表:（根据区统测七年级末同期成绩的情况统计）

	平均分	优秀率	合格率	低分率
对照年级(2003 级)	83.6	31.2%	74.5%	12.8%
实验年级(2004 级)	90.3	37.6%	86.4%	8.8%
实验年级(2005 级)	87.9	34.0%	83.3%	9.1%

（三）学生养成了良好的学习习惯,掌握了科学的学习方法,不仅会学,而且善学。调查测试结果表明,在前测中,04 和 05 级学生中学习习惯良好的分别占 32.7%、33.5%,一般的占 40%、38.1%,较差的占 27.3%、28.7%。在后测中,学习习惯良好的占 50.5%、49.6%,一般的占 38.5%、37.2%,较差的占 11%、13.2%。过去放学不带书包的学生约占学生总数三分之一,现在学生晚上回家基本上全部自觉学习,学习到晚上 11 点的达 73%,自己坚持预习、复习的同学由三年前不足 10%变到现在 60%多。

（四）学生素质全面提高,个性特长得到了充分发展。

学生自主意识得到很大增强,不良行为得到很大约束。自习课、中午静校期间,基本上实现各班无一人乱走动、乱讲话,无一人不进教室学习,基本上形成了以学生为主体教学格局。上学期对网吧等各娱乐场所进行了三次突击检查,没有发现一名我校学生。学生进出校现在无一人骑车,人人校牌配戴整齐。通过调查,八中的校风和学风越来越好,深受家长和社会的好评,连续七年创无一人犯罪的记录,更是涌现了 4 个区级文明班级、3 个省级三好学生及一大批优秀学生。

实验年级在三年中 4 次获得全区统测前 5 名的好成绩,一改过去教育教学落后的被动局面。2005 年和 2006 年有 13 名同学的成绩在全区列前 100 名。获得省级数学竞赛二等奖 1 人,三等奖 3 人,市化学竞赛一等奖 1 人。现在全校的成绩都在全区上游,获区教学质量管理奖,年度考核一等奖。

五、通过三年的数学课堂分层教学实验研究,学习现代教学理论、教育思想,教师的观念发生了很大变化,以前一味地埋怨学生差不可教,通过实验的事实说明,实施分层教学,分层制定课堂教学目标。教师在课堂教学中充当组织者、引导者和合作者,针对学生学习方式上存在的差异,区分情况,指导各有侧重,照顾到各层次学生的需要,组织起适合各层次学生有效学习的机制,进行自主学习、合作学习、探究学习、实践学习和系统学习,促进了学生共同发展。充分调动了学生学习的主动性和积极性,融洽了师生关系,改善了教与学的结构,各层次学生都能在成功学习中,教学质量明显提高。另外实施分层测试、辅导、评价,建立多层次全方位立体式的评价机制,客观公正对待学生,表扬激励,鼓励进步,促进情感、态度、价值观的全面和谐发展,达到新课标的基本要求。

通过这项课题的研究,教师的科研水平不断提高,逐步由实践型向经验型、进而向科研型转变,教师会教、善教、教学水平不断提高,一个科研性的教师群体正在学校形成。三年来,在各项评比活动中,多人获市、区表彰,在国家、省、市级发表和获奖论文五十多篇(数学组占一半)。2006年7月,我们加入了中国主体分层探讨创新教育教学理论研究会,王正林同志被选为理事,刘群同志的论文《实施分层评价,落实素质教育》参加会议交流,并被评为中学组一等奖,沈文汉同志被评为省优秀中考辅导老师。

(江苏省淮安市第八中学课题组)

所谓讨论就是运用教育教学理论讨论和分析与实验结果有关的问题。其主要内容有:由实验结果回答篇首提出来的问题;对实验结果进行理论上的分析与论证;把实验结果与同类研究结果相比较,找出得失优差;提出可供深入研究的问题及本实验存在的问题,使以后的研究方向更明确,少走弯路。

内容太多、篇幅太长而不便于写入研究报告但又必须向读者交代的一些重要材料可以作为报告的附件附在后。如测试题、评分标准、原始数据、研究记录和统计检验等内容。在实验报告中参考和引用别人的材料和论述也要附录在后,参考或引用的资料应注明出处、作者、文献、标题、书名或刊名及出版时间,如引用未经编译的外文资料,最好用原文注解,以供查证。

——————— / ———————

案例 5："小学语文课堂教学效率的实验研究"的讨论

研究结果证实了学习时间与学业水平呈正相关,但教学时间的投入与学业成效获得的速率却不是按比例增长的。从时间维度考虑,知识量的获取呈先快后慢的态势。即知识获取不是呈直线上升形态,而是呈抛物线上升形态,与遗忘曲线相反。如果说以前我们的教学是通过增加学习时间(多做练习、反复强化和补缺补差等)提高学业成绩还有其合理性和可行性的话,那么现在这条路似乎已走到尽头。因为学生的学习时间已被挖掘得差不多了,每个人的学习时间是有限的,不可能无限制地延长学习时间。在知识激增的今天,如何以尽可能少的学习时间来获取更多的必需知识,如何科学地、卓有成效地学习已成为教学研究的当务之急。从学习内容与学习时间的关系上,从教学时间效率上研究教学将成为教学改革的一个新的生长点。教学效率是教育改革追求的永恒主题。

研究结果表明:学生的学习并非从零开始,学生接触难度相当的新课文(生字率小于 3%—5%),通读自学课文一二遍,对课文的理解大约在 70% 左右。换句话说,学生完全有可能通过自学理解课文的基本内容。如果我们每课教学都从零开始,面面俱到,势必造成大量的内容与学生已理解的重复,耗费宝贵的时间。研究结果从另一侧面表明,学生的学习潜力是巨大的,我们尚未充分认识到学生学习潜力的能量。

本研究的一个重要问题是:教师在一篇课文的教学中究竟能教给学生多少,学生通过一篇课文的学习究竟能学会多少。研究结果表明,教师教一篇课文约 120 分钟(3 课时),学生回家完成作业、复习的时间约 90 分钟,所得的效果不到全文理解的 10%,尽管我们知道一篇课文的教学不仅仅是阅读理解,还有其他知识的教学,但无论如何,5 分钟自学能理解 70% 左右,210 分钟的教学、练习增长不到 10%,这样的教学效率明显是很低的。与其这样,我们宁可从教学时间中抽出 50 分钟让学生再读 10 篇课文。

理想化的教学是让所有的学生能完全掌握所学的知识,理解达到 100%,但事实上这一目标难以实现。一方面学生个体学习速率有个别差异,另一方面时间成本太高,那么教学到什么程度是合理的呢? 按照布卢姆的掌握学习理论,对知识的理解达90% 可看做进入新的学习内容的临界指标。我们认为,教学的临界指标可放宽至

70%—80%左右,因为研究结果表明将理解程度的70%提高到80%左右,需用3课时的教学,按学习理解曲线轨迹的增长,从80%提高到90%可能要成倍地增加学习时间,从教学计划的课时安排来看,要增加课时显然是不可能的。

识字、积累一定的词汇是阅读的必要条件。生字词的教学必须有一定的教学时间和练习时间的保证。从3年级生字词听写情况看,教学前后的差异较大,达2.3个字。这间接地表明,记忆性的知识内容的学习效率比较明显,没有一定的练习量,没有必要学习时间的支撑,要获得这些知识是不可能的。由此联想到,如果我们的语文教学能把记忆性内容与理解性内容从教材中一项一项分离出来,通过实验确定完成该项内容的必要学习时间,那么,我们就能合理地配置学习时间,控制整个教学时间,从而提高教学效率。

本研究并非想否定教师在教学中的作用。相反,在研究过程中我们发现:教师的教学对学习理解课文和回答测验题影响很大。理解测验中有个别问题的答案是模棱两可的,在前测中,学生理解分歧较大。但后测中,有的班呈基本一致的选择(尽管该选择不一定对),这与教师在教学中提到或强调过该内容有直接联系,教师教学的影响可见一斑。现在的问题是我们应如何更大限度地发挥教师在教学中的作用,我们认为可能的对策有三:一是提高教材难度,增加教材内容,把教学前学生理解程度控制在40%—50%,这样教师的教学便有更大的发挥余地;二是加快教学进度,提高教学时间密度,在教学时间基本恒定的基础上,以数量换取质量。因为知识之间是互相联系的,知识也只有在其他相关知识的基础上才具实际价值,知识的数量常常决定了知识理解的质量;三是充分挖掘课堂教学时间的潜力,精简教学环节,将那些非实质性的、占用大量时间的、教学效益不佳的项目、内容删除或缩减,如背诵、分段等。

三、结题报告

结题报告是一种专门用于课题结题验收的实用性报告类文体。它是研究者在课题研究结束后对课题研究过程和研究成果进行的客观、全面、实事求是的描述,是课题研究所有材料中最主要的材料,也是课题结题验收的主要依据。

课题结题报告不同于调查报告、实验报告。后者都侧重于研究成果的表述,而结题报告则侧重于回顾过程和评价成果。结题报告的写法没有固定的格式,但有大致的框架结构。一篇规范、合格的结题报告,需要回答好三个问题:

一是"为什么要选择这项课题进行研究?"即课题研究的背景、缘起或原因。

二是"这项课题是怎样进行研究的?"着重说明研究的理论依据、目标、内容、方法和步骤,以及研究的主要过程。

三是"课题研究取得了哪些研究成果?"

从应用写作的角度看,微型课题结题报告可以分为标题、正文、结尾和附件等四个部分。

(一) 标题

标题要反映课题研究的实质,要具体、简洁、鲜明、确切,可以直接用课题名称,也可以另立标题,将原研究课题的标题作为副标题,措词要准确、表述要完整、逻辑要严密。标题下面要署名,一方面是表明作者的著作权,另一方面是表明作者文责自负。一般是用单位＋姓名(主持人或执笔人)的形式。

(二) 正文

正文部分是结题报告的主体内容,大致包括以下内容:

1. 课题提出的背景

这部分内容的陈述,要用简洁的文字说明选择这项课题进行研究的背景、原因,回答好第一个问题"为什么要选择这项课题来研究"。个别的结题报告,如有必要,还可列出一个部分"课题内涵的阐释",专门对课题的内涵加以说明。

2. 课题研究的意义

这部分包括理论意义和现实意义,既可以单独陈述,也可以归入"课题提出的背景"来陈述。两部分合在一起的好处是能更充分地回答"我们为什么要选择这项课题来研究?"这个问题。文字要简洁、准确,避免冗长。

3. 课题研究的理论依据

课题研究的理论依据是进行课题研究的理论指导。课题研究需要在一定的理论指导下来进行。这部分的陈述要求理论依据具体,要围绕课题研究的需要,有针对性地列出课题研究所依据的若干个具体的理论观点或若干项具体的政策,所依据的理论要具有科学性和先进性,所选择的政策要具有时代性。在陈述理论依据时,应切忌将某一专家、学者的整篇著作或某一个文件、某位国家领导人的讲话全文当作理论依据。

4. 课题研究的目标

课题研究的目标体现的是本课题研究的方向,是本课题研究所要最终达到的目的。这部分内容的陈述,要注意三个问题:

一是课题研究目标既不能空泛,也不能过于原则,更不能偏题。诸如"促进学生的发展""培养社会所需要的人",使学生成为"具有丰富的知识、健康的情感、健全的个性和良好行为习惯的一代新人,在未来的社会生活中能自尊、自信,敢于迎接社会的挑战"等研究目标就显得过于空泛。再如,"探索小学数学教育的性质,研究对培养人的素质和创新意识的普遍要求,探索培养目标,探索数学教育的基本任务",这样的目标已经由国家确定了,用在微型课题研究目标中,显得太高、太大、太空。

二是要注意结题报告结构的内在联系。课题所确定的研究目标,最终必须落实到研究成果中去。看一个课题的研究有没有成效,能不能通过验收,就看在研究成果中,所取得的成果是不是达到了预期的研究目标。在陈述所取得的研究成果时,一定不能忽略研究目标与研究成果之间这一内在的联系。否则,会令人感到这个课题研究并不成功。

5. 课题研究的主要内容

这部分主要阐明课题研究的范畴,课题研究的着力点。对研究主要内容的表述应当紧扣研究目标,简明扼要,准确中肯。在陈述课题研究的主要内容时,有的教师将子课题表述成研究的内容,这也是一种简洁明了的表述办法。必须注意的是,课题研究的主要内容与课题研究成果同样有着密切的内在联系,课题研究的主要内容与研究结果必须互相对应,要避免呈现的研究成果与研究内容没有关联。

6. 课题研究的方法

这部分的陈述,一般列出所采用的研究方法,稍加说明就可以了,花费的笔墨不必很多。

7. 课题研究的步骤

"课题研究的步骤"这部分的陈述比较简单。一般将课题研究分成准备、实施研究、总结等三个阶段,也有的分成四个或五个阶段。然后,在每个阶段中简要陈述做了几项工作,一做什么,二做什么,三做什么,简明扼要,不必详细陈述。

8. 课题研究的主要过程

这部分需要花费较多的笔墨陈述。要通过回顾、归纳、提炼,具体陈述课题研究的主要过程,具体陈述采取哪些措施、策略,或基本的做法来开展研究。这部分也可以与"课题研究步骤"合在一起陈述,在每一个阶段中具体陈述所做的几项工作,所采取的研究策略或措施等。注意不要将"课题研究的主要过程"写成经验总结或研究体会。

9. 课题研究成果

这是整篇结题报告中最为重要的部分,主要是回答上面提出的第三个问题"课题研究取得了哪些研究成果"。

结题报告写得好不好,能否全面、准确地反映课题研究的基本情况,使课题研究成果具有推广和借鉴价值,就看这部分的具体内容写得如何。一般说来,这部分的文字内容所占的篇幅,要占整篇结题报告的一半左右。

10. 课题研究存在的主要问题及今后的设想

这个部分内容陈述要求比较简单,但要求所找的主要问题要准确、中肯。今后的设想部分,主要陈述准备如何开展后续研究,或者如何开展推广性研究等。

(三) 结尾

结尾部分一般是研究者根据研究得出的客观事实和结论,结合自己对教育理论的认识和了解,通过分析和思考,对课题研究的问题和实践的发展提出自己的建议和设想。因此,这一部分常常以"分析与讨论""讨论与建议""几点建议""几点思考"等作标题。在分析和讨论中,可以沿用一些理论与说法,可以提出一些改进教育、教学的意见、建议和措施,可以提出个人的一些看法、想法和思考,也可以提出新的问题、新的设想,以留待进一步研究。这一部分应根据实际内容的多少,将研究者的观点一一列出。所列出的观点应条理清楚,观点鲜明,切忌含糊其词,冗长拖沓。

(四) 附件

附件包括不便列入正文的原始材料,如测量工具(调查问卷、检测试卷等),统计过的数据,一些典型的案例,一些照片等。附件的内容一定要和本研究密切相关,如果虽然也是本研究做的一些相关的事情,但关系不是很密切,那么就不要附上。

参考文献也要附在报告后面。参考他人的成果要注出谁的文章,哪一年,哪一篇文章,第几页。参考文献的质量表明你研究的起点是否够高,如果你的参考文献很糟糕,那你的文章质量容易遭人置疑;标明参考文献是一种学术道德,是对以往研究者的一种尊重,也是对自己的一种尊重。

以上三种报告是微型课题研究报告的主要类型,尽管内容、结构和要求有所不同,但大体框架是基本一致的,在具体的写作上可以遵照以下程序:

一是草拟提纲。围绕梳理所得的逻辑顺序,构建研究报告大致框架结构(即拟定大小标题),显示论证层次以及论证方法。先是搭起研究报告的大框架,再考虑每部分层次结构,然后列出每个层次的段落要点和事例,最后将一些相关材料及索引分配在各标题下以备用。形式上是使通篇文章层次分明,内容上是对各部分材料的概括。提纲有句子式、标题式、图表式和段落式。拟制提纲的程序同逐级归纳法正好相反,即从中心论点出发到基本论点再到下位论点最后到资料。

二是形成初稿。在准备好充分的材料、巧妙的构思和完整的提纲的基础上,大胆地、尽情地把自己最初的感受、意念及有价值的东西先写下来。初稿的写法包括:循序渐进法(自然顺序法)和分题单写法(化整为零法),即将全文截开来写,各部分写完后再从整体上进行协调;先易后难法,即根据思维的活动展开写,思考成熟什么,就先写什么。

若一时觉得写不下去,可通过"忘、回、跳"策略走出困境。忘,即暂时封存相关材料,暂时忘掉这些材料的种种观点和思想,腾出"空间"独立思考,避免自己的头脑成为人家的"跑马场"。回,即回到教育教学的现实中去,再去作观察调查工作,搜集更多的第一手资料,并对自己原有的思维方法进行"元研究"。跳,即改变思维角度、分析策略,从其他学科或领域用其他方法对这些问题进行换位思考。

三是修改定稿。从斟酌观点、增删材料、梳理结构和润色语言等方面,用趁热打铁法(边写边改一气呵成)、诵读修改法、冷处理法(存放—冷却—补正—修改)或以文会友法(同行交流—专家点评—自我修改)等方法,对形成的初稿要进行精雕细刻。写作中的最新灵感又促使我们不断进行反思,进一步明确研究意图和写作焦点,可重新考虑并改变既定的写法,直至修改写作提纲,扩大与容纳一些新的观念和认识。一篇合格的研究报告至少应满足科学性、新颖性和可读性的要求,而真正能打动、启迪读者的,是作者对问题深邃的独到的见解和缜密精辟的分析。全文自圆其说,结构严谨,脉络分明,浑然一体。

研究报告的撰写要做到八要八忌,即标题要精当准确,忌空泛冗长;立意角度要新颖,忌拾人牙慧;主题提炼要集中,忌贪大求全;实践操作性要强,忌在理论上兜圈子;理论依据要精当,忌东拼西凑;主报告要详而实,忌把实质性内容全置于附件中;文章思路要清晰,忌繁杂错乱因果关系不相应;语言表述要精练,忌废话连篇。

第三节　用"论文"呈现课题研究的新成效

研究论文是研究者对所研究的问题进行探讨、研究后写出的具有独到见解的学术性文章,是研究成果的书面表达形式。研究论文既是研究者探讨问题,进行教育研究的一种手段;又是描述研究成果,进行学术交流的一种工具。从写作手法看,研究论文属于议论文的范畴;从运用的角度看,它属于一种应用文。

一、研究论文的特点

(一) 学术性

论文是研究成果的载体,是教育研究所形成的产品。它侧重于对教育现象进行抽象地、概括地叙述或论证,其内容是系统性的、专门化的。因而,这种文体必然具有很强的学术性。研究论文的内容是具有相对系统的、深思熟虑的学术见解,而不是感想、体会、杂谈或一般性的议论。研究论文致力于表现教育的本质,揭示教育的规律性,与教育案例、教学课例和教学设计等文章相比较,它的专业性、理论性更强。虽然研究论文取材于某一具体教育、教学活动,但它不是对教育现象外部直观形态和过程的描述,而是对教育现象内在本质和发展变化规律的分析与论述。学术性是研究论文的基本特征。

(二) 科学性

虽然微型课题研究的任务主要不是丰富和发展教育理论,但通过对教育现象研究可以发现和认识教育发展的一般规律。研究者对传统的教育思想、内容、方法,对引进的教育理论、经验,要采取"一分为二"的科学分析态度,要尊重客观事实,不能带个人偏见,不能主观臆断或凭空说教。在立论上,应从实际出发,论点的提出必须以切实、准确、真实的科学依据为前提;论据,要在周密的观察、调查和实验的基础上,尽可能多地占有材料,以最充分、典型、新颖、有力的材料(理论材料和事实材料)作为立论的依据;论证上,应是相对系统的、完整的、首尾一贯的,应是经过周密思考,严谨而富有逻辑效果的论证。它包含内容上的充实、成熟、先进、可行和表述上的准确、明白、全面、无懈可击。如果失去了科学性,也就不能称其为研究论文。

(三) 创造性

研究论文要有作者自己独到的见解。在研究中,能发现别人没有发现或没有涉及的新问题;能对别人研究过的问题采取新的角度或方法,提出具有理论意义或实用价值的新观点或新结论;能在综合前人研究结果(或经验)的基础上加工提炼,开掘新意;能在别人争论的课题中或出现分歧的问题上进行比较分析,在弄清彼此的分歧争鸣点的基础上,做出与已有结论不同的结论;能用新鲜的材料(事例、数据、史实和观察所得)来证明已证明过的问题,探索新意向;能运用中外教育领域里的最新信息资料和情报,以及教育科学研究的最新成果、经验理论和概念,增强教育论文的时代色彩或现代化意识,从而提出新思想、新观念、新理论和新设想,探索新体系和新方法,开辟出新的改革之路,推动教育发展的新进程。创造性是衡量研究论文价值大小和水平高低的主要标准。

(四) 理论性

研究论文的理论性是指论文的理论色彩,即以教育科学理论为指导,分析研究教育现象和问题,形成有理论高度的论文。在具体表达科研成果上,要符合教育规律、教育原则的新要求;要从具体事物出发,把感性的东西,上升到理论高度来分析,得出科学的结论,做到以理服人;要在教育领域的现象和问题的探讨、论证与表述的过程中,运用现代教育学、教育心理学、学校教育管理学和专家对教育的论述以及专业性名词术语和理论概念,并融合为论文的内容,使论文具有较浓的理论色彩。理论性是研究论文深度的标志。撰写研究论文要避免生搬硬套教育理论和空洞说教,要深入浅出地表述复杂的教育理论;要用通俗简明、生动形象的语言让读者感到平易可读、平实易懂,使论文发挥交流、传播、推广科研成果的作用,进而转化为社会生产力。

(五) 探索性

探索就是对尚未解决的问题,以新的观点进行探讨、寻找、搜索和求取,找到改革的突破口。没有探索,也就没有教育研究成果。因此,探索性是贯穿研究论文始终的一条红线。即在撰写研究论文中,对教育科研中涉及的比较复杂的现象和问题,要进行多方面的思考,多层次的比较,并认真分析,反复研究,才有可能找到解决问题的方案和措施;要根据传统教育的经验教训和当前教育改革的发展趋势,探索教育领域里我们还未明白还未掌握的教育教学规律,探索未来的教育教学到底是什么样子,应当怎样实现新的目标。此外,针对现实工作中暴露出来的实际问题进行分析研究,并总结研究成果,这本身就是探索性工作;而正确地寻找改革的突破口,寻找论证的新角度和新方法,寻找的过程,就是探索的过程。研究论文应体现出作者的探索个性(特点),探索个性越鲜明,论文越有创造性。所以,探索是科研的前提,也是撰写论文的前提。

(六) 实用性

研究论文应面对现实,针对教育教学过程中出现的新事物、新情况和新问题及时进行学术上的研究探讨,并力求给予科学的解释和回答,从而实现"有的放矢"地指导人们新的教育实践活动。微型课题研究要根据实际工作的需要,对学校管理、课堂教学和德育工作等进行深入的探讨和研究,阐述和交流学术见解,既及时指导教育实践,又补充、丰富和扩展教育理论。实用性是撰写研究论文的目的和意义所在。

二、研究论文的基本结构

研究论文的结构一般分三部分：一是题目（包括标题、摘要和关键词）；二是正文（包括引言、论述和结论）；三是结尾（包括注释和参考文献等）。

（一）研究论文的题目

1. 标题

确定好标题是写好研究论文的第一步，也是关键的一步。确定论文标题要做好两项工作：一是选题；二是准确地拟写标题（包括小标题）。

选题就是确定写什么。微型课题研究的内容基本上是教育教学过程中的具体问题，因而，论文的选题要紧扣实际工作，尤其要立足课堂，分析、研究和解决具体问题。特级教师王学东的论文写作就是从研究备课、研究教材和研究教法起步的。他认为，备课的过程就是一个发现问题和解决问题的过程，论文实际上就是把这个过程整理出来付诸笔墨。为此，他举例说：

> 我在备魏巍同志的散文《我的老师》时发现其中有一个抒情句的位置放得不是地方，于是我写了《这一句该置何处》的短文，详细阐述了我的观点。文章写成后，投寄了好几家杂志社都杳无消息。但我坚信我的看法是正确的，于是我就斗胆把文章寄给了魏巍本人，谁知魏巍很快给我回了信，同意了我的看法，并称赞我"看文章很细"，这给了我极大的鼓舞，我当即将文稿以及魏巍给我的信一并寄给了在全国颇有影响的中学语文专业杂志——北京的《中学语文教学》，杂志社很快就将我的文章以及魏巍给我的信一并发表了。这以后，我就把备课中发现的问题积累起来，然后利用空余时间整理成文，于是接二连三地发表了一系列有关教材研究方面的文章。后来我又由单一研究课文某一方面的问题到对某一课文作综合评述，写了一系列教材研究评述文章，如《〈岳阳楼记〉研究述评》《〈出师表〉研究中几个有争议的问题》《〈醉翁亭记〉研究述评》《〈一件小事〉研究述评》等，多篇被人大复印资料转载。
>
> 在教学中，针对不同文体，我往往会采用不同的教法。教说明文，我变通教法，采用正误比照法、再现情境法、读前推想法、以写促读法，大大激发了学生学习说明文的积极性。我据此写出的《说明文教学的变通性》在《沈阳师范学院学报》发表后很快被人大复印资料转载。教戏剧，我又将写作训练与戏剧教学融为一体，让学生概写剧情、

改写剧本、编演小品、抒写感想,我据此写成的《融写作训练于戏剧教学之中》论文在上海的《语文学习》杂志发表。教文言文,我摒弃了传统的串讲法,采用了变换文体法、重点突出法、以问带文法、分组竞法等使人耳目一新的方法,学生学得生动,课堂气氛活跃,我据此写成的《努力探寻知识和能力的结合点》《文言文教法求新举隅》《〈陋室铭〉教学设计》等论文也相继发表。其中《〈陋室铭〉教学设计》还被收入《中学语文教学优秀个案》一书,成为了江苏省师范院校教材教法课的教材。

可见,论文源于实践,源于对实践的认识、思考和研究。脱离了教育教学实践,没有对实践的理性思考和研究,就不知道写什么,也没有东西可写。

论文的标题是论文的眼睛,也是论文总体内容的体现,表述要明确、精练、易懂。

首先,选题不能大。选题大是一线教师写论文常见的问题。如"论素质教育"、"关注留守儿童 办人民满意的教育",这些标题太大、太宽,包含的内容太多,一线教师没有能力和条件写。文章最好是以小见大,以微探宏,哪怕是一得之见,写得深透也好。

其次,文字要简洁。如"根据农村特点,重视培养学生学习地理兴趣,搞好农村中学的地理教学",这一标题显然太长,如改为"激发兴趣,有效实施农村中学地理教学",减去14个字,对象范围没有改变,标题显得精当、概括。当然,论文标题的长短也不是绝对的,要从文章内容的实际出发,根据需要确定,但必须做到精炼,一个多余的字也不用。

第三,立意要新。如果老调重弹,就会俗气,平淡无力。而"喜新厌旧"是人的常态心理,论文题目旧就不能引起读者的注意和兴趣。一篇优秀论文贵在创新,这种新意又要通过文章的标题表现出来。所以,撰写论文要注意敏锐地抓住富有新鲜感的东西,巧作加工,标新立异。

王学东老师总结了五种拟题法:

一是前加法,即在传统观点前加"也谈""也说"之类;

二是后加法,即在传统观点后加"别议""新解""又何妨"之类;

三是中加法,即在传统观点中间加"未必""不"等词;

四是换字法,即将传统观点中的某个字换掉,如"学海无涯'巧'作舟","巧"换掉了原来的"苦";

五是设问法,即加设问语气,使传统观点变成一个设问句,如"良药一定苦口吗?"

第四,表述要准确。标题观点要明确,不能含糊其词,不能令人费解,更不能让读者产生歧义。如"浅谈开展电化教学有益于增强教育事业",这个标题就不准确,让人费解。"电化"教学和"教育事业"虽然有联系,但是没有直接的、必然的联系,能说开展电化教学就一定会增强教育事业吗? 而且"增强"一词的使用也不够准确。

2. 摘要

摘要也称提要,是用简洁的文字概括研究论文的主要内容,是论文的浓缩、梗概。一般读者总是先读标题、摘要,然后再决定是否需要阅读全文。研究论文摘要的字数应按刊物的要求。一般 3 000 字左右的研究论文,摘要在 200 字左右。摘要的表述一般涉及问题、方法、结果和结论。例如,《榜样和移情对幼儿分享行为影响的实验研究》一文的摘要:

　　本文采用自行设计的情境,对榜样和移情对幼儿分享行为的影响作用进行了比较研究。实验表明:移情训练在小班、中班的效果优于在大班的效果,榜样训练在各年龄班的效果差异不明显。同时,移情训练和榜样训练的效果在幼儿初期和中期无显著差别,但是在幼儿晚期的玩具和奖品分享行为上,榜样训练的效果比移情训练的效果更好。

3. 关键词

关键词是将研究论文中能反映研究方向和研究领域的最重要的词提取出来,放在摘要之下,以便读者一看就能了解研究论文的主要内容和主攻方向,也便于文献检索系统进行主题分类和编制索引。通常关键词取自标题中的变量,研究假设中的变量以及研究主题中的变量。重要的词应尽可能往前放。一般一篇研究论文的关键词不超过 8 个。例如,《榜样和移情对幼儿分享行为影响的实验研究》一文,作者提取了以下关键词:

分享行为;移情训练;榜样作用;比较研究。

(二) 正文

1. 引言

研究论文正文的开头一般是引言(也称引论、绪言或绪论)。引言部分主要介绍研究什么问题,向读者提供有关论文主题的背景信息,使读者能理解和评价论文(或微型课题研究)的意义和价值。引言主要说明所研究问题的由来,介绍问题的理论和经验背景,要使读者一进入正文就能了解该论文的主旨和要义。问题的陈述应尽可能放在前言部分的开端,直截了当地提出,以便读者迅速了解研究方向。问题的陈述最好涉及研究的主要变量,可用一两句话开门见山地把问题提出来,如"本研究的目的是检验……之间的关系"或"本文探讨的主要问题是……"

引言要精炼、明确,字数不宜多。常见的写法有以下几种:一是直接申明自己的主张和见解,开门见山地提出中心论点;二是提示内容要点;三是因事发问,引发思考;四是从日常生活现象写起;五是引经据典,说古道今。

2. 论述

论述部分也称本论或正论,是论文主体内容。这部分的重点是展开论题、分析问题,论证、阐明论点和论据之间的必然联系,证明自己的主张是正确的,以帮助读者了解结论的产生及其正确性。因此,这部分内容应当丰富、充实,观点要与材料一致,有理有据。论述的先后次序、推理的层次,都要根据事理的内在联系来安排,做到有条不紊。所以这部分的结构要有层次性,论证要有逻辑性,论据要有丰富性。结构复杂一点的论文在中心论点提出后,还要将其分解,在不同的方面设置若干分论点或小论点。在内容结构的安排上一般有两种形式。

一种是并列式,将中心论点分成几个彼此并列的分论点,然后分别论证求得综合。例如,王学东老师的论文《在"点拨"中点亮学生智慧的火花》是这样安排的:

> 成功的点拨教学要充分激趣;
> 成功的点拨教学要善于设疑;
> 成功的点拨教学要相机而导;
> 成功的点拨教学要富有层次;
> 成功的点拨教学要能放能收。

另一种是递进式,将总论点分成几个不同层次的小论点,逐步深入地分析论证,最后得出结论。例如,论文《数形结合,促进两种思维的和谐发展》的递进式结构是这样安排的:

> 充分感知,积累表象,发展形象思维;
> 语言参与,表现概括,引发抽象思维;
> 数形结合,促进两种思维相辅相成。

一篇论文的质量主要体现在论述部分,在撰写这部分时要注意以下几点:

(1) 论点要突出,要写出深度。所谓论点就是作者在论述部分要表达的思想观念、见解或主张。写好论文最重要的是围绕一个中心论点立题,哪怕是一得之见,写得深透,以小见大,以微探宏,也能使人得到启迪。写论文最忌贪多求全,多中心、题目大、范围广,篇幅冗长。初写者往往会把自己平时想的、做的,不加选择和提炼,一股脑地写在一篇文章里,从而造成文章的臃肿冗长、空泛凌乱。多中心即无中心。由于内容泛泛,面面俱到,每个问题就会蜻蜓点水,根本写不出深度。写论文时,要对自己的经验进行筛选和提炼,在经验中选取最熟悉、最精彩,体会最深、效果最佳的事例,舍弃其他与中心关系不大的内容,这样就容易把文章写得集中、深刻,有深度和高度。

(2) 经验突出,观点明确。一线教师撰写的论文经验型的较多,纯理论的较少。这就要求经验要突出,观点必须明确。自己的主要经验是什么,主张的观点和看法是什么,这些都应该在论文当中鲜明地表现出来。不能含糊不清,模棱两可。立意是文章的中心观点,是作者的灵魂,文章的纲。它像一根红线,贯穿全篇,成为文章的中心。文章的选材、剪裁、结构、语言和表达等,都要以中心为依据,受中心约束。如果在论述部分不知道主张什么,反对什么,就说明作者对阐明的观点提炼不够,对经验事例的选取不精、不当。就需要深入实践,继续搜集感性材料,并对照有关方面的理论进行分析研究。这样,才能在论文中旗帜鲜明地把自己的观点和经验阐述清楚。

(3) 多论证,少叙事,以理服人。写论文不是将自己所做过的事例的简单罗列,如石头砖瓦凌乱地堆砌在一起一样,而是要进行论证,就像水泥能把砖石凝固在一起形成墙一样。论文是通过论证把论点和论据结为一体,形成逻辑关系。如果不会论证问题,只是对自己的做法和观点进行分析,那么,写出的论文就是观点加例子。这样的文章叙事多,说理少,不能以理服人。如,一位老师写如何转化后进生,只能说自己是怎样做的,不能说明为什么这样做,这样做的根据是什么。相反,把自己做工作的具体做法平铺直叙,写得详详细细,但却不能反映出一般的教育规律,这里就是缺少对感性材料的归纳、概括和整理,而在阐述问题时,又不能分析论证,没有边叙、边议、边说明。没有把叙述、议论和说明有机地结合起来。总之,不能把经验及事例拿到理论上认识,因而形成了"大杂烩""流水帐"。还有一种情况,就是理论依据多,而论证的事例少或没有,使论文空洞、干瘪,不能通过论点进行充分的论证。

出现上述情况,主要是由于作者存在几方面的问题:一是缺少教育理论知识,不能用理论分析教育现状;二是平时作为论证问题的材料积累的少,没有其他事例或理论依据储备,因而叙述单调,平淡无味,立论陈旧,论据无力;三是不掌握论证方法,不会在写论文中进行逻辑分析。

(4) 要结构严谨,层次分明。结构就是文章的框架,它反映文章的层次段落,思路走向,决定文章是否严谨和有逻辑性。有的论文不能合理安排文章的层次和段落,往往会出现叙述拖沓,枝蔓不分,序号繁杂,层段难辨的现象。要避免这些问题,一是要合理安排层次和提炼小标题。一篇好的文章,其内容是要划分几个层次或几个部分,层层分析。每部分用小标题加以概括,或用几个序号分开。这样文章思路有线索,层次也清楚。二是要思路清晰,循序渐进。写作的基本思路要一层一层地、循序渐进地加以展开。先写什么,后写什么,心中都要有数。不能前后重复,颠三倒四,把应该写在前面的东西写在了后面,应该写在后面的放在了前面,不是并列关系的罗列在了一起,或者是大小题号混乱,主次不分,语无伦次,杂乱无章。

(5) 用词要准确。研究论文是要揭示教育规律,为了保证文章说明的东西具有科学性和体现教育科学的特点,文字的使用也必须准确。就像课堂用语一样,尤其有些学科专门用语,决不能瞎编乱造。学术用语必须规范化,否则不仅不能正确表达作者的思想,而且容易造成歧义,带来不良后果。不要使用含糊不清的语言,不能随意编造新词,应正确使有专有概念和专用词语。

3. 结论

结论是对论述部分的概括,是论述的结果。在论证的基础上提出结论性的意见,作为文章的总概括,得出或重申自己的见解。写结论的目的是加强读者对全篇文章的印象,所以要简明扼要,精确有力。结论一般写在文章的最后部分,但也有的文章因每层各段的意见已交代清楚,不需另作结论。

(三) 结尾

结尾包括注释和参考文献两部分。注释是对文章中的词语、内容或引文的出处所做的说明。

参考文献是作者在撰写论文时,曾经借鉴、引用过的重要文章和著作。论文写好之后,要将这些文章或著作编目,附在论文后面。

三、如何写好论文

(一) 注意积累研究材料

积累材料能为撰写教育研究论文、分析问题,证明论点提供论据。要想写好论文,重要的应该是注重"摆事实,讲道理"。事实就是材料,道理就是观点。不摆事实,不证明材料,道理就说不清,观点就道不明。没有事实、材料的支撑,观点根本无法树立,没有适当的、足够分量的材料支撑,观点即使树立起来也不能立得牢固,而这些材料哪里来,就靠平时的积累。

究竟如何积累资料呢? 归纳起来,大致有三种情况:

一是对平日教育教学实践中那些有价值的经验、体会的观察与积累。包括记录零碎感想的教学笔记和日记等。

二是对开展教育科研活动的各个方面原始材料的收集,如各种测验、评价材料,学生讲稿以及各种活动设计等。

三是课外阅读。

(二) 学会拟订论文提纲

拟订写作提纲是论文写作的开始。提纲是论文的雏形,通过它可以把论文的主要观点和结构用文字固定、明确下来,使文章框架眉目清晰,段落分明,主题明确论文构思更完善,起到组织材料、思考缜密、防止遗漏的作用。另外,提纲列出来了,心中就有数了,可以沉稳地逐节逐段写下去,减少一些不必要的废笔,少走一些弯路。当然,不要为写提纲而写提纲,把提纲搞的很细很全,成为框框。这样反而会使自己受到限制。提纲不是一成不变的,只是个参考。写作过程中如果遇到新问题,要从实际出发,不断变化。

拟订提纲时要做好三项工作:

一是要明确文章的中心论点和分论点。

二是安排、设计好分论点的序列。

三是把材料对号入座。把将要写到文章里的材料,根据分论点的需要分组,属于同一分论点的材料放在一组。有几个分论点,就有几组材料。到撰写时,写到哪个分论点,就自然用到哪个材料。

(三) 充分思考,先写后改

论文撰写必须在充分思考的基础上进行。如果材料积累不充分,或者对材料的消化吸收不深刻,或者对文章的道理悟得不透、论点把握不准,或者没有找到表达上合适的角度,就不要轻易动笔。这些情况的出现说明尚不具备一气呵成写作的条件,可以先放一放,或再重新完善材料,或把材料进一步整理,多方联系起来加工或改换一下写作角度等。等有了新的思考和联系,再动笔写,这样就会顺利一些,才能一气呵成地完成初稿。否则,写作就无从下手,速度很慢,十分勉强,难以成型。如果经过充分的思考和准备,思路已打开,灵感已降临,写作就要一气呵成,吃饭可以迟一点,睡觉宁可晚一点,一鼓作气,将草稿拟出来。否则,待时过境迁,再想捡起来,无论从效率和质量上都不如一气呵成好。

论文写好后,还要反复推敲,斟酌修改。可以把写好的文章搁置一段时间,在这段时间里,重新审视一下文章主题的确定、观点的提出,思路的构建是否合规律、合目的、合价值。这样,当再次阅读文稿时,其中的不足或和闪光的东西就会在眼前突现,不足的将予以弥补或删改,闪光的则进一步打造和完善。至于论文中的文字、语句,反复阅读几次便可以进行修饰和改善,最后觉得修改到位了、文章比较成熟了,便可投稿或上呈了。

(四) 做到善学勤写多练

要想写好论文,就要善于学习。不仅要学习教育教学理论,与教育教学相关的社会科学知识也要有所涉猎。因此,要注意多阅读教育书刊、报纸,收集有关研究信息,吸收他人的研究成果,开阔自己的思路,完善自己的设想。学习写作之初,不妨多找些优秀论文读一读,看看人家是怎样确定中心的? 文章结构如何安排的? 论点、论据和论证是怎样把握的? 总标题和小标题是如何推敲的? 开头和结尾是怎么安排的? 怎么使用概念的等,从中借鉴,学会模仿。在搞清楚一些基本格式的基础上,试着举一反三。

写好论文没有什么捷径,关键是要勤写多练。一开始可以仿写,参照原作的构思、立意、技法和语言等内容和形式来练笔,创造性地吸收,为生动准确地表现新的素材和主观意图服务,从而举一反三。借鉴可以是长期的,模仿是暂时的。写得多了,就形成了自己的写作风格和习惯,自然地,就不会跟着别人后面一味模仿,而是经过自己创造性的转换,写出颇具新意的教育研究论文来。

微型课题研究成果特点的比较

	教学设计	教育案例	教学课例	研究论文	研究报告
主要内容	对教学过程作事先的设计。	特定的、典型的、有价值、有意义的教育事件及其分析。	一节课或教学实际场景、情境及其分析与评价。	讨论或研究某教育问题,有论点,并有证据支持。	对某个问题研究的方法、过程和成果的总结。

续　表

	教学设计	教育案例	教学课例	研究论文	研究报告
关注点	学什么？怎么学？教什么？怎么教？学生学得怎样？（评价）	发生了什么？为什么？怎么办？	教学如何设计？师生如何互动？发现了什么？感受到什么？结论怎样？提出什么问题？	是什么？为什么？怎么办？观点是否新？分析是否合理、透彻？观点是否正确？	做了什么？怎么做的？依据什么？效果如何？存在什么问题？今后打算？
写作思路	条例式地对教学任务及对象、教学目标、教学策略、教学过程、教学评价等进行阐述和分析。	选择典型性的教育问题，对其背景、情境与细节进行描述，对教育结果进行诠释与分析，并提出问题讨论。	对教学任务、教学对象和教学目标、教学实际场景进行描述或展示，并对其进行评价、总结或反思。	确定题目（价值、角度、范围），收集资料（查阅、观察、访谈、调查），分析资料（比较、归类），提炼主题（抽象、概括）。	介绍研究的背景、研究的问题、研究的方法、研究的成果。
体例结构	目标＋内容＋教学过程＋检测反馈，有多种变式，以陈述为主。	背景＋问题＋问题解决＋反思讨论，有多种变式。	教学设计＋教学实录＋教学反思有多种变式，可以夹叙夹议。	题目（标题、摘要、关键词）＋正文（引言、论述、结论）＋结尾（注释、参考文献）。	背景＋过程＋成效＋反思，以客观陈述为主。
基本要求	目标、内容清晰具体，过程设计合情合理，能促进学生的发展（或是否在学生的最近发展区内）。	事件真实、典型，描述简洁清晰，生动流畅，分析、反思有个性特点和一定的思想深度。	教学背景和设计思路清晰，表述简洁，教学实录精炼，能反映教学的思想、内容和方法，反思要有高度、深度，给人启示。	选题新颖、有独创，有理有据，结构严谨，语言精练，逻辑性强，推论合理，自成体系。	选题有价值，方法科学，过程真实、合理，成果有借鉴意义。

第一版
后记

多年来,我一直致力于研究、推广和普及微型课题研究,不断思考微型课题研究的价值和意义,积极探索微型课题研究的内容、方法和实施路径,创新微型课题研究的管理办法,努力使微型课题研究科学化、规范化、制度化和组织化,使微型课题研究成为一线教师解决实际问题、提升专业能力和专业水平的有效抓手。《教师微型课题研究指南》是我近年来思考、研究、实践的成果,大多内容由我平时的讲话稿和报告稿整理而成,部分已经在报纸杂志上发表过。

我关于微型课题研究的思考和实践经验能成为书稿,首先要感谢如皋市教育局金海清局长和张俊副局长等领导!是他们的智慧和对教育理想追求的热情与激情,使微型课题研究有了良好的环境,以及生根、开花、结果的土壤。他们对微型课题研究的关心、支持和参与,不仅提升了如皋区域的教育研究水平,也加快了教师专业成长的进程。

南通市教育科研中心的冯卫东副主任,是微型课题研究积极的倡导者、推动者和引领者。我从他那里借用了不少关于微型课题研究的思想、观念和经验,他对微型课题研究独到的见解、理性的思辨和诗意的语言让我获益匪浅。在写作的过程中,是冯主任的多次敦促促进了书稿的进展。

感谢积极参与微型课题研究的一线教师!是他们的思考和实践使我对微型课题研究有了更清晰、更深刻的认识,他们在研究中形成的经验和大量的素材,使我研究微型课题有了充分的事实依据,为我的写作奠定了坚实的基础。

感谢我的同仁们!他们为推广、普及微型课题研究做了大量的工作,他们勤恳、踏实、创新的工作态度和研究精神,一直鼓舞着我,支撑着我,使我有了前行的力量和勇气。

感谢北京源创一品文化传播有限公司吴法源君、《江苏教育》编辑部蒋保华君和如皋市安定小学张建国老师!他们认真阅读了书稿,并提了建设性的修改建议,张建国老师非常辛苦地校对了书稿。

感谢我的妻子肖海月!她为本书付出了辛勤劳动。从最初书稿的体例框架到最后完稿,不仅给了我写作思路和修改意见,还为书稿绘制了不少图表。她的参与、支持、督促和包容让我始终沉浸在学习、工作和研究的幸福之中！

感谢华东师范大学出版社刘荣飞君！由于他对本书选题的专注、关心和支持，才使我有机会把自己粗浅的思考和积累与大家分享。

本书参考、引用的研究成果和案例部分征得了作者的同意，但还有一部分引用的是网络转载的文献，原文没有标明出处，因此，无法跟作者联系和注明，在这里向这些作者表示感谢和歉意！

本书对微型课题研究的实践与思考还很肤浅，恳请读者批评指正！

袁　玥

2011 年 7 月 10 日

参考文献

蔡呈腾. 教师小课题研究的选题角度[J]. 广东教育(综合版),2006,(7):39—41.

陈泽庚. 教育科研课题设计要点[J]. 河南教育科研网. 2008,12,6.

崔允漷,沈毅,等. 课堂观察20问答[J]. 当代教育科学. 2007,(24):6—16.

冯卫东. 微型课题:升华老师的实践智慧[J]. 人民教育,2008,(6):48—52.

黄甫全. 关于教育研究中的问题意识[J]. 华南师范大学学报(社会科学版),2003,(4):119—124.

姜瑛俐. 教育教学案例写作指导[J]. 湖北教育科学研究所网.

李从尼,张少杰. 微型课题选题应"四宜"[J]. 四川教育,2006,(10):12.

戚小丹. 教师应如何进行学生行为观察[J]. 教育科学研究,2011,(3):73—75.

杨淑娟. 微型课题研究"四特点"[J]. 四川教育,2006,(10):11.

刘良华. 教育研究方法:专题与案例[M]. 上海:华东师范大学出版社,2007.

刘旭,顾颉,胡燕. 一线教师教育科研指南[M]. 成都:四川教育出版社,2006.

吕洪波. 教师反思的方法[M]. 北京:教育科学出版社,2006.

[美]威廉·维尔斯曼. 教育研究方法导论[M]. 袁振国,译. 北京:教育科学出版社,1997.

潘慧玲. 教育研究的取径——概念与应用[M]. 上海:华东师范大学出版社,2005.

裴娣娜. 教育研究方法导论[M]. 合肥:安徽教育出版社,2002.

温忠麟. 教育研究方法基础[M]. 北京:高等教育出版社,2004.

徐建敏,管锡基. 教师科研有问必答[M]. 北京:教育科学出版社,2005.

杨小微. 教育研究的原理与方法[M]. 上海:华东师范大学出版社,2010.

张民生,金宝成. 现代教师:走近教育科研[M]. 北京:教育科学出版社,2002.

郑慧琦,胡兴宏. 教师成为研究者[M]. 上海:上海教育出版社,2005.

郑金洲,陶保平,孔企平. 学校教育研究方法[M]. 北京:教育科学出版社,2003.

郑金洲. 基于新课程的课堂教学案例[M]. 福州:福建教育出版社,2003.

郑金洲. 教师如何做研究[M]. 上海：华东师范大学出版社,2005.

钟以俊,龙文祥. 教育科学研究方法[M]. 合肥：安徽大学出版社,1997.

冯蕾. 基于基表的小学语文课堂观察研究——以第二学段习作教学为例[D]. 海口:海南师
范大学,2015.